ANCHIENNES
CRONICQUES
D'ENGLETERRE

PAR

JEHAN DE WAVRIN

SEIGNEUR DU FORESTEL

CHOIX DE CHAPITRES INÉDITS

ANNOTÉS ET PUBLIÉS

POUR LA SOCIÉTÉ DE L'HISTOIRE DE FRANCE

PAR Mlle DUPONT

TOME PREMIER

A PARIS

CHEZ Mme Ve JULES RENOUARD

LIBRAIRE DE LA SOCIÉTÉ DE L'HISTOIRE DE FRANCE

RUE DE TOURNON, N° 6

M. DCCC. LVIII

ANCHIENNES
CRONICQUES
D'ENGLETERRE

TYPOGRAPHIE DE CH. LAHURE ET CIE
Imprimeurs du Sénat et de la Cour de Cassation
rue de Vaugirard, 9

ANCHIENNES CRONICQUES D'ENGLETERRE

PAR

JEHAN DE WAVRIN
SEIGNEUR DU FORESTEL

CHOIX DE CHAPITRES INÉDITS

ANNOTÉS ET PUBLIÉS

POUR LA SOCIÉTÉ DE L'HISTOIRE DE FRANCE

PAR Mlle DUPONT

TOME PREMIER

A PARIS
CHEZ MME V^E JULES RENOUARD
LIBRAIRE DE LA SOCIÉTÉ DE L'HISTOIRE DE FRANCE
RUE DE TOURNON, N° 6
M. DCCC. LVIII

EXTRAIT DU RÈGLEMENT.

Art. 14. Le Conseil désigne les ouvrages à publier, et choisit les personnes les plus capables d'en préparer et d'en suivre la publication.

Il nomme, pour chaque ouvrage à publier, un Commissaire responsable, chargé d'en surveiller l'exécution.

Le nom de l'Éditeur sera placé à la tête de chaque volume.

Aucun volume ne pourra paraître sous le nom de la Société sans l'autorisation du Conseil, et s'il n'est accompagné d'une déclaration du Commissaire responsable, portant que le travail lui a paru mériter d'être publié.

Le Commissaire responsable soussigné déclare que l'Édition des ANCHIENNES CHRONIQUES D'ENGLETERRE, *préparée par* MLLE DUPONT, *lui a paru digne d'être publiée par la* SOCIÉTÉ DE L'HISTOIRE DE FRANCE.

Fait à Paris, le 8 mai 1858.

Signé RAVENEL.

Certifié,

Le Secrétaire de la Société de l'Histoire de France,

J. DESNOYERS.

PRÉFACE.

Il peut sembler étrange, au premier abord, de voir les Anciennes chroniques d'Angleterre prendre place parmi les ouvrages publiés sous les auspices de la Société de l'histoire de France. Cependant, si l'on considère que, durant un laps de temps assez long, les démêlés des deux royaumes ont amené des événements communs à l'une et à l'autre nation, on comprendra facilement que le récit de ces faits, bien qu'écrit à un point de vue exclusivement anglais, puisse avoir une haute importance pour les personnes qui se livrent plus spécialement à l'étude de notre histoire. Sous l'influence de cette idée, nous avons entrepris d'extraire de l'œuvre de Wavrin, tout ce qui offrait ce genre d'intérêt, ayant soin de n'admettre que ce qui lui appartient en propre; car, conformément aux habitudes bien connues des anciens chroniqueurs, Wavrin a puisé largement chez les auteurs ses confrères, Froissart[1], par exemple, Monstrelet, Saint-Remy, etc. Leurs œuvres étant depuis longtemps entre les mains de tout le monde, ce qu'il a emprunté a dû être élagué par nous.

Élimination ainsi faite : 1° de la portion des chroniques exclusivement relative à l'Angleterre; 2° des chapitres appartenant à Froissart, à Monstrelet ou à d'autres, il nous restait à relier ensemble les fragments, parfois très-épars, que notre travail de comparaison du texte de Wavrin avec celui des chroniqueurs susnommés nous donnait le droit d'attribuer au compilateur des Anciennes chroniques. Ce travail de suture pouvait s'opérer par deux moyens consistant, l'un à combler par une analyse sommaire des faits rapportés par Wavrin l'intervalle existant entre les différents chapitres admis pour notre publication ; l'autre à donner la série complète des rubriques de tout l'ouvrage : c'est cette dernière méthode que nous avons adoptée. Elle a le double avantage de conserver à notre travail la physionomie des chroniques de Wavrin, et (chaque rubrique étant, par le fait, un résumé succint de tout ce qui doit être rapporté dans le chapitre auquel elle sert d'intitulé) de tenir lieu du travail d'analyse que nous nous serions imposé.

Elle nous a permis, en outre, d'indiquer avec précision pour tout chapitre rejeté, soit qu'il est inédit, soit qu'il appartient à tel ou tel chroniqueur. Le plan que nous avons suivi nous a offert une plus grande facilité pour saisir çà et là, et classer à leur véritable place, quelques additions faites par Wavrin au récit des chroniqueurs que, à ces additions près, il copie presque textuellement.

Quelque scrupule que nous ayons apporté à n'admettre que des parties inédites des Chroniques, nous en avons rencontré qui se liaient si intimement à des chapitres déjà connus de Monstrelet et leur faisaient tellement suite, que la narration inédite eût été incomplète et presque inintelligible si nous eussions persisté dans notre système d'élimination; ces cas, d'ailleurs peu nombreux, ont été signalés chaque fois qu'ils se sont présentés.

Les Anciennes chroniques d'Angleterre, telles au moins qu'elles sont parvenues jusqu'à nous, se composent de six volumes, chacun desquels se subdivise en six livres. Malgré l'ardeur et la ténacité de nos recherches, nous n'en avons pu trouver qu'un seul exemplaire complet, celui d'après lequel, naturellement, nous avons établi notre texte. Ce magnifique manuscrit, provenant de la riche collection du seigneur de la Gruthuyse, appartient aujourd'hui à la Bibliothèque impériale[2], qui possède, en outre, quelques volumes isolés d'autres exemplaires[3], volumes conformes en tout, ainsi que nous nous en sommes assurée, aux parties de l'ouvrage entier auxquelles ils se rapportent.

De cette parfaite identité entre notre manuscrit principal et ceux que nous venons de mentionner, il est résulté que les derniers ne nous ont été d'aucun secours. Il en a été de même d'un exemplaire moins incomplet de la bibliothèque de l'Institut. Cette copie, fort peu fidèle, de notre principal manuscrit a été faite dans le dix-septième siècle pour l'historien Godefroy.

Nous ne connaissons que par ce qu'en ont dit MM. Frédéric Madden[4] et F. Michel[5], deux volumes des chroniques de Wavrin existants au British-Museum. Au Prologue près, ces manuscrits sont exactement semblables à nos premier et troisième volumes : nous ne leur avons donc emprunté que ce Prologue, qu'on trouvera ci-après.

A ce nombre d'exemplaires, plus ou moins complets, se borne tout ce que nous avons pu connaître de manuscrits de l'œuvre de Wavrin.

Froissart, Monstrelet, Saint-Remy et du Clercq, que nous n'avions pas nommé, ne sont peut-être pas les seuls chroniqueurs auxquels Wavrin ait fait des emprunts. Nous disons peut-être, parce que dans quelques compilations que nous allons citer, se trouvent certaines parties des Anciennes chroniques d'Angleterre. Wavrin les a-t-il copiées ? Est-ce lui, au contraire, que leurs auteurs ont mis à contribution ? C'est une question qu'il nous a été impossible de résoudre.

Les manuscrits que nous avons en vue, et qui appartiennent tous à la Bibliothèque impériale, sont :

1° Le numéro 432, du *fonds Sorbonne*.
2° Le numéro 724 du *fonds Dupuy*[6].
3° Le numéro 91 du *fonds Saint-Germain*.
4° Le numéro 6762 du *fonds français*[7].

Et 5° le numéro 427 du *fonds Sorbonne*, double fort incomplet du numéro précédent.

De ces cinq manuscrits, les deux premiers seuls nous ont été de quelque utilité : ils nous ont fourni soit des leçons meilleures pour le texte, soit des additions que nous avons recueillies en variantes[8]. C'est surtout le manuscrit 432 du *fonds Sorbonne* qui nous a prêté ce genre de secours. Quant aux trois derniers, leur parfaite conformité avec le texte de Wavrin, pour les parties qu'ils ont de communes avec ce chroniqueur, ne nous a pas permis d'en rien extraire.

Nous nous sommes attentivement appliquée à donner une copie exacte et fidèle du texte de notre auteur, acceptant ses capricieuses variations d'orthographe, qui se produisent souvent dans la même page et parfois dans la même phrase. Il est un mot, cependant, dont nous avons invariablement maintenu la forme sous laquelle il s'est présenté d'abord : c'est le mot *Engleterre*. Il eût été bizarre, ce nous semble, qu'il fût orthographié dans le texte autrement qu'il ne l'est dans le titre même de l'ouvrage. Deux autres modifications sont encore à signaler. Wavrin a partagé son ouvrage en six volumes, dont chacun comprend six livres. Le rapprochement, dans le titre courant, de ces mots *volume* et *livre* pouvait être l'occasion de méprises. Au mot volume nous avons cru devoir substituer celui de *partie*, qui fait disparaître toute cause d'erreur. Nous avons enfin introduit, pour tous les chapitres de l'ouvrage, un numérotage continu, procédé qui nous a fourni le moyen de renvoyer avec plus de précision et surtout de brièveté d'une partie de l'ouvrage à une autre.

Nous ne voulons pas clore cette préface sans adresser nos sincères remerciements à M. N. de Wailly, membre de l'Institut, pour les excellents conseils qu'il nous a donnés et que nous avons suivis de notre mieux; à MM. M. Delpit, A. Teulet, L. Dubeux et baron de Melicocq, dont les importantes communications nous ont été fort utiles; à M. E. Cortambert, enfin, qui a mis à notre service son érudition géographique bien connue.

NOTES DE LA PRÉFACE.

1. C'est Froissart qui a le plus notablement été mis à contribution par notre compilateur, dont les emprunts commencent avec le chapitre 275 et se continuent, presque sans interruption, jusqu'au chapitre 855 (voy., dans le présent volume, les pages 44-175). Wavrin, sans doute, avait sous les yeux divers manuscrits des chroniques aux dépens desquelles il enrichissait les siennes, car, pour constater tous ses plagiats, nous avons dû recourir, alternativement, à l'une et à l'autre des deux éditions de Froissart données par M. Buchon.

Puisque l'occasion s'en présente, notons ici une erreur évidente de copistes dont nous avons reconnu l'existence dans tous les manuscrits de Froissart et dans toutes les éditions de ses chroniques que possède la Bibliothèque impériale.

Au livre premier, première partie, chapitre CCXLVI (Cf. Wavrin, n° 380), Froissart, parlant de la disgrâce de Godefroy de Harecourt que Philippe de Valois bannit du royaume de France en 1345, dit : « Si partit ledit chevalier et vida le royaume de France, le plus tôt qu'il put, et s'en vint en Brabant de lez le duc Jean de Brabant, son cousin, qui le reçut liement. Si demeura là un grand temps, et dépendoit là sa revenue qu'il avoit en Brabant ; car en France n'avoit-il rien ; mais avoit le roi saisi toute la terre de Cotentin et en faisoit lever les profits. Ainsy eschey ledit chevalier en danger, et ne pouvoit revenir en l'amour du roi de France, pour chose que le duc de Brabant sçut ni put prier. Cette haine couta depuis si grossement au royaume de France, et par espécial au pays de Normandie, que les traces en parurent *cent ans après*, si comme vous orrez recorder avant en l'histoire. »

Il est impossible que Froissart, parlant d'un fait qui se passait en 1345, ait pu apprécier les conséquences de ce fait à *cent* ans de date, lui qui, certainement, n'a pas vécu assez avant dans le quinzième siècle pour pouvoir les constater. Il faut substituer quelqu'autre nom de nombre à celui que portent tant de manuscrits et tant d'imprimés. Observons que c'est dans la partie des chroniques de Froissart que l'on suppose empruntée à Jean le Bel, que se trouve le passage qui fait l'objet de notre remarque. On peut donc espérer que la découverte récente de l'œuvre de Jean le Bel fournira le moyen de faire disparaître l'erreur que nous nous bornons à signaler, laissant aux éditeurs futurs du grand historien le soin de la rectifier.

2. Il est inscrit à son catalogue sous les n°s 6748-6759. — « Les Anciennes chroniques d'Angleterre, par Jean de Wavrin. Douze grands volumes in-folio, m. r., reliés anciennement en six vol., en veau tanné. Manuscrit de la plus grande beauté, du milieu du quinzième siècle, sur velin, à deux colonnes, de trente-huit lignes chacune, en ancienne grosse bâtarde. Il est enrichi d'un grand nombre de miniatures très-curieuses et de la plus belle exécution, et de beaucoup d'autres ornements. » (VAN-PRAET, *Recherches sur Louis de Bruges, seigneur de la Gruthuyse*, p. 241-248.)

3. Ces exemplaires sont au nombre de trois, savoir : 1° celui qui est coté 6746, 6747 : il comprend les deux premières parties de notre édition. M. P. Paris l'a décrit dans les *Manuscrits français de la Bibliothèque du roi* (I, 86); 2° le manuscrit 6761, renfermant seulement la deuxième partie : c'est à tort, comme l'a déjà remarqué M. P. Paris (*ibid.*, p. 98), que le relieur a écrit sur le dos, *Froissart*, tome II ; 3° le n° 8388, comprenant la première partie de l'ouvrage.

4. Illuminated ornaments selected from manuscripts and early printed books from the sixt to the seventheenth centuries, drawn and engraved by Henry Shaw, with descriptions by sir Frederic *Madden*. London, W. Pickering, 1833. in-4°.

5. « Manuscrit du musée Britannique, Bibliothèque du roi, 15. E. IV. Ce manuscrit forme un volume grand in-folio, écrit sur velin, à deux colonnes, en ancienne bâtarde. Il est le premier d'un ouvrage de Jean de Wavrin, intitulé *Anciennes et nouvelles croniques d'Angleterre*, lequel se composait de sept volumes ; mais seulement le premier (qui est celui dont nous nous occupons maintenant) et le troisième (Ms. Reg. 14. E. IV) sont conservés. Ces deux volumes, ainsi que plusieurs autres rangés parmi les manuscrits du roi, ont été écrits pour l'usage d'Édouard IV, et probablement exécutés à Bruges.

« Le volume s'ouvre par une table de chapitres qui occupe treize feuillets.

« Il contient six livres embrassant toute la période qui s'étend depuis le moment où Albion fut peuplée pour la première fois, jusqu'à l'entrée d'Édouard III en Écosse, peu après 1330.

« Au folio 14 il y a une grande et belle miniature (qui a été gravée par Strutt) représentant Édouard IV assis sur un trône, revêtu d'un manteau de pourpre parsemé de lions et de fleurs de lis, avec un collier d'hermine, et portant autour du cou l'ordre de la Toison d'or, qu'il reçut, en 1468, de son beau-frère, Charles, duc de Bourgogne. L'auteur de l'ouvrage, habillé comme un clerc, s'agenouille devant lui, et lui présente son livre. A quelque distance sont des courtisans. Une large bordure de fleurs entoure la page, au bas de laquelle sont les armes d'Édouard, savoir : un écu écartelé de France et d'Angleterre, entouré de la jarretière, ayant pour support deux lions blancs (adoptés par Édouard de Mortimer, comte de la March), et surmonté d'un casque royal et d'un mortier d'État, sur lequel est un lion passant, et au-dessus une fleur de lis d'or.

« Immédiatement après cette miniature suit le *Prologue de l'acteur...*, dans lequel il déclare qu'il a entrepris son ouvrage principalement dans le but de célébrer le roi, et en conséquence des omissions et des erreurs des historiens qui l'ont précédé, et parmi eux il cite Froissart et Monstrelet....

« De larges miniatures encadrées, au nombre de 28, précèdent chaque livre, ou y sont intercalées. La couleur en est d'un style peu commun, et le vert, le gris et le bleu y sont particulièrement employés. La perspective y est mieux observée que de coutume.

« La miniature qui suit le Prologue représente le mariage du roi Diodicias avec Albana, fille du roi de Cyrenne....

« Le dernier chapitre de ce volume est le chapitre LX du sixième livre, intitulé : *Comment le roy Edouard entra ou royaume de Scoce, et de ce qu'il y fist.*

« On trouve une description de ce manuscrit, avec les armes d'Édouard IV, dans la publication de sir Frédéric Madden, intitulée : *Illuminated ornaments*, etc.... et l'on peut consulter, sur les chroniques qu'il renferme, les Manuscrits français de la Bibliothèque du roi, par M. Paulin Paris, t. I, p 86-94, 96, 97, 98, 142. Le savant académicien ignorait l'existence de ce volume et de celui que nous allons décrire, puisqu'il dit, en parlant de l'ouvrage de Jean de Wavrin : «Je « ne crois pas que les bibliothèques de l'Angleterre en possèdent un seul « exemplaire. »

— « Manuscrit du musée Britannique, Bibliothèque du roi, 14. E. IV.

« Ce manuscrit forme un volume grand in-folio, écrit sur velin, à deux colonnes, en ancienne bâtarde; il est orné de plusieurs miniatures et d'initiales magnifiquement peintes, et se compose de 329 feuillets. C'est le troisième volume d'une série dont le premier (15. E. IV) vient d'être décrit; il comprend six livres.

« Au commencement il y a une table de chapitres occupant neuf feuillets.

« Au folio 10 se voit une grande et splendide miniature, représentant le jeune roi Richard assis, couronne en tête; à sa droite se trouve le duc de Lancastre, et à sa gauche le duc de Bretagne. Une foule de nobles se tient de l'autre côté, et sur le devant il y a un archevêque portant sa crosse et l'huile sainte. Derrière lui se voit un moine tenant des reliques, puis un évêque, la crosse en main, et en dernier lieu un autre moine avec une écritoire et une aumônière à sa ceinture.

« Du côté de la marge est la figure d'un ange tenant une bannière aux armes de France et d'Angleterre écartelées. Au-dessus et au-dessous se trouve l'écusson d'Édouard IV, à la rose blanche en soleil, entourée de rayons et la devise : *Dieu et mon droit*.

« Dans le centre de la marge du bas sont les armes de France et d'Angleterre écartelées en écu surmonté d'un casque royal et d'une couronne d'où sort un demi-lion posé de face. Autour est la jarretière avec la devise *Honny soit qui mal y pense.*

« Au-dessous de la miniature se lit cette rubrique :

Cy commence le tiercs volume, etc....

« Le volume se termine avec le quinzième chapitre du sixième livre intitulé :

« *De la response que fist le duc de Bretaigne aux ambaxadeurs du roy (Charles) de France.*

« Les miniatures sont au nombre de 30 grandes et de 8 petites. Certaines d'entre elles sont exécutées avec plus de fini que dans le premier volume. Elles accusent deux ou trois mains ; mais il est à remarquer que celles du second livre, du troisième et du sixième, proviennent d'un artiste fort inférieur.

« Les armes et l'écusson du roi Édouard sont répétés plusieurs fois dans le cours du volume. » (*Collection de documents inédits sur l'histoire de France. Rapports au ministre,* p. 156-160.)

6. Ce manuscrit contient une *Histoire de Charles dernier duc de Bourgogne**.

Cette histoire, totalement inédite, offre, malgré son ensemble, deux parties fort distinctes qui nous semblent appartenir à deux rédacteurs différents. La première s'étend depuis l'avènement du prince au trône ducal (1467) jusqu'en 1471. La seconde continue le récit des événements de 1472 à 1477. Le tout est précédé d'un long prologue dont le style allégorique et ampoulé trahit à chaque phrase la plume de George Chastellain, que nous hésitons d'autant moins à y reconnaître, que cet historien a placé en tête de son histoire de Charles le Téméraire un abrégé de ce prologue**. Des deux parties dont nous venons de parler, la première, à quelques légères différences près, dont, à l'occasion, nous avons fait notre profit, est semblable au récit de Wavrin pour les années correspondantes (1467-1471). La seconde, un peu moins étendue, nous a semblé digne d'être publiée, attendu que son auteur, quel qu'il soit, entre pour certains faits dans des détails si précis qu'on ne peut, à notre avis, douter qu'il en ait été le témoin oculaire. On le trouvera, sous forme d'*Appendice*, à la suite des Pièces justificatives, dans notre troisième volume***. Placée ailleurs que dans le voisinage de Wavrin, l'histoire de Charles, dernier duc de Bourgogne, aurait pu être publiée en son entier ; mais la similitude dont nous parlons plus haut ne nous permettait pas de réimprimer, sans aucune utilité, quarante-deux cha-

---

* C'est le titre que lui donne l'abbé Legrand, qui en a extrait quelques parties. Le manuscrit n'en porte aucun.

** *Chronique des ducs de Bourgogne,* par George Chastellain, *Panthéon littéraire,* p. 397. Notons en passant que la Bibliothèque impériale possède un manuscrit isolé de ce prologue, sous le n° 7419, fonds français.

*** Nous n'avons vu aucun inconvénient à adopter le titre que l'abbé Legrand avait donné à cette chronique.

pitres qui déjà se trouvaient dans Wavrin. Pour conserver autant que possible à cette chronique son intégralité nous donnons, après le prologue, la série des rubriques des chapitres, faisant suivre chacun d'eux d'une note de référence au chapitre corrélatif des Chroniques d'Angleterre, en ayant soin de recueillir tout ce qui peut manquer au texte de Wavrin. Le reste, texte et rubriques, forme la partie inédite.

7. « Guerres et advenues qui ont esté depuis l'an mil IIII^c XLIIII jusques en l'an mil IIII^c soixante-onze es royaulme de France, d'Angleterre et en tous les pays de Bourgoigne *. »

La première partie de ce manuscrit commence à l'année 1454 et continue jusqu'à la mort de Charles VII; elle est entièrement copiée d'après le troisième volume des chroniques dites de Monstrelet. Cependant, elle a en plus sept chapitres inédits relatifs aux événements arrivés en Angleterre et qu'on retrouve dans Wavrin. Le compilateur de cette chronique dit en terminant cette première partie : « Jusques ycy se treuve grant partie de ce que par ci-devant est escript ou *livre du roy Charles, VIIe de ce nom*, spécialement de tout ce qui advint tant à sa concqueste de Normandie et de Guienne comme partout le royaume de France, depuis l'an mil IIII^c XLIIII jusques en l'an mil IIII^c LXI que cellui noble roy Charles trespassa de ce monde. . . Mais des choses qui furent faittes durant ce temps par le roy d'Angleterre et le duc de Bourgogne dehors le royaulme de France ycelui livre, qui se nomme les *chroniques du roy Charles*, n'en fait aucune mention, ou se trouve aulcunement en parolles et si brief que à grant paine se peut entendre; mais *cestui présent livre* déclaire tout au long les choses et par qui ont esté faittes en Angleterre, en Flandres, en Brabant et aultres lieux, et se nomme les pays, les lieux et les personnes où et par qui elles ont esté faittes. »

La narration des événements passés depuis 1461 jusqu'en 1467 est entièrement prise de du Clercq et copiée d'après un manuscrit plus complet que ceux qui ont servi de leçon pour l'impression de ses Mémoires. On pourrait même consulter le manuscrit que nous citons pour remplir les lacunes qui se trouvent dans l'édition Buchon. A partir de l'année 1467 jusqu'en 1471, tout est inédit et reproduit dans les chroniques d'Angleterre. Ce manuscrit contient une copie exacte de la première partie de celui qui fait l'objet de la note précédente.

8. Quelquefois elles ont été introduites dans le texte, où elles sont placées entre crochets.

---

* Au sujet de ce manuscrit, voir MM. Van-Praet (*Recherches sur Louis de Bruges, seigneur de la Gruthuyse*, p. 249), et P. Paris (*Manuscrits françois, de la Bibliothèque du roi*, t. I, p. 99.)

NOTICE

SUR

JEHAN, BATARD DE WAVRIN,

SEIGNEUR DU FORESTEL.

C'est une fort remarquable série d'hommes d'élite, que celle des historiens flamands et picards qui, au quinzième siècle, écrivirent en français des mémoires ou des chroniques. La plupart d'entre eux nés dans les États de Philippe le Bon, duc de Bourgogne, protecteur constant des lettres, des sciences et des arts, appartinrent à la maison de ce prince ou à celle de son fils, Charles le Téméraire. Monstrelet, Chastellain et Molinet, étaient historiographes; le Febvre de Saint-Remy, roi d'armes de la Toison d'or; Jacques du Clercq, conseiller; Olivier de la Marche, panetier, puis conseiller et chambellan; seul, entre tous, Mathieu d'Escouchy ne prend aucun titre qui l'attache à la cour de Bourgogne; il ne nous apparaît qu'avec celui de prévôt de Péronne.

Sur cette liste de noms illustres nous venons inscrire celui d'un historien de la même époque, historien peu connu, à la vérité, mais qui, par l'étendue de son travail, la nouveauté des faits qu'il nous apprend, mérite d'être tiré de l'oubli dans lequel il était resté jusqu'à ce jour. Nous voulons parler de

Jean, bâtard de Wavrin, seigneur du Forestel, conseiller et chambellan de Philippe le Bon. La vaste entreprise qu'il mit à fin de composer une histoire de la Grande-Bretagne depuis sa fondation jusqu'à l'année 1472, le récit qu'il fait des événements arrivés de son temps, et auxquels il prit souvent une part active, les renseignements qu'il eut soin de recueillir auprès de personnages dignes de foi, lui donnent le droit de prendre rang à la suite des chroniqueurs ses contemporains. Historien véridique, il a, malgré des plagiats nombreux et forcés, doté l'histoire de la connaissance de faits curieux qui sans lui seraient restés ignorés.

Entre toutes les familles nobles du comté d'Artois se distingue celle de Wavrin, tant par son ancienneté[1] que par le dévouement de plusieurs de ses membres à la cause de la patrie. Jamais la France en péril ne réclama vainement leur assistance, et l'histoire a pris soin d'enregistrer leurs noms dans ses fastes, aux pages sanglantes des batailles les plus mémorables. Arrosées de leur sang, les plaines d'Arques[2], de Bouvines[3], de Poitiers[4], de Rosebeck[5], de Liége[6], d'Azincourt[7] et de Montlhéry[8], témoignent honorablement de leur zèle patriotique et de leur valeur guerrière. Le descendant de cette illustre maison, l'auteur de ces chroniques, ne dégénéra point de ses nobles ancêtres dans la carrière des armes; mais il est très-probable, néanmoins, qu'il serait resté inconnu pour l'histoire s'il n'avait joint aux qualités du soldat les talents du chroniqueur. C'est à l'historien seul, en effet, que

nous devons de savoir qu'il fut activement mêlé aux
guerres de son temps. Malheureusement, il se met si
peu en relief que, le plus souvent, c'est par une simple
mention qu'il fait de lui qu'on apprend qu'il figurait
dans telle ou telle bataille, dans telle ou telle rencontre; et, presque toujours, il laisse ignorer en
quelle qualité il combattait. Avec de si pauvres données, il nous a été difficile de le suivre pas à pas
dans sa vie militaire ou dans sa vie privée, pour
lesquelles nous n'avons pu que glaner çà et là quelques
documents. Cette Notice ne peut donc être qu'un
assemblage de faits très-distancés entre eux et sans
aucune liaison, et qui ne peut admettre qu'un seul
classement, l'ordre chronologique.

Jean, bâtard de Wavrin, seigneur du Forestel, fils
illégitime de Robert, seigneur de Wavrin, de Lillers,
Malannoy et Saint-Venant[9], apparaît pour la première
fois dans l'histoire à la bataille d'Azincourt (1415).
La guerre venait de se déclarer entre la France et
l'Angleterre : Charles VI, voulant s'opposer à l'enva-
hissement de Henri V, descendu en Normandie à la
tête d'une armée nombreuse, fit un appel à tous ses
vassaux et sujets; manda à sa noblesse de Picardie,
par lettres closes adressées aux seigneurs de Croy, de
Wavrin, de Fosseux, de Créqui, etc., « de venir incontinent le servir avec toute leur puissance[10]. »

Robert, seigneur de Wavrin, accompagné de son
fils unique et de ses hommes d'armes, s'empressa de
se rendre aux ordres du roi, et tous deux perdirent
la vie en combattant à Azincourt. Le bâtard de Wa-

vrin ne paraît pas avoir assisté à cette funeste journée comme partie active, mais plutôt comme appartenant au corps des officiers d'armes qui, envoyés aux batailles par les rois ou les princes, selon l'usage alors existant, devaient être témoins des événements militaires, afin de hâter leur expérience[11]. Du moins les rapports qu'il eut avec le Febvre de Saint-Remy, poursuivant d'armes du duc de Bourgogne[12], qu'il y rencontra, peuvent-ils faire supposer que Wavrin, en cette circonstance, remplissait les mêmes fonctions que Saint-Remy. Pour mettre le lecteur à même de mieux en juger, nous allons placer sous ses yeux divers passages de leurs chroniques dans lesquels ils invoquent mutuellement leur témoignage.

Le récit que Wavrin fait de la bataille d'Azincourt n'est autre chose qu'une fidèle copie de celui de Saint-Remy, dans lequel, seulement, il intercale quelques détails qui lui sont propres. Cette coutume de s'emprunter tour à tour leur travail était tellement reçue par les chroniqueurs anciens, qu'une grande partie des Mémoires de Saint-Remy n'est aussi, elle-même, qu'une copie de Monstrelet, abrégée ou augmentée par le plagiaire, suivant sa volonté. De ces intercalations, plus ou moins bien comprises par les copistes, il est résulté souvent des erreurs graves. Wavrin nous en offre ici un exemple frappant, et il est d'autant plus nécessaire de le relever, que Saint-Remy, dans le passage que nous signalons, est inculpé d'un fait d'une très-grande importance. Il s'agit du roi d'Angleterre, Henri V, qui, après s'être emparé de la ville d'Harfleur et y avoir mis garnison, se dirige avec son armée vers Calais. Voulant traverser le Vimeu et venir passer la Somme à la Blanque-Taque, ce prince arriva, dit Saint-Remy[13], « à deux lieues près ou environ dudit passage ; les gens de son avant-garde, ainsi comme gens s'espandent parmi le pays, prirent un gentilhomme du pays de Gascogne, serviteur à messire Charles de Labreth, lors connestable de France. Mais de ce gentilhomme ne sais ce que j'en dois dire, pour la malle et douloureuse malventure qui advint, car si ce gentilhomme n'eust été pris à cette heure, le roy d'Angleterre fust passé ladite Blanche Tache sans contredit, et par ainsi lui et ses gens pouvoient aller franchement à Calais ; et n'eust point été cette malheureuse adventure et journée des François, qui fut cause de la bataille d'Agincourt, comme ci-après sera dit. Et adonc, pour venir à parler dudit gentilhomme, que plusieurs François ont nommé diable et non pas homme, vrai est, quant il fut pris des Anglois, il fut mené devant le chef de l'avant-garde, et fut interrogé d'où il venoit, de quel pays il estoit, et à quel maistre : et il respondit qu'il estoit natif de Gascogne, et qu'il estoit sailli hors de la ville d'Abbeville, où il avoit laissé son maistre, le Connestable de France. Après pluiseurs interrogations, lui fut demandé si le passage de la Blanche Tache n'estoit par nuls gardé. Il respondit et affirma que ouy, et que pluiseurs grands seigneurs y estoient atout six mille combattants; et le certiffia pour sa teste à couper. Pour icelles nouvelles fut ledit Gascon mené devant le roy d'Angleterre, et de rechief interrogé; et fis-ton arrester toutes les batailles; et après ce que le roy l'eut ouy parler, il manda ses princes, qui là estoient, et mit les choses en délibération de conseil.... Et enfin fut conclud que le roy prendroit chemin autre, par ce qu'il créoit que le Gascon dist vérité; et est à présuposer que le Gascon affirmoit les choses dessusdites être vraies pour le désir qu'il avoit de la bataille; car, à icelle heure, les Franchois n'estoient pas assemblés, et ne le furent pas qui ne fut bien huit jours après. Et pour venir à parler comment le roy d'Angleterre délaissa le passage de Blanche Tache, vrai est qu'il prit son chemin pour monter amont la rivière de Somme, cuidant par icelle trouver passage. Tant chemina qu'il se trouva assez près d'Amiens; et après prit son chemin à Boves, où il logea. »

Wavrin emprunte à Saint-Remy tout ce qui précède ce récit et ce qui concerne l'arrivée du roi d'Angleterre au passage de la Blanque-Taque; puis, après ces mots : « quand le roi arriva environ à deux lieues dudit passage, » il ajoute : « ainsi que me raconta ung gentilhomme quy, depuis, fut Roy d'armes de l'Ordre de la Thoison d'or en la maison du duc Phelippe de Bourgoigne, lequel, comme il disoit, avoit esté tout au long de ceste chevaulcié, et mesmes grant cause de destourner au roy Henry de non passer par illec, advint ce quy s'ensieut. » Il reprend, alors, et raconte, exactement dans les mêmes termes que Saint-Remy, la prise du Gascon et ses conséquences. Si le mensonge que ce dernier fit au roi d'Angleterre est le motif qui détourna ce prince de passer la Somme à la Blanque-Taque et qui décida de la bataille d'Azincourt, ce n'est donc pas par l'avis de Saint-Remy que le roi rebroussa chemin, comme Wavrin paraît l'insinuer ci-dessus : comment croire, d'ailleurs, qu'il ait eu l'intention de mettre un fait si grave par ses résultats sur le compte de Saint-Remy, lorsque immédiatement il fait suivre son paragraphe de la copie exacte du récit de ce dernier? N'est-il pas plus présumable qu'il y a erreur de copiste dans ce passage, et qu'après ce mot *chevaulcié* il devait y avoir « et mesmes *quelle fut la* grant cause de destourner au roy Henry, » etc.? Dans tous les cas cette intercalation, prise comme article de foi, ne devait que fausser l'histoire.

Voilà un premier exemple de renseignements donnés par l'un de nos deux chroniqueurs à l'autre. En voici un second. C'est à l'occasion de ce qui se passait dans l'armée française en présence de l'ennemi, avant la bataille. « Et, dit Saint-Remy, jà soit ce que les Franchois fussent bien cinquante mille hommes, et grant nombre de charriots et charrettes, canons et serpentines, et aultres habillements de guerre, tel qu'en tel cas debvoit appartenir, néanmoins, si y avoit-il peu de instruments de musique pour eulx resjouir, et à peine, celle nuict, de tout l'ost des Franchois, on n'eust ouy un cheval hennir. *Je le sai, pour vérité, par messire Jean, le bâtard de Wavrin, seigneur du Forestel;* car en celle journée estoit du costé des Franchois, et j'estois de l'aultre costé des Anglois[14]. »

Wavrin, qui copie mot pour mot ce passage, dit à son tour : « Moy, acteur de ceste euvre, en scay la verité, car en icelle assemblee estoie du costé des Francois, et de la part des Anglois *certiffia* Toison d'Or, dessus allegué, aussi la chose pareille. »

Ainsi tous deux s'appuient mutuellement de leur témoignage pour constater la vérité de ce fait, et ce fait avait été raconté par Monstrelet[15], et dans les mêmes termes, longtemps avant eux! Revenons à Saint Remy. Après avoir désigné par leurs noms un grand nombre des victimes tuées à Azincourt, parmi lesquelles se trouvent *le seigneur de Wavrin et son fils*, il ajoute qu'il ne dira pas tous les noms et surnoms de ceux qui moururent à cette journée, « car tant de nobles escuyers y morurent et aultres vaillants hommes, que c'estoit une pitié à veoir et ouyr raconter aux *officiers d'armes* qui furent à ladite journée, tant de la partie des Franchois que des Anglois. Car, durant la bataille, tous *officiers d'armes*, tant d'un party que d'autre, se tinrent ensemble; et, après la bataille, ceulx de France s'en allèrent où bon leur sembla, et ceulx d'Angleterre demourèrent avec leurs maistres qui avoient gaigné la bataille. Mais quant à moi, je demourai avec les Anglois; et, depuis, j'ay ouy parler pluiseurs notables chevalliers de la partie de France, et par especial à messire Hue et à messire Guillebert de Lannoy, frères, qui feurent à ladite bataille, qui en racomptoient bien au long[16]. »

Après avoir exactement cité les noms des morts indiqués par Saint-Remy, notre chroniqueur termine ainsi : « Tant de nobles hommes et gentilz escuyers y morurent que pitié estoit, *comme je, acteur de ceste euvre, vey à mes yeulz*, avec ce que j'en ay enquis auz officiers d'armes et autres estans es deux ostz, que j'ay bien esté adverty de la verité de tout ce quy là fut fait tant du party des Anglois comme des Francois : et mesmement en fus largement infourmé par messire Hues de Lannoy et Guilbert, son frere, lequel messire Hues y fut prins prisonnier, mais il eschappa la nuytié. Et fut le nombre des mors X^m, dont on y espe-roit environ XVI^{cz} varlès : tout le residu estoient no-bles hommes, la pluspart desquelz les parens et amis d'iceulz firent emporter les corps du champ, et en-terrer où bon leur sambla[17]. »

De ce qu'on vient de lire, peut-on inférer que Wa-vrin fît partie du corps des officiers d'armes? Quand il dit que Wavrin était du côté des Français et lui du côté des Anglais, Saint-Remy ne donne-t-il pas à sous-entendre qu'ils remplissaient tous deux les mêmes fonctions à l'armée? et lorsqu'il ajoute que, durant la bataille, tous les officiers d'armes, tant d'un parti que de l'autre, se tinrent ensemble, n'est-il pas à pré-sumer que ce fut là que Wavrin et lui se rencontrèrent et purent se renseigner mutuellement sur ce qu'il leur importait de savoir? Nous tenons pour vraies toutes ces hypothèses, mais nous ne les donnons que comme de simples conjectures; car la facilité qu'un historien avait à cette époque de s'approprier le travail d'un confrère et souvent, même, de se substituer en son lieu et place, rend très-difficile la découverte de la vérité.

On a peine à concevoir que Wavrin assistant, pour son début, à une bataille si mémorable et si sanglante, ait emprunté la plume d'un autre pour rendre compte de ce qui se passa dans cette déplorable journée, où périt, avec son père et son frère, toute l'élite de la noblesse française. Comment le vieux chroniqueur, copiant fidèlement du récit d'un autre les noms des victimes parmi lesquelles figuraient son père et son frère, ne retrouva-t-il pas au fond de son cœur quelques-unes des sensations douloureuses que dut éprouver autrefois le jeune poursuivant d'armes !

Parmi le grand nombre de prisonniers faits, se trouva le duc d'Orléans, ennemi irréconciliable de Jean sans Peur, duc de Bourgogne, qui avait fait assassiner son père. De leur division surgirent deux factions qui, ravageant, tour à tour, et ensanglantant leur pays, amenèrent les Anglais en France, et, plus tard, leur livrèrent le trône de Charles VI. Le parti d'Orléans, privé de son chef, se rallia sous les bannières du comte d'Armagnac, et celui-ci, devenu connétable de France, s'empara bientôt de la puissance souveraine que convoitait aussi l'ambitieux duc de Bourgogne. Les plaines d'Azincourt fumaient encore du sang français, que, déjà, le glaive brillait entre les mains des deux factions rivales, combattant également au nom du roi : l'une, sous le prétexte d'arracher ce faible monarque à la servitude où le retenait le connétable ; l'autre pour empêcher que ce malheureux prince ne tombât sous le joug du duc de Bourgogne. A cet effet, ce dernier convoqua tous les seigneurs de son parti, afin de le servir « ou voyage qu'il fait présentement en son pays de Flandres vers Paris, pour le bien du roy, de son royaume et de la chose publicque d'ycelluy [18]. » Pour répondre à cet appel, Philippe de Saveuses se rendit à Beauvais, où il fit sa montre (*revue*) le 31 août 1417. Au nombre des écuyers de sa compagnie figurait le *bastard de Weaurains* [19]. Wavrin avait donc, dès cette époque, abandonné la profession d'officier d'armes [20]. C'est la seule mention de lui que nous ayons pu trouver dans les cadres des montres, et ce n'est que sept ans plus tard que nous le retrouvons sur la scène. Ainsi dans la copie qu'il continue de faire de l'histoire de ce temps bien remarquable, ni la prise de Paris par le duc de Bourgogne (1418), ni l'assassinat de ce prince sur le pont de Montereau en présence du Dauphin (1419), ni le trop célèbre traité de Troyes (1420) par lequel Charles VI déshérita ce même Dauphin (depuis Charles VII), et donna, avec sa fille Catherine, le trône de France à Henri V, ni, enfin, la mort de ces deux monarques, rien de tout cela ne réveilla chez notre chroniqueur le moindre souvenir d'un fait personnel ni d'un sentiment pénible. Il intercale seulement la phrase suivante dans la transcription littérale du récit de Saint-Remy relatif à une croisade contre les hussites (1420) : « *Et moy, acteur de ceste euvre, estoie en ceste armée, avec les Savoiens* [21]. » Ce n'est que quatre ans plus tard qu'il commence à raconter quelques événements dont il a été le témoin oculaire.

Après le traité de Troyes, les Bourguignons, alliés

aux Anglais, firent en commun la guerre contre Charles VII. Wavrin y prit une part active jusqu'en 1436. il assistait, en 1423, à la bataille de Cravant[23]; servit ensuite dans la compagnie du comte de Suffock, lorsque ce seigneur réduisit à l'obéissance du roi d'Angleterre plusieurs forteresses du Mâconnais. « En laquelle chevaulchié, dit-il, *moy, acteur de ceste euvre*, fuch tout au long[23]. » En 1424, il figurait à la reddition du château d'Ivry, où se trouvait le duc de Bedfort, régent de France. Ce prince, dit-il, « estoit vestu d'une robe de drap de veloux asur, et par dessus avoit une grande croix blanche par deseure laquele avoit une croix vermeille : *et moy, acteur de ceste euvre*, quy lors estoie audit voyage en la compaignie du conte de Salisbery, demanday à aulcuns Anglois à quele cause ledit duc de Bethfort portoit la croix blanche; et il me fut respondu que c'estoit à cause des deux royaulmes, et que au duc de Bethfort, regent, apartenoit les porter et à nul autre, pour ce qu'il estoit celluy qui representoit la personne du roy de France et d'Engleterre; et ces deux croix estoient la signifiance desdis deux royaulmes[24]. »

Après la reddition d'Ivry, notre chroniqueur suivit les Anglais à Verneuil, où se donna la célèbre bataille de ce nom. Rendant hommage à l'ordre et à la belle tenue de l'armée française, composée d'une brillante noblesse, il dit : « Toute la puissance des Francois rengiés et mis en ordonnance de bataille... estoit moult belle chose à veoir; car, sans faulte, *moy, acteur de ceste euvre*, n'avoie jamais veu plus belle compaignie, ne où il eust autant de noblesse comme il avoit là, ne mieulz ordonnee, ou monstrant greigneur samblant ou voullenté de soy combattre. Je vey l'assemblee d'Azincourt, où beaucop avoit plus de princes et de gens, et aussi celle de Crevent, quy fut une tres belle besongne; mais, pour certain, celle de Verneul fut dutout plus à redoubter et la mieulz combatue.... Droit à ceste heure, la battaille estoit moult felle et cruelle : si n'y avoit celluy quy n'esprouvast totalement sa vertu et sa force ; et *je, acteur*, scay veritablement que cellui jour le conte de Salsebery soustint le plus grant faix, nonobstant qu'il bransla grandement, et eubt moult fort à faire de soy entretenir. Et certainement, se n'eust esté le sens et grant vaillance, et conduite de sa seulle personne, emmy les vaillans hommes quy se combatoient desoubz sa baniere, à son exemple, moult vigoureusement, il n'est pas doubte que la chose qui estoit en grant bransle ne feust tres mal allee pour les Anglois; car oncques Francois, en toute ceste guerre, ne se combatirent plus vaillamment. D'autre part, le duc de Bethfort, comme je oys raconter, *car je ne povois tout veoyr ne comprendre, comme pour moy mesmes deffendre je feusse assez empescié*, fist ce jour tant d'armes que merveilles[25]. »

L'année suivante, Wavrin accompagnait le duc de Bourgogne en Hollande, lorsque ce prince entreprit la guerre contre la duchesse Jacqueline de Bavière. Il abrége le récit de cette expédition que Monstrelet fait en détail, et dit seulement : « Ne vous ay mye tous declarez, ne les courses, escarmuches, assaulz et bolleuvers quy se fyrent entre la Haye et la Gaude, combien que à tous yceulx, *moy, acteur de ceste euvre, estoie en la compaignie monseigneur le Borgne Thoulongon*, pour lors Marissal de Bourguoigne[26]. »

La paix ayant été conclue entre le duc de Bourgogne et la duchesse de Bavière, vers la fin de 1427, Wavrin vint se remettre sous les bannières des Anglais, et entra définitivement, en 1429, au service du roi d'Angleterre, Henri VI. Mandé par le duc de Bedford, régent, pour aller au siége de Beaugency, il s'exprime en ces termes : « *Et moy, acteur dessus dit* (y vins), quy pour ce temps estoie nouvellement retournez avec Philippe d'Aigreville des Marches d'Orlyennois, où, par le commandement du régent, estions allez adfin de destourner vivres à ceulz d'Orlyens, que le duc de Bourbon et le seigneur de la Fayette leur voulloient mener durant le siege que les Anglois y tenoient : ou quel voyage feismes assez petit exploit, par les communaultez du pays qui s'esleverent contre nous pour nous destourner les passages. Si nous convint retourner sans rien faire, et alasmes, moy et le seigneur d'Aigreville, à Nemours, dont il estoit capittaine, et de là m'en vins à Paris devers le regent, atout environ VI^{xx} combatans; lequel me retint lors de tous poins au service du roy Henry, desoubz messire Jehan Fastre, grant maistre d'hostel dudit régent, auquel il ordonna aller ou pays de Beausse pour baillier secours aux dessusdis assegiés dedens Baugensy.

« Et partismes en la compaignie dudit Fastre, à ceste fois, environ V^m combatans, aussi bien prins que j'eusse oncques veu ou pays de France. En laquelle brigade estoient messire Thomas de Rameston, Anglois, et pluiseurs autres chevalliers et escuiers natifz du royaulme d'Engleterre, qui tous ensamble partismes de Paris et allasmes gesir à Estampes, où nous feusmes trois jours; puis partismes au IIIIe jour, et cheminasmes parmy la Beausse, tant que nous vinsmes à Jenville, qui est assez bonne petite ville, où, par dedens, a une grosse tour à maniere de donjon; laquelle tour, n'avoit gueres de tempz, avoit esté prinse par le conte de Salisbery. Dedens laquele ville feusmes quatre jours, atendans encore plus grant puissance quy par le duc de Bethfort nous devoit estre envoiee.[27] »

La ville de Beaugency s'étant rendue à Charles VII, les Anglais subirent encore une autre défaite, celle de Patay, où le seigneur de Fastoff fut engagé à fuir. « Adont, dit Wavrin, messire Jehan Fastre, voiant le dangier de la fuite, cognoissant tout tres mal aller, eut conseil de soy sauver. Et luy fut dit, *moy, acteur, estant present*, qu'il prensist garde à sa personne, car la battaille estoit perdue pour eulz. Lequel à toutes fins voulloit rentrer en la bataille, et illec actendre l'adventure tele que Nostre Seigneur luy volroit envoier; disant que mieulx amoit estre mors ou prins que honteusement fuyr et ainsi ses gens habandonner... Ainsi, comme vous oez, alla ceste besongne. Laquelle chose voiant messire Jehan Fastre, s'en party moult envis, à moult petite compaignie, demenant le plus grant duel que jamais veisse faire à homme. Et, pour verité, se feust rebouté en la bataille, se n'eussent esté ceulz quy avec luy estoient, especialement messire Jehan, bastard de Thian, et autres, quy l'en destourberent. Si prinst son chemin vers Estampes, *et moy, je le sievis comme mon capittaine,* auquel le duc de Bethfort m'avoit commandé obeyr et mesmes servir sa personne. Si venismes, environ heure de myenuit, à Estampes, où nous geusmes, et l'endemain à Corboeil [28]. »

Il est probable que Wavrin continua de servir dans l'armée des Anglais jusqu'à la paix d'Arras (septembre 1435).

Cette paix qui, désormais, réunissait sous le même drapeau les Français et les Bourguignons, si longtemps divisés, fut le commencement, aussi, de la décadence des Anglais dans leurs conquêtes en France. Mécontents de cette réconciliation, ils ne tardèrent pas à rompre avec le duc de Bourgogne ; et, dès lors, tous les seigneurs qui avaient servi dans cette funeste lutte contre Charles VII abandonnèrent le parti des Anglais et tournèrent leurs armes contre eux. Notre chroniqueur suivit cet exemple, mais peut-être à regret, car on voit percer chez lui, lorsque l'occasion se présente, une certaine prédilection en leur faveur. Ainsi, lorsqu'en racontant l'arrivée du duc de Glocester à Calais (1436), au moment où Philippe le Bon venait de lever le siége de cette ville, il dit : « Ce gentil duc.... se mist à chemin vers Gravelinghes : de quoy les seigneurs de laians estoient en garnison de par le duc de

Bourgoigne, cuidans que ycelluy duc de Clocestre les deust assegier ou assaillir, se ordonnerent à deffence :... mais de les envahir ne firent Anglois quelque samblant, ains se logerent là entour, pour celle nuit, jusques à l'endemain bien matin, qu'ilz s'en partirent et s'acheminerent vers le pays de Flandres... Durant lequel tempz les seigneurs de Crequy et de Wavrin, avec eulz pluiseurs hommes de Flandres, se partirent de Gravelinghes, où ilz estoient en garnison; et *moy, acteur de ceste histore*, estoie avec la compaignie. Et chevaulchasmes jusques à Drinkam, où nous logasmes celle nuit dedens le chastel, lequel nous trouvasmes sans garde, ouquel le seigneur de Crequy, à nostre partement, laissa de ses gens pour le garder; et, ce fait, chevaulchasmes apres les Anglois, cuidans trouver aulcune adventure en la queue de l'ost. Mais le duc de Clocestre et ses capittaines cheminerent par si bonne ordonnance, que nul dommage ne lui peusmes porter : pour quoy nous, voians ceste maniere de faire, retournasmes en nostre dite garnison de Gravelingues dont estiemes partis, sans autre chose faire dont on doie tenir compte. » Il ajoute, que le duc de Glocester alla loger devant Saint Omer, « en l'abaye de Blendecque, et son ost tout au long de celle petite rivierette quy là court; *car moy, acteur de ceste presente euvre*, qui lors m'estoie partis de Gravelingues la nuit Nostre Dame septembre, et venu à Saint Omer, vey le logement, et trouvai le seigneur de Saveuses qui, celluy jour, estoit sailly hors de Saint Omer pour escarmuchier les Anglois ;... mais ledit duc de Clocestre et ses capittaines se gouvernerent et conduirent *si sagement*, qu'on ne les scavoit par quel moyen souprendre, ainchois se gardoient si dilligamment de tous perilz que *ilz en acqueroient honneur et loenge*[29]. »

Ici se termine la série des faits concernant la vie militaire de Jean de Wavrin. Nous allons maintenant aborder le récit des actes de sa vie privée d'après le peu de documents qu'il nous a été possible de réunir. L'extrême difficulté de lier entre eux des renseignements de nature si diverse nous a décidée à les présenter dans l'ordre chronologique des faits auxquels ils se rattachent.

(1437) Wavrin reçoit du duc Bourgogne, en considération des bons services qu'il lui a rendus, la somme de 50 francs[30].

(1437) Un document de cette année nous apprend que Wavrin était marié à Marguerite Hangouart, veuve de William de Tenremonde, bourgeois de Lille[31].

(1442) Il reçoit encore du duc de Bourgogne une autre récompense de 50 salus d'or. Nous remarquons que le mandement qui lui accorde cette faveur le qualifie *chevalier, seigneur du Forestel et de Fontaine*[32].

(1447) Il obtint du roi Charles VII, au mois d'octobre de cette année, des lettres de naturalisation[33].

(1453) « Mons. de Forestel vient en Halle (*à Lille*), pour ordonner des veughelaires[34]. »

(1458) En cette année, donation est faite à Jean de Wavrin et à Marguerite de Hangouart, sa femme, de deux fiefs situés à Frelinghem[35].

(1462) Wavrin est cité au nombre des chevaliers qui, en cette année, vinrent à Lille, pour renouveller *la loi*, c'est-à-dire la magistrature civile. Il est qualifié *chambellan* du duc de Bourgogne[36].

(1463) A son retour de Rome, où il avait été envoyé en ambassade par le duc de Bourgogne, Wavrin reçut de la ville de Lille XII *los* de vin[37].

(1465) Wavrin, conseiller et chambellan du duc de Bourgogne, reçoit huit *salus* pour avoir, au nom de ce prince, renouvellé *la loi* de Lille[38].

A ce peu de faits se bornent les renseignements que nous avons pu recueillir sur notre chroniqueur. Nous n'avons plus, à présent, qu'à nous occuper de son œuvre.

Vers la fin de l'année 1445, Waleran, seigneur de Wavrin, neveu de notre chroniqueur, revenait d'une expédition en Morée[39] où l'avait envoyé le duc de Bourgogne, en qualité de capitaine général de ses *gallees et navires*. L'oncle et le neveu devisant, un jour, sur les diverses histoires anciennes, notamment sur celle de la Grande-Bretagne, le seigneur de Wavrin témoignait son étonnement qu'aucun clerc n'eût encore fait une histoire de ce royaume, sinon celle de chaque roi en particulier. Il engagea son oncle à entreprendre ce grand travail, lui promettant son aide[40] et ses conseils. Jean de Wavrin se mit dès lors à l'œuvre, recueillit des matériaux et parvint enfin à en composer quatre volumes[41], divisés chacun en six livres; le premier commençant aux temps fabuleux de l'île d'Albion, et le quatrième finissant à la mort de Henri IV (1413). Dix ans après l'achèvement de ce premier travail, vers 1455, il entreprit de le continuer. « Sentant, dit-il, que fort aprouchoye de viellesse, et que plus ne povoye sievir ne frequenter les armes, ne faire longz voyages, comme aultresfois ay fait avec vous (Waleran), et aussy en la compaignie d'aultres pluiseurs princes et chevaliers, dont, par plaisir de Dieu, Nostre Seigneur, suis party sans affolure ou villaine reproche...., me ingeray de voloir emprendre et *achever* ceste euvre jusques au couronnement du roy Edouard IV (1461). » Cette reprise de ses Chroniques comprend tout le cinquième volume et les trois premiers livres du sixième : c'est arrivé à ce point qu'il paraît avoir livré à Waleran son ouvrage, précédé du Prologue à lui adressé.

Wavrin passa en Angleterre, en 1467, à la suite d'Antoine, bâtard de Bourgogne, qui allait faire des armes avec le seigneur d'Escalle, frère de la reine. On peut d'autant plus s'étonner de ne trouver dans sa chronique aucun détail sur ce combat, qu'il fut un des seigneurs présidant au conseil du bâtard de Bourgogne pour régler les conditions de ce fait d'armes[42]. Il s'en abstient, dit-il, « pour briefté : et eust esté, ajoute-t-il, la feste plus pleniere, se ne feussent les nouvelles quy sourvinrent de la mort du noble duc Phelippe de Bourgoigne, desqueles feusmes grandement troublez; car *je, acteur*, y estoie avec les autres [43]. »

Le comte de Warwick étant venu à Saint-Omer, en 1469 vers le duc de Bourgogne, Charles-le-Téméraire, Wavrin raconte que, « apres tous festoiemens et bonnes chiers faites au conte, il prinst congié du duc et de la ducesse, si s'en retyra à Calaix; et, d'autre part, le duc se desloga de Saint Omer, et s'en alla à Ypre. Aussi fist la ducesse sa femme, lesquelz ne pensoient gueres aux affaires du roy Edouard d'Engleterre, qui luy venoient au pourchas et enhortement dudit conte de Warewic, en ce tempore. »

« *Et moy acteur de ces Croniques, desirant scavoir et avoir matieres veritables pour le parfait de mon euvre,* prins congié au duc de Bourgoigne, adfin de aller jusques à Callaix; lequel il me ottroia, pour ce qu'il estoit bien adverty que ledit conte de Warewic m'avoit promis, se je le venoie veoir à Callaix, qu'il me feroit bonne chiere, et me bailleroit homme qui m'adrescheroit à tout ce que je voldroie demander touchant ces matieres. Si fus vers lui, où il me tint ix jours en me faisant grant chiere et honneur; mais de ce que je queroie me fist bien peu d'adresse, combien qu'il me promist que, se au bout de deux mois je retournoie vers luy, il me furnisoit partie de ce que je resqueroie; et, au congié prendre de luy, il me deffrea de tous poins, et me donna une belle haquenee. Je veoie bien qu'il estoit embesongnié d'aulcunes grosses matieres, et c'estoit le mariage quy se traittoit de sa fille au duc de Clarence, frere au roy Edouard, lesqueles se parfirent, v ou vi jours aprez mon partement, dedens le chastel de Callaix, où il n'avoit gueres gens. Si ne dura la feste que deux jours[44]. »

On voit par le passage ci-dessus que le titre de chroniqueur était reconnu à Wavrin par les Anglais et le duc de Bourgogne, et que les renseignements puisés auprès de si hauts personnages ne pouvaient être que très-authentiques et du plus grand intérêt pour l'histoire.

Tous les événements de ces dix années, passés, pour ainsi dire, sous les yeux de notre historien, furent consignés par lui dans son œuvre, que leur récit conduit jusqu'à la fin du sixième volume. Résidant, pendant ce temps, à la cour du duc de Bourgogne, protégé dans ses travaux par ce prince, il fut à même de recueillir, au fur et à mesure que se déroulaient ces événements, tous les matériaux nécessaires à l'achèvement de ses Chroniques, tels que procès-verbaux des hérauts d'armes anglais et bourguignons, contenant des récits de batailles ou la description de fêtes données à la cour de Bourgogne : tout cela lui fut communiqué, ainsi que des nouvelles étrangères insérées dans des lettres particulières adressées au duc de Bourgogne[45]. Les documents ne lui firent donc pas défaut; il en eut même de surabondants. Nous avons constaté, en effet, deux différents récits[46] des batailles de Bloreheath, Ludlow et de Northampton : c'est, probablement, par suite de l'inattention du copiste de

Wavrin que l'on trouve dans ses Chroniques deux narrations de mêmes faits.

Après la réinstallation d'Édouard sur le trône d'Angleterre (1471), Wavrin, voyant sans doute que rien, désormais, ne pouvait troubler ce prince dans cette reprise de possession, conçut le projet de dédier au roi victorieux un exemplaire de ses Chroniques augmentées de documents que cette nouvelle ère de règne allait lui fournir. Il annonce, dans le Prologue[47] qui accompagna l'hommage de son premier volume, l'intention d'ajouter à son œuvre un *septième volume*. Voici en quels termes il s'exprime : « Prologue de l'acteur sur la totale recollation des *sept volumes* des Anchiennes et nouvelles croniques d'Engleterre. » Il est fort difficile de déterminer, à la lecture de ce prologue, si le *septième* volume qui s'y trouve annoncé a eu un commencement d'exécution, ou s'il en est resté seulement à l'état de projet. Le style si emphatique, si boursouflé et si amphigourique qu'affectaient d'employer les chroniqueurs de ce temps dans leurs dédicaces ne permet pas ici d'oser interpréter le sens de ce Prologue. Tout ce qu'on peut raisonnablement présumer, c'est que le grand âge de notre historien, qui, en 1471, devait avoir près de soixante-seize ans (si notre supposition qu'il était âgé d'environ vingt ans en 1415 est juste), ne lui aura pas permis d'enregistrer bien longtemps les nouveaux faits et gestes d'Edouard IV. A-t-il continué son travail « jusques en l'an LXXII, » ainsi qu'il l'annonce à la fin de son quatrième volume ? Nous posons cette question sans pouvoir la résoudre : car le sixième et dernier volume se terminant par une lettre d'Édouard, adressée aux habitants de Bruges, en date du 29 mai 1471, on doit présumer que l'œuvre, au moins dans la plus ample copie qui nous en reste, est demeuré inachevé.

Nous avons essayé de coordonner le moins confusément possible les renseignements recueillis par nous sur la personne de Wavrin, et sur les différents manuscrits de ses chroniques. Il nous reste à jeter un coup d'œil sur l'ensemble de son œuvre, pour indiquer, avec plus de précision que nous ne l'avons pu faire dans les annotations très-succinctes qui suivent les rubriques de chapitres, quel sens il faut donner à ces notes. Pour cet examen, il convient de partager tout l'ouvrage en huit sections, chacune desquelles sera l'objet de nos remarques.

I

Chapitre I-CXLV.

(*Temps fabuleux*). Nous ignorons et n'avons pas trop cherché à connaître à quelle source a puisé Wavrin pour le récit de ces temps. Tous les chapitres qui le renferment sont, par nous, réputés *inédits*. A la rigueur, cela peut être; mais, toutefois, il faut entendre seulement que nous ne connaissons pas d'ouvrage imprimé qui les contienne.

II

Chapitre CXLVI-CCXXXIV.

(*Histoire des Normands*). Tous les faits mentionnés par Wavrin sont décrits à peu près de même dans les *Chroniques de Normandie*[18]; mais, quoiqu'il suive souvent le mot à mot de l'imprimé, il y a des différences si notables dans son récit qu'il est à présumer qu'il a recouru à d'autres sources. Cependant de tous les exemplaires manuscrits ou imprimés que nous avons comparés à son texte, c'est l'édition de 1487 qui s'en rapproche le plus.

III

Chapitre CCXXXV-CCLX.

(*Règne d'Édouard I*). Une partie des événements de ce règne est racontée par Rapin Thoyras à peu près dans le même ordre et parfois avec plus de développement, mais non dans les mêmes termes; ceux qui prennent aux chapitres 244-247, 252-255, 257, 261-263, 265, 267-274, diffèrent essentiellement de l'histoire de Rapin Thoyras. Ce dernier glisse légèrement sur des faits que Wavrin rapporte dans le plus grand détail. Si l'objet de notre travail n'était pas de nous occuper uniquement de l'histoire de France (en y joignant, cependant, celle des autres pays qui ne s'en peuvent détacher), nous aurions imprimé entièrement ce qui concerne ce règne, cette section, malgré la ressemblance signalée, étant inédite.

IV

Chapitre CCLXI-CCLXLV.

(1325-1399). Cette période embrasse les règnes d'Édouard II, d'Édouard III et de Richard II. Wavrin copie très-souvent textuellement les chroniques de Froissart. La transcription est si servile que les expressions de ce chroniqueur parlant de lui-même, sont répétées dans les mêmes termes par Wavrin, qui, au reste, ne cherche nullement à dissimuler son plagiat. Il dit, en effet, au chapitre 676 : « Ce vaillant homme, maistre Jehan Froissart, qui tant bien traicta de ces besongnes (concernant la Bretagne), dist en ses Chroniques, où j'ay *tiré dehors* tous les faits et concquestes que les Anglois ont eu, tant en France comme en Bretaigne, et Espaigne, et en Portingal, etc. » Entre le mot à mot, si scrupuleusement observé par Wavrin, on trouve parfois intercalés des chapitres entiers et des passages étrangers au texte imprimé des chroniques de Froissart, ainsi qu'on pourra le voir aux morceaux inédits[49]. D'un autre côté, nous avons remarqué *cinq chapitres* de Froissart[50], oubliés peut-être par le copiste de Wavrin ou ne faisant pas partie du manuscrit qu'il transcrivait, ayant tous les cinq rapport à l'Angleterre. Tant de passages ajoutés ou omis, tant d'interversions de phrases permettent, ce semble, de supposer que Wavrin a fait usage de manuscrits autres que ceux qui ont servi jusqu'ici à l'impression des chroniques de Froissart. Nous avons été obligée, pour suivre le fil des événements copiés par Wavrin, de recourir tour à tour de la dernière édition des chroniques de Froissart à la première, puis au récit séparé de la mort de Richard II, imprimé par Buchon.

V

Chapitre DCCCXLVI-MXCI.

(1400-1443). Le récit des événements arrivés à cette époque est emprunté, tour à tour, à Monstrelet et à Saint-Remy. Notre chroniqueur prend même, parfois, la narration de tous deux ensemble, pour compléter la sienne. Il y intercale, néanmoins, des faits ignorés d'eux, et dont il fut témoin ou acteur, ou qu'il a recueillis de personnes dignes de foi. Si le texte de Monstrelet est ainsi augmenté par Wavrin, il se trouve encore plus abrégé par ce dernier, obligé à des retranchements commandés par le plan de son travail. Dans ce cas Wavrin prend soin d'inviter le lecteur à recourir aux *Chroniques de France* pour avoir de plus amples détails. Son récit n'est pas toujours copié textuellement, et la différence qu'on y trouve provint, sans doute, de l'obligation de lier entre eux des passages pris dans plusieurs chapitres de Monstrelet, et dont il compose un des siens. Cela, parfois, nous a forcée de joindre aux morceaux inédits une partie de l'imprimé, pour ne point rompre le fil des événements qui précèdent ou qui suivent ceux décrits par notre chroniqueur.

VI

Chapitre MXCII-MCX.

(1443-1444). A l'exception du premier chapitre, cette sixième section renferme le récit fort curieux, ignoré de tous les chroniqueurs, d'une expédition faite en Morée par le neveu de Wavrin. Tout porte à croire que la narration en est due à ce neveu; car on y rencontre souvent de ces phrases qui semblent ne pouvoir venir que sous la plume d'un témoin oculaire[81].

VII

Chapitre MCXI-MCCII.

(1444-1460). Copié, jusqu'au chapitre 1157, d'après Du Cercq et le troisième volume de Monstrelet. Ce qui concerne la révolution arrivée en Angleterre en 1453, (Chap. 1158-1202), est inédit.

VIII

Chapitre MCCIII-MCCCXV.

(1467-1472). Tous les événements compris dans ces chapitres concernent l'Angleterre, la Bourgogne et le

Portugal : 1° la continuation de la querelle entre la maison d'York et celle de Lancastre; 2° la guerre que le duc de Bourgogne fit en 1467 contre les Liégeois; 3° le récit des fêtes données à l'occasion du mariage de Charles le Téméraire avec Marguerite d'York (1468); 4° le siége d'Arzille par le roi de Portugal, en 1471[52]; 5° le récit de la réinstallation d'Édouard IV sur le trône d'Angleterre, traduit de l'anglais[53]. Cette traduction est fidèle : Wavrin, toutefois, supprime ou ajoute certains faits.

NOTES DE LA NOTICE.

1. En 1092, Robert de Wavrin revenait de la Palestine, après la mort du comte Philippe de Flandres. (*Cronicques et annales de Haynau*, par J. de Guyse. Paris, Galliot Dupré, 1531-32; t. III, feuillet LVI, col. 1.)

2. En 1169, Hellin de Wavrin, sénéchal de Flandres, est tué au siége d'Acre. (ANSELME, VI, 713.)

3. En 1214, Wavrin, sénéchal de Flandres, est fait prisonnier à Bouvines, avec ses trois fils. (*Chroniques de Flandres*, par Sauvage, chap. xv, p. 37.)

4. En 1356, Robert de Wavrin assistait à la bataille de Poitiers. (*Chroniques de Wavrin*, chap. 407.)

5. En 1382, le sire de Wavrin, banneret, est tué à la bataille de Rosbeck. (FROISSART, II, chap. CXCVII). Le père Anselme (VI, 705) le désigne sous le prénom de *Pierre*.

6. En 1408, Robert de Wavrin assistait à la bataille de Liége. (LA BARRE, II, 121.)

7. En 1415, Robert de Wavrin et son fils sont tués à la journée d'Azincourt. (SAINT-REMY, VIII, 22.)

8. En 1465, Philippe de Wavrin, seigneur de Saint-Venant, petit neveu de notre chroniqueur, assistait à la bataille de Montlhéry. (*Mémoires de Jean de Haynin*, pp. 14 et 32). Il était fils de Waleran, seigneur de Wavrin, et de Lisiene de Roubais. Marié à Ysabeau de Croy, dont il n'eut point d'enfant, il fit donation de ses biens, par vente simulée, à son beau-frère, Charles de Croy, prince de Chymay. Ainsi les terres de Lillers, Saint-Venant, Mallanoy et même celle de Wavrin passèrent à la maison de Croy, où elles sont restées longtemps. La seigneurie de Wavrin fut donnée en mariage à la deuxième fille de la princesse de Chymay, qui la porta en dot au comte de Lallain. Philippe de Wavrin mourut en 1500. (BIBL. IMP., Mss., *Cabinet du Saint-Esprit*.)

9. Voy. le Prologue, p. 3, note 1.

10. Monstrelet, III, p. 322.

11. Un ancien manuscrit de la Bibliothèque impériale (*fonds de Baluze*, n° 7905, fol. 64) qui traite de matières de chevalerie, nous apprend que les poursuivants d'armes devaient être, au moins, de « l'aage de vingt

ans, bien doctrinés et de bonnes conditions, savoir : à faire livres de droit, d'armes, des blasons, des batailles et besongnes où ils auront esté. » Ils étaient employés à voyager « pour veoir, aprendre et congnoistre les grans fais d'armes, batailles, honneurs, estas, noblesse et majestés des rois et grans signeurs de part le monde, affin que quant les heraulx morront que iceulx porront parvenir à leurs offices. »

12. Il fut depuis promu au grade de Roi d'armes de la Toison-d'Or.
13. Tome VII, p. 498.
14. Tome VIII, p. 2.
15. Tome III, p. 335.
16. Tome VIII, p. 24.
17. Monstrelet (III, 355) avait dit, avant lui : « Furent mors en ladite journee, par la relation de plusieurs herauls et autres personnes dignes de foi, dix mille hommes et au-dessus; *desquels grant partie furent emportés par leurs amis*, après le departir des dits Anglois, *pour enterrer où bon leur sembleroit, desquels dix mille on esperoit y avoir environ seize cents valets, et tout le surplus gentilshommes.* »
18. BIBL. IMP., Mss., *Fonds de Villevieille*, 4e carton, année 1358 à 1439, Cabinet des titres.
19. « C'est la Monstre de Philippe de Saveuse, escuyer, de 79 autres escuyers avec luy, de 11 hommes de trait, une Trompette et un Prestre venus en sa compagnie pour servir Monseigneur le duc de Bourgongne au voyage qu'il fait présentement de son pays de Flandres vers Paris, pour le bien du roy, de son royaume et de la chose publique d'icelluy; receus et passé à monstres, commencees à Beauvais le dernier jour d'aoust l'an mil quatre cens et dix-sept. » (*Ibid.* Voir au 6 septembre.)
20. Le héraut Sicile dit, dans son traité dédié aux officiers d'armes, en désignant l'office de poursuivant d'armes : « Il n'est que novis que entre en religion ; car il ne fait, ne doit faire nuls sermens aux armes. La raison est celle, pour ce qu'il *poeult renuncier à l'office, s'il luy plaist*, et cela ne peut faire ung herauld, sinon pour trois cas, après declarés. » Il discourt alors sur les fonctions de l'office d'un héraut et termine ainsi : « Et n'est pas possible qu'il puist renuncier au dit office de héraut, sy non pour trois cas : le premier est pour devenir *chevalier*, le second est pour devenir *homme d'église*, le troisième pour commettre crime de leze majesté et *deservir paine capitale*. En meurdre ou aultres cas digne de mort, doibt officier estre degradé. » (ANTIS, t. II, p. 286, 287.)
21. Voy. tome I, p. 206.
22. Voy. tome I, p. 262.
23. Voy. tome I, p. 250.
24. Voy. tome I, p. 255.
25. Voy. tome I, p. 262-267.
26. Voy. tome I, p. 277.
27. Voy. tome I, p. 280, 281.
28. Voy. tome I, p. 293-295.
29. Voy. tome I, p. 305-308.

30. « A Jehan, bastard de Wavrin, (ici est effacé le mot *jadis*, auquel il faut substituer celui de *fils*) de feu messire Robert, seigneur de Wavrin, escuier, la somme de L frans, de XXXII gros, monnoie de Flandres, chacun franc, que M. le duc, de sa grâce, lui a donné pour une foiz, tant en consideration des bons services qui lui a faiz en ses guerres et armes, comme pour avoir ung cheval. Pour ce, par mandement de mondit seigneur, sur ce fait et donné en sa ville de Lille, le penultiesme jour de juing, l'an de grace mille IIII^c trente sept.... » (*Archives générales du Nord*, Compte de la recepte du duc de Bourgogne de 1436 à 1437, fol. VII^{xx} VIII recto.)

31. « Escassement de Josse Renier, chambgeur, pour l'escassement des biens, meubles, cateaulx et heritages portés à mariage par demichelle Marguerite *Hangouart*, vesve de feu William de Tenremonde, bourgois de Lille, avec le *bastard* de Wavrin, non bourgois, etc. » (Registre aux comptes de 1437.)

32. « A Jehan, bastard de Wavrin, chevalier, seigneur du Forester (*sic*) et de Fontaine, la somme de cinquante saluz d'or de XLVI gros, monnoie de Flandres, pièce, que mond. S. lui a, de sa grace, donné, pour consideration de ses services qu'il lui a faiz, comme il appert par mandement de mond. S. sur ce fait et donné à Dijon le XIIIIe jour de may, l'an mil IIII^c quarante deux. » (Reg. aux comptes de 1441-1442, fol. VI^{xx} XIII verso.)

33. *Legitimacio Joannis Wavrin**. — « Karolus, etc. Illegitime genitos, quos vite decorat honestas, nature vicium minime decolorat. Nam decor virtutis abscondit in prole maculam geniture et pudicicia morum pudor originis aboletur. Notum igitur facimus presentibus et futuris quod, licet dilectus noster Johannes de Wavrain, miles, filius naturalis deffuncti Roberti de Wavrain, quondam militis, ex illicita copula genituram traxerit, talibus tamen virtutum dono et morum venustate coruscat, quod in ipso supplent merita et virtutes quod ortus odiosus adjecit, adeo quod super eo defectu natalium, quem patitur, graciam quam nobis humilime requisivit a nostra Regia Majestate meruit obtinere. Nos igitur, hiis actentis et pro certis aliis causis nos ad hoc juste moventibus, supplicacioni ejusdem Johannis de Wavrain annuentes, eundem de nostre Regie potestatis plenitudine, certa sciencia, speciali gracia et auctoritate regia, legitimavimus et legitimamus per presentes, ac legitimacionis titulo decoramus, ipsumque in Judicio et extra a modo pro legitimo reputari et censeri volumus et haberi; concedentes eidem et cum eo dispensentes ut ipse bona mobilia, temporalia et immobilia quecumque acquirere et jam acquesta possidere valeat et tenere, et de eisdem, inter vivos vel in testamenta, disponere ad sue libitum voluntatis, ad successionemque patris et matris, suorumque amicorum carnalium et aliorum quorum libet, ex testamento vel ab intestato, dum modo de eorum processerit voluntate, et nisi alteri foret jus jam quesitum, succedere possit et valeat, et ad

---

*. Archives de l'Empire, *Trésor des Chartes*, Reg. VIII^{xx} XVIII, Pièce n^o L.

quoscumque honores, officia et alios actus legitimos admittatur ac si esset de legitimo matrimonio procreatus. Et eciam quod sui liberi, si quos habeat, totaque ejus posteritas de legitimo matrimonio procreanda, in bonis suis quibuscunque, eidem, jure hereditario, succedant et succedere valeant, nisi aliud quam deffectus hujus modi natalium repugnet; predicto deffectu, quem prorsus abolemus, jure, constitucione, statuto, lege, edito et consuetudine, usu generali vel locali regni nostri ad hoc contrariis non obstantibus quibuscunque ; solvendo tamen semel nobis financiam per dilectas et fideles gentes compotorum nostrorum et thesaurarios componendam. Quocirca predictis gentibus compotorum nostrorum et thesaurariis, omnibusque et singulis justiciariis et officiariis nostris vel eorum locatenentibus presentibus et futuris, quibuscunque et eorum cuilibet, pro ut ad eum pertinuerit, mandamus, districtius injungendo quatenus prefatum Johannem de Wavrain nostra presenti legitimacione et gracia uti et gaudere pacifice faciant et permittant absque quovis impedimento, quod si factum vel appositum reperierint, illud revocent et ad statum prestinum et debitum reducant et reduci faciant pariter et adnullari indilate, visis presentibus, quibus, ut ea firma et stabilia perpetuo perseverint, nostrum duximus apponi sigillum, nostro in aliis et in omnibus quolibet alieno jure semper salvo. Datum Bituris, mense octobris, anno domini millesimo cccc^{mo} xlvii^o, et regni nostri xxv^{to}. »
— Sic signatum : per Regem, in suo concilio. De la Loere. Visa : Contentor, P. Le Picart. »

34. Archives de l'Hôtel de ville de Lille : Registre aux comptes de 1453, fol. LXXV, verso.

35. Donation, en 1458, de deux fiefs situés à Frelenghien (Frelinghem) par Jacques Fourligny, f. (fils?) de feu Jean, à Mgr Jean de Wavrin, chevalier, seigneur du Forestel, et madame Marguerite de Hangouart, son espouse. (SAINT-GENOIS, *Monuments anciens essentiellement utiles à la France, aux provinces de Hainaut, Flandres, Brabant*, etc., t. I, p. MXXXXIX.)

36. Jehan, bastart de Wavrin, seigneur du Forestiel, chevalier et chambellan du Duc, cité parmi les chevaliers qui renouvellèrent la loi (les échevins) de Lille. 1462.

37. Présens de vins de courtoisie, offerts par la ville de Lille à Jehan, bastart de Wavrin. « XII los de vin à son retour de la ville de Rome, où il avoit esté avoec autres en ambassade, de par nostre très redoubté seigneur, Mons. le duc, par devers nostre Saint Pere le Pappe, pour cause du voyage de Turquie. » (Archives de l'Hôtel de ville de Lille, reg. aux comptes de 1463, fol. LXII, verso.) — Du Clercq (XIV, 229, 230) parle aussi de cette ambassade, où se trouvait le seigneur du Forestel.

38. « A messire Doignies, chevalier, seigneur de Brouay, gouverneur de Lille, Jehan, bastart de Wavrin, aussy chevalier et seigneur du Forestiel, conseillers et chambellans de N. T. R. S. mons. le duc de Bourgogne, (et autres), qui le jour de Toussains darrenierement passé, par vertu des lettres et commission de N. D. S., et ou nom d'icellui, re-

nouvellerent la loi de cestedite ville, à chascun VIII salus, à L⁵ le pieche, font C¹. (Arch. de l'hôtel de ville de Lille : Reg. aux comptes de 1465, fol. LXVII, verso.)

39. Voir le Prologue.

40. Nous le démontrerons un peu plus bas.

41. Voir le Prologue. Le quatrième volume se termine ainsi : « Et atant fine le quart volume de ces Croniques d'Engleterre. Si commencerons le V⁰ au couronnement du roy Henry, son filz, V⁰ de ce nom, *en poursievant jusques à l'an LXXII, que rengne triumphamment Edouard le Debonnaire. Explicit.* »

42. Voy. tome II, p. 343, note 2.

43. Voy. tome II, p. 342, 343.

44. Voy. tome II, p. 402.

45. Voy. tome III, p. 85, note 1.

46. Tome II, p. 250, note 4.

47. « Prologue de l'acteur sur la totalle recollation des sept volumes des Anchiennes et nouvelles croniques d'Angleterre, à la totale loenge du noble roy Edouard de (*ici un mot gratté dans le msc.,*) V⁰ * de ce nom. Acta**.

« Edouard, par la grace de Dieu, roy de France et d'Angleterre, seigneur d'Irlande, pource que au commencement de toutes choses contendant à bonne fin, selong la scentence des philosophes anchiens, doit estre grace requise à celluy dont on la desire impetrer, en ensuivant cest ordre decent mesme à parsonne tant digne que vous, Sire tres magnanime, ainchoi que plus avant procede ou parfait de mon labeur entreprins, requier pardon de mes deffaultes avec correction licite par vostre grace renommee, pour laquelle cuidier augmenter, me suis de la presente oeuvre entremis après pluiseurs fantasies doubtivement examinees, pesant l'effect du commenchier de mon tres rude entendement quant à si noble charge emprendre, tumber ou parfond cavain de l'abysme tiritonal du sourgon et fontaine des haultes et flourissans hystores, emprinses et conquestes victorieuses, du fatal principe jusques en diffinition du tres anchien royaulme renommé et peuple redoubté de la noble isle d'Engleterre. Pour ce, mesmement, que, à mon semblant, variable et doubtif en mesprendre, aulcuns, de mon concepveur incertains, me poussoyent ce travail laborieux imputer à folle vanité ou emprinse presumptueuse, comme ainsi soit que des advenues du dit royaulme dont je veul et contents, au Dieu plaisir, faire recueil et poursieute entiere, soit aucunement touchié en lieux divers, qui pourroit aux dessusdits sambler souffisance.

« Mais, pour telz entendement contenter, je proteste presentement que se, en lisant et examinant les escriptures des anchiens historiographes, je n'eusse trouvé pluiseurs corruptions de verité par simcopations taciturnes

---

* Lisez IV⁰.

** Museum britannicum, *King's library*, 15. E. IV., fol. 14-16 recto. — Copie transmise par M. Martial Delpit.

et ampliations fallacieuses, sommierement prejudiciables à la perfection de Vostre Majesté directe, jamais ne me feusse avanchié de ceste dilligence et paine laborieuse presume* en vostre faveur.

« Neantmoins, tres chier Sire honnourable, après pluiseurs debas et molestes de corage mobile, mettant toutes doubtes arriere moy, plus confiant en vostre grace pleniere que en mon sens rural, comme indigne et non souffisant, ardant en l'augmentation et ampliement de vostre noble renommee, ja clerement resplandissant par les rayes vertueux de vos belles victores fatales et heureuses emprinses, par toutes terres espendues, considerant l'heure propice et temps utile à ycelle canonisier, imprimer et intronisier par deseure les elemens, poursievant la vraye genealogie de vos nobles predicesseurs par aucun terme ruynee, presentement regeneree ou droit climat de sa regalité par heureuse et deue fortune, me suis en dilection plaisante advenchié, par desir obstiné, de à vostre loenge, principalement declarable en lieu de tent et raisonnable guerre, entammer, moyenner et parfurnir les Anchiennes et nouvelles croniques de la dite tres fertile et bellique isle d'Angleterre, depuis la premiere habitation d'icelle jusques au temps de vostre ampliation, à laquelle je commenceray labourer sur le VIIᵉ volume de mon œuvre, sachant, comme dit est, yceulx non avoir esté jusques à present parsievis souffisanment en volumes consonans, sinon par petis traitiés et hystores cassees, excepté par maistre Jehan Froissart et Engueran de Monstrelet, quy, comme il appert par la prosecution et lecture de ses escripts, plus amplement traiterent en faveur patrial, que de verité sermentee, au grant prejudice de la vostre noble et droituriere ancession et succession lupardine, taisant ou minuant aucunement, comme j'ay appris par l'enqueste du resveil de vos victoires, souvent ce qui touche vostre exaltation, en vertence d'amour subgecte : lesqueles choses, ainsi passees et souffertes, seroyent grandement au prejudice de vos gestes et industrie parsonele, se, par diligent examen, n'estoit le deffault relevelé : consideré encoires le magnanime propos deliberé de vostre royal corage, lequel tres dignement loable apert par vision arrestee estre augmentation d'hystoyre en poursieute de mon labeur à vostre loenge et honneur, avec ce que, desja, si vaillamment vous estes en vostre royal degré conduit, tellement qu'il est tout notoire vous estre bien de Dieu amé, qui, par divine provision, vous a restitué en vostre lieu deu, jadis inhumainement usurpé.

« Pour quoy, tres chier Sire, il est de raison sans excuse que avec le Createur, qui au relief de vostre exaltation se entremet, ses creatures s'i employent; laquele chose, par longue espace, en mon cœur tacitement ruminee, voyant ycelle poursievir commencement de bon effect, affin de moy deuement acquiter, puisque la vision me continuoit, je me suis deliberé, à mon pooir, de satisfaire devers vous, congnoissant le sang leomane et lupardin estre par comunitions fraternelles de loables aliances experientement vins en ung, par bainet de ruisseaulx fluans journelement, les-

---

* *Prinse ?*

queles loyaument entretenues, les dis animaulx redoubtés par espece de furieuse nature meslee de prudence, atempre et arrousee par liqueur d'amour inseparable avec gouvernement droiturier, acompaignés de martienne estude et dilligence bellique, corrigerent le maulvais sang et extirperent les espines enrachinees entre les oliviers fructueux qui, par longue sterilité malheureuse, ont empeschié à la fertilité des humaines labeurs, et tellement exploiterent en la benediction de Dieu Nostre Seigneur qu'ilz en acquerront, avec le louer pardurable, la bienvoeillance de tout leur poeple en loenge perpetuelle, memorable entre les preux, à quoy dilligamment procurer je proteste moy employer, selon la possibilité de mon petit entendement. Quant au regard des fais glorieux, comme j'ay chy dessus promis, souffisamment acerterné que au moindre pourfit qui de mon labeur pourra naistre, les nobles et populaires qui, par deffaulte de lecture redigee ou matiere à droit taillié, n'ont par cydevant congneu la obligation de vraye obedience royale, ycelluy mon dit labeur devant eulx semé et espars, et par desir de nouvelité concheu, aprenderont par dilligence, d'ores en avant, à parfaitement obeyr, amer, honnourer et servir, plus que oncques mais, celuy noble roy Edouard V^e, qui plus que nul son ancesseur en sera trouvé digne, se bien on serche ses vertus, auquel humblement je supplie le commencement de ma bonne voulouté accepter pour fin acomplie es loenges de sa valleur où je me presume entremettre. Actum.

« Fin de nostre Prologue. »

48. Rouen, 1487, in-fol.
49. Tome II, p. 44 et suiv.
50. Tome II, p. 73, 74, 81, 87.
51. Tome III, p. 85.
52. Les nouvelles de la victoire que remporta ce prince parvinrent à la cour de Bourgogne par une lettre particulière, adressée à la duchesse mère du duc de Bourgogne. Elle voulut qu'il fût fait un récit de ce siége pour son fils, et peut-être Wavrin fut-il celui qu'elle désigna pour rédiger cette narration.
53. *The Historie of the Arrivall of the King Edward IV*. Cette relation est faite par un serviteur de ce prince.

PROLOGUE.

S'ensieult le Prologue general de l'acteur de ceste presente euvre du recueil des Cronicques et anchiennes histoires de la grant Bretaigne, à present nommee Engleterre.

Comme il soit notoire que par toutes escolles se lisent de jour en jour acteurs, composez en metres, des vyes et faictz des Troyens, Grecz, Rommains, Affricains et aultres nations, par quoy il est et sera perpetuelment d'iceulx memoire; comme pareillement, en France et regions voysines, y ait eu et a encores de present roys et princes de grant renommee ou proesse, desquelz les vyes et faictz sont dignes d'estre mys en memoire perpetuele;

Hault et puissant mon tres honnouré et doubté seigneur, monseigneur Waleran, seigneur de Wavrin[1],

[1]. Était fils de messire Gilles, seigneur de Berlettes, et de Béatrix de Wavrin, fille unique de Robert, seigneur de Wavrin. L'une des conditions du mariage fut que le seigneur de Berlettes prendrait le nom et les armes de Wavrin. (Bibl. imp., *Cabinet du Saint-Esprit.*) Ce seigneur était mort dès le mois de février 1427, laissant des enfants mineurs. (Arch. imp., *Section judiciaire*, Accords, année 1427.) Walerand est nommé par lettres patentes du duc de Bourgogne, « données à Bruges en avril 1444, capitaine gouverneur et conducteur general de quatre galees que monseigneur le duc avoit au port de Venise, pour, avec le grand nave et autres galees que ledit seigneur avoit au dit port et fait armer, aller contre les infideles et mescreans. » (La Barre, II, 205.) Il vivait encore le 13 juin 1469. (Arch. imp., *Section judiciaire*, Jugés, reg. 100, fol. 204 verso.)

de Lillers, Malannoy et Saint Venant, comme il soit ainsy que, aprez vostre retour que darrainement feistes de Constantinoble, où vous avez esté commis et envoyez comme capitaine general de pluiseurs galees et navires, armees et garnies de grant nombre de gens d'armes et de trait, par l'ordonnance et commandement de tres hault et tres excellent et puissant prince Phelipe, duc de Bourgoingne[1], de Brabant et de Lembourg, conte de Flandres, d'Artois et de Bourgoingne, etc., es mers de Levant et de Grece, pour obvier et resister à l'encontre des entreprises des infideles turcs, par pluiseurs fois vous pleut prendre voz devises à moy touchans de pluiseurs belles et anchiennes histoires, entre lesquelles encommencastes à parler de ce tres noble et anchien royaulme de la grant Bretaigne, paravant nommee l'Isle d'Albion, qui à present se nomme Engleterre, où par cy devant a eu de tres haulx, tres excellens et puissans roys et princes, par lesquelz icellui noble royaulme a esté gouverné puissamment jusques aujourd'huy, et aussy a esté tousjours bien garny de noble chevalerie qui en leur temps ont entreprins et achevé maintes haultes besongnes par leurs grans proesses, dont, en vous devisant à moy, ne poviez estre assez esmerveillié comme nulz clercs d'icellui royaulme ne s'estoient avanchiez à descripre les vyes et faictz d'iceulx roys et princes, fors seulement en aulcuns petis livres de chascun roy à part soy : moy doncques, ayant le bon voloir de vostre

---

1. Philippe le Bon, duc de Bourgogne, fils de Jean sans Peur et de Marguerite de Bavière, né le 30 juin 1396; marié 1° à Michelle, fille de Charles VI; 2° à Bonne d'Artois; 3° à Isabelle de Portugal. Mort le 15 juin 1467. (Anselme, I, 240.)

noble desir, moyennant d'avoir vostre bonne ayde et conseil, qui à ceste matere m'a esté bien seant, ay ozé entreprendre ceste paine et labeur de recueillier, adjouster et ramener en quatre volumes de livres, au plus pres que j'ay sceu ne peu, tous les haulx faictz d'iceulx roys, de leurs proesses et de leurs vyes, et comment par leur noble chevalerie, le temps de chascun durant, ledit royaulme a esté gouverné. Pourquoy, mon tres honnouré seigneur, moy Jehan de Wavrin, chevalier, seigneur du Forestel, fils inlegitisme de vostre grant pere, monseigneur Robert de Wavrin[1], jadis chevalier et seigneur des terres et seignouries de Wavrin, Lillers et Malannoy, lequel mourut en la bataille d'Asincourt[2], où à ce jour j'estoye, sentant en

1. Robert, seigneur de Wavrin, conseiller et chambellan du duc de Bourgogne : ce prince « voulant reconnoître les services que son pere et lui avoient reçu de messire Robert, seigneur de Wavrin, chevalier, le retint pour son conseiller et chambellan aux gages de 80 livres par mois, par lettres donnees à Douai le 16 juillet 1405. » (La Barre, II, 121 ; Bibl. imp., *Cabinet du Saint-Esprit.*) Il avait épousé, le 27 août 1390, Jeanne de Gaucourt. (*Compte rendu des séances de la commission royale de Belgique*, t. III, 276 ; et Arch. imp., *Section judiciaire*, Accords, année 1427.) C'est à tort que le P. Anselme (VI, 705) lui donne pour femme Jeanne de Créquy.

2. Le frère de Wavrin périt aussi dans la même journée. Il fut inhumé avec son père, en l'abbaye de Han, proche Lillers, et l'épitaphe suivante fut placée sur leur tombe :

« Cy gistent messire Robert, seigneur de Wavrin, de Lilers et de Malannoy, chevalier, et messire Robert de Wavrin, son fils et heritier, chevalier, et trespasserent ensemble à la bataille d'Azincourt, qui fut l'an mil IIIIe et xv, le xxve jour du mois d'octobre. Priez Dieu pour leurs ames et de tous les trespassez. Et feist ceste lame faire madame Beatrix, dame desdits lieux de Wavrin, de Lillers et de Malannoy, fille et seur desdits trespassez, priez Dieu pour eulx. » (Bibl. imp., mss., *Épitaphes*, vol. XXVII, fol. 171 recto.) C'est le fils qui s'était marié avec Jeanne de Créquy, restée veuve après six semaines de mariage, et qui prit une nouvelle alliance avec Guillaume de Lalain. (*Chronique de J. de Lalain*, chap. I.)

moy que fort aprochoye de viellesse et que plus ne povoye sievir ne frequenter les armes, ne faire longz voyiages, comme aultresfois ay fait avec vous et aussy en la compaignie d'aultres pluiseurs princes et chevaliers, dont, par le plaisir de Dieu, Nostre Seigneur, suis party sans affolure ou villaine reproche, et aussy affin de fuir huyseuse, mere de tous vices, environ l'an mil quatre cens chinquante et chincq me ingeray de voloir emprendre et achever ceste euvre jusques au couronnement du roy Edouard V[1] de ce nom. Doncques, mon tres honnouré et doubté seigneur, je vous supplie humblement, et à tous ceulx qui liront ou orront lire ce recueil des cronicques et histoires du royaulme d'Engleterre, que se fluité et trop grant habundance de langaige y est trouvé, ou que aulcunement, par trop petite diligence, je l'aye peu à plain declaree, leur plaise supléer mon ygnorance et avoir regard à l'entendement de l'histoire plus que à l'ordonnance et fachon de ceste euvre; et aussy se en ce, mon tres honnouré seigneur, compredez ou trouvez chose qui puist tourner ou pourfiter à l'amplication et recommandation de vostre noble personne, il le vous plaise retenir à la loenge de Nostre Seigneur Jhesus Crist, en ayant par vostre grace memoire de vostre humble serviteur.

[1] C'est Edouard IV qu'il faudrait lire; M. P. Paris, qui donne en entier ce Prologue (I, 89), introduit dans son texte cette rectification que ne comporte aucun des exemplaires des Chroniques.

ANCHIENNES CRONICQUES D'ENGLETERRE

PAR JEHAN DE WAVRIN,

SEIGNEUR DU FORESTEL.

PREMIÈRE PARTIE.

LIVRE PREMIER.

1. Cy commence le premier volume des *Anchiennes cronicques d'Engleterre*, lequel contient en soy six livres particuliers desquelz le premier prent son commencement à dame Albine; et dure ce present volume jusques au vaillant roy Edouard de Windesore, auquel roy le second volume se commence, comme vous orrez et verrez en poursievant ceste matere. Et premiers s'ensieult un petit prologue pour plus clerement donner à entendre ceste euvre sequente.   Chapitre I.
    Inédit.

2. Cy s'ensieult un preambule convenable, à maniere de thernne.   II.
    Inédit.

3. Cy parle du cruel et enorme conseil que dame Albine donna à ses seurs.   III.
    Inédit.

4. Comment Albine et ses seurs coperent les gorges à leurs maris, excepté la plus josne d'elles qui pour lors les racusa. IV.

Inédit.

5. Cy devise comment dame Albine et ses seurs arriverent en une isle laquelle elles nommerent Albion, pour Albine. Et depuis, par Bructus qui la concquist, eut non Bretaigne la Grand. Et à present se nomme Engleterre, pour Englist. V.

Inédit.

Cy prent fin le premier livre de ce premier volume des Cronicques d'Engleterre.

LIVRE II.

6. Cy commence le deuzieme livre des Cronicques d'Engleterre qui contient en soy LX chapitres, ouquel, comme vous orrez, il traitte des Bretons qui regnerent en la grant Bretaigne depuis le tempz Bructus, le nepveu Ascanius, fils de Eneas, jusques longtempz aprés l'incarnacion de Nostre Seigneur Jhesus Crist. Et parle ce premier chapitre des proprietez de l'Isle de la grant Bretaigne.
                                                           Chapitre I.
      Inédit.

7. Cy commence un petit preambule, par maniere de thernne, sur la translation du livre de Brust d'Engleterre.   II.
      Inédit.

8. Comment troys generations principaulz se partirent de Troye, apres la destruction d'icelle, et peuplerent pluiseurs royaulmes, et habiterent en maintes terres et diverses regions.   III.
      Inédit.

9. Comment Eneas arriva au port de Carthage, et comment la roine Dido le recupt; et comment il se partist sans prendre congié d'elle, pourquoy elle s'en en occist de deuil.   IV.
      Inédit.

10. Comment Eneas et sa compaignie arriverent en Cecille et là fist une cité, où il laissa grant partie de sa gent.

Et comment, apres, il se partist de là, et naga tant qu'il vint en Ytalie, au port du Tibre, pres de Laurence, où demouroit le roy Latin. V.
 Inédit.

11. De la premiere bataille qui fut entre Eneas et Turnus; et comment Eneas ala querir secours au roy Evander contre le dit Turnus qui le vouloit bouter hors d'Ytalie. VI.
 Inédit.

12. Comment Turnus demanda treves de xii jours à Eneas. Comment ils acorderent bataille corps contre corps. Comment Eneas l'occist, et la cause pourquoy. VII.
 Inédit.

13. Comment apres ce que Eneas eut espouzee Laurine, ne demoura pas grandement que le roy Latin morut, et puis Eneas, aprez ce qu'il eut tenu le royaulme quatre ans. VIII.
 Inédit.

14. Comment Bructus fut nez. Comment il tua son pere et sa mere. Sy fut exillié, et s'en fuist en Grece. Et comment il vint depuiz à grant honneur. IX.
 Inédit.

15. La teneur des lettres que Bructus envoya au roy Pandrasus. IX bis[1].
 Inédit.

16. Comment le roy Pandrasus s'esmerveilla de ce que les Troyens se vouloient rebeller contre lui: sy manda ses barons. Et comment Bructus le desconfist. X.
 Inédit.

17. Comment Bructus et les siens destruisirent la seconde foiz le roy Pandrasus, et fut prins par Bructus dedens sa tente, devant le chastel de Separentin qu'il avoit assegié. XI.
 Inédit.

---

1. Ce chapitre n'a pas de numéro dans le manuscrit.

18. Comment Bructus departist tout le gaing à ses compaignons. Et comment le roy Pandrasus s'accorda à Bructus par tel condition, qu'il habandonna à tous les Troyens qui estoient en son pays d'aler où ils voldroient, et, avec ce, bailla à Bructus trois cens nefz bien garnies, avecques grant foyson d'or et d'argent. XII.
Inédit.

19. Comment apres ce que Bructus et Cormeus, avec leurs gens, eurent sejourné viii jours au bout de Loirre, se mysrent en leurs nefz et nagerent contre mont l'eaue tant qu'ilz trouverent un lieu convenable pour eulz aizier, où ils ficherent leurs herberges. Et comment ilz desconfirent le roy Gauffier d'Acquitaine. XIII.
Inédit.

20. Comment le roy Gauffier ala querir secours en France. Et comment il fut de rechief desconfist par les Troyens. XIV.
Inédit.

21. Comment Bructus se partist de la terre du roy d'Acquitaine et s'en ala en Albion. Sy descendist illec à terre, lui et ses gens, et occirent tous les geans qu'ilz y trouverent, fors Geomagon, auquel Cormeus le fort luitta. XV.
Inédit.

22. Comment Bructus et Cormeus departirent ensamble la terre d'Albion. Et comment apres ce que Bructus eut regné xiiii ans, et ediffyé la cité de Londres avec pluiseurs chasteaulz, il mourut et laissa troix filz qui apres lui rengnarent grandement. XVI.
Inédit.

23. Comment Cormeus, après la mort Bructus, vint parler au roi Lotrin et lui fist espouser sa fille, volsist ou non. Et comment Lotrin laissa sa femme, apres la mort de Cormeus son beau pere. Et comment depuis elle le desconfist en bataille, où il mourut. Et apres regna gran-

dement et desconfist en son tempz le roy Cesius d'Irlande. XVII.
Inédit.

24. Comment Maddam, filz du roy Lotrin, fut couronné. Comment Malius, son filz, regna mauvaisement et tua son frere : et comment il fut devouré de lous esragiez en la forest où il chassoit. XVIII.
Inédit.

25. Cy parle du regne du roy Ebrot et de ses faictz. XIX.
Inédit.

26. Des regnes de quatre roys : c'est assavoir de Bructus Vert Escu, de Leir, de Rahudibras et de Bladus. XX.
Inédit.

27. Cy parle du regne du roy Leir. Comment il esprouva ses trois filles, et comment Agornozille et Regnault le decheurent, et Cordeille lui dist la verité. XXI.
Inédit.

28. Comment le roi Belinus desconfist son frere Bremus et prinst le roy Gurlat, de Dannemarce, et la femme de son frere Bremus en Northumbellande. Et comment Bremus eschappa : sy s'en ala en Gaulle. Et des chaussees que le roy Belinus fist faire. XXII.
Inédit.

29. Comment Bremus espouza la fille au duc de Sens, et puis passa en Engleterre avec grant ost, pour recouvrer son pays, et fist la paix sa mere de lui et de son frere Belinus, qui tout le royaulme tenoit. XXIII.
Inédit.

30. Comment les deux freres Belinus et Bremus mysrent en leur obeyssance toute Gaule jusques aux monts de Mont Senis. Et comment ilz passerent oultre en Lombardie. XXIV.
Inédit.

31. Comment, apres ce que les deux princes et les Rommains furent accordez ensemble, les Rommains rompi-

rent leurs aliances. Comment Belinus desconfist les consulz et, par consequent, comment ilz firent prendre les hostaiges des Rommains, puis prindrent et destruirent toute la cité de Romme. XXV.
Inédit.

32. Comment, apres ce que les deux freres eurent Romme destruite et departy les gros bustins, Belinus retourna vers Bretaigne et Bremus demoura, et comment Camillus le desconfist, puis repara la cité de Romme. XXVI.
Inédit.

33. Comment, apres la mort Belinus, Gragius, son filz, regna puissamment; car il desconfist le roy de Dannemarce et constraingnist de lui payer tribu. Et comment il peupla Zelande. Et de la mort de Bremus. XXVII.
Inédit.

34. Comment Guicelin et sa femme regnerent apres Gragius. Et du regne Silius Romarus et Danus. Et comment le roy Morbidus fut transglouty du monstre marin qui Belue estoit appellé. XXVIII.
Inédit.

35. Des royaulmes Gorboman, Argal et Helidus. Et comment Argal fut depposé et Helidus, son frere, couronné. Et comment Helidus se deposa, pour la pitié qu'il eut de son frere Argal. XXIX.
Inédit.

36. Comment depuis la mort du bon roy Helidus tous les roys qui apres lui regnerent, jusques ou tempz du roy Lud qui Londres ferma, ne firent chose qui riens ou pou vaillist. XXX.
Inédit.

37. Comment le roy Lud fist clore Londres de tours et de fortes murailles devers les parties d'Orient, Occident et Septentrion. XXXI.
Inédit.

38. Comment Julle Cesar fut envoyé en Gaulle pour la concquerre et mettre soubz la seignourie des Rommains, et toutes les parties d'occident. Et comment icellui Cesar envoya en la grant Brétaigne, et de la responce que les Bretons lui firent. XXXII.
Inédit.

39. Comment Julle Cesar passa en Bretaigne avec son ost. Et comment il fut desconfy et chassié hors par le roy Cassibellant et ses aydans. XXXIII.
Inédit.

40. Comment Nemnus, frere du roy Cassibellant, mourut de la plaie que Cesar lui avoit faicte. Et comment les Francois se volrent rebeller contre Julle Cesar. XXXIV.
Inédit.

41. Comment Cesar retourna la seconde fois en Bretaigne, où il retourna et fut de rechief desconfy et chassié hors plus honteusement que la premiere fois n'avoit esté. XXXV.
Inédit.

42. Comment le roy Cassibellanus, apres ce qu'il eut victorieusement rebouté les Rommains la seconde fois, fist faire ung solempnel sacrefice à ses dieux. Et du discord qui s'esmeut entre lui et Androgeus, son nepveu. XXXVI.
Inédit.

43. La teneur de la lettre tramise par le duc Androgeus à Julle Cesar, empereur rommain. XXXVII.
Inédit.

44. Comment Julle Cesar respondist au messagier. Et comment, par le moyen Androgeus, il subjuga les Bretons et fist tributaires aux Rommains. XXXVIII.
Inédit.

45. Comment la paix fut faicte entre les Rommains et les Bretons par l'ayde et moyens de Androgeus. Et comment

Cesar s'en retourna en Gaulle, et emmena le duc Androgeus avecques lui.   XXXIX.
   Inédit.

46. Comment l'empereur Claudien ala en la grant Bretaigne contre les Bretons qui lui avoient refusé à payer treu. Et de la mort du roy Guider.   XL.
   Inédit.

47. Comment Maurrius, filz de Arviragus, desconfist le roy des Piz, qui Rodrit avoit à nom; et de la perche qu'il fist drechier ou champ en signe de sa victoire.   XLI.
   Inédit.

48. Comment Luces fut le premier roy crestien ou royaulme de la grant Bretaigne. Comment il fist baptisier les Bretons, et des grans biens que il leur fist.   XLII.
   Inédit.

49. Comment Aeller et Gallus furent envoyez de Romme en Bretaigne pour gouverner. Et comment les Bretons firent roy Asclepidos, et desconfirent les Rommains.   XLIII.
   Inédit.

50. Comment Constant vint en Engleterre, et espousa Helaine, la fille du roy Choel. De la nativité Constantin. Comment il enchassa l'empereur Maxence. Et comment Helaine trouva la croix.   XLIV.
   Inédit.

51. Comment le roy Ostones envoya querir Maximien pour espouser sa fille. Et comment il gaigna le royaulme de Armoricque, dont il fist roy Conan.   XLV.
   Inédit.

52. Comment Conan, roy de la petite Bretaigne, envoya à Jonet, roy de la grant Bretaigne, de par l'empereur Maximien, pour avoir Ourselles, sa fille, en mariage, et aussi pour avoir grant nombre de pucelles du regne pour donner à ses hommes et peupler son pays. XLVI.
   Inédit.

53. Comment Gavianus et Melga retournerent en la grant Bretaigne et casserent le fort mur que les Rommains avoient faict. Et comment les Rommains ne volurent plus aydier les Anglois. XLVII.
Inédit.

54. Comment le tirant Vortigier fist copper les testes aux Picz qui, de son propre consentement couvert, avoient le roy Constant occy, et usurpa le royaulme. Et comment il retint les Saxons de sa court, par la puissance desquelz il obtint victoire alencontre des Picz et Estotz. XLVIII.
Inédit.

55. Comment Englist deceupt le roy Vortigier par sa malice. Comment il se fist donner par le roy une forte place en laquelle il ediffia le chastel de la Couroye. Et des Saxons qu'il fist venir. Et comment Vortigier espousa sa fille Ronixe, qui estoit payenne. XLIX.
Inédit.

56. Comment Saint Germain d'Auxerre et Saint Leu de Troyes vindrent en la grant Bretaigne, et de la multiplication des Saxons en icelle. Et comment le roy Morchimer fut couronné. L.
Inédit.

57. Comment la roine Ronixe fist empoisonner le bon roy Norcuner. Et comment il conforta ses barons au lit de la mort. Et de ses ordonnances. LI.
Inédit.

58. Comment Vortigerius fut reslevé en la dignité royal, et comment, par l'admonnestement de sa femme Ronixe, il remanda Englist par lequel les Bretons furent destruiz. LII.
Inédit.

59. Comment le roy Vortigier prinst conseil à ses devineurs de sa miserable vye. Et de la tour qu'ilz lui conseillierent à ediffier pour soy saulver. LIII.
Inédit.

60. Comment les messaiges du roy Vortigier emmenerent Merlin, qu'on disoit l'enfant sans pere; et des choses qu'il dict au roy Vortigier, au grant reproche de ses devineurs, de l'establete des fondemens de sa tour[1]. LIV.

Inédit.

[1]. En insérant dans sa compilation des anciennes chroniques d'Angleterre une traduction du *Livre de Brust* (c'est le titre qu'il donne [*] à l'ouvrage composé en latin par Geoffroy de Montmouth), Wavrin ne nous fournit aucun renseignement sur le translateur anonyme dont il adopte la version, sur sa patrie, sur le temps auquel il a vécu. Peut-être n'en savait-il rien; peut-être bien était-ce chose trop connue de ses contemporains pour qu'il fût nécessaire de le leur dire. Quoi qu'il en soit, nous ne croyons pas inutile de signaler, dans ce présent chapitre et dans ceux qui vont suivre, quelques passages contenant une partie des détails que notre chroniqueur a passés sous silence. Geoffroy de Montmouth, dans son *Histoire des Bretons*, se borne à recueillir les célèbres prophéties de Merlin. Son interprète les traduit, à son tour, de latin en français; mais il fait plus: il les commente, il indique les applications qu'on en peut faire aux événements accomplis. C'est dans cette partie, appartenant en propre au translateur, que nous trouvons çà et là quelques phrases qui révèlent le nom de son pays et dans quel temps il écrivait.

Un prologue, placé en tête des prophéties, nous apprend qu'il est né dans le Bourbonnais. Malgré, dit-il, son *insuffisance et la rudesse de* son *natif langaige bourbonnois*, il entreprend de mettre « icelles en francois legier et entendible, par exposition clere et evidente, là où la sentence est obscure. » Voilà pour la patrie. Quant à l'époque où il vivait, les réflexions que lui suggèrent certaines interprétations et sentences serviront à la déterminer: ainsi, après l'énoncé d'une prophétie[**], il désigne le *prince de Galles et les grans seigneurs de France*, *lesquelz il fit tous trembler en belle battaille de Poictiers*; car, ajoute-t-il, « certainement il n'eut à doubte, en tout le royaulme de France, cité, ville, etc., qu'il n'en tremblast, si comme *ie l'ay autresfoiz oy recorder....* Je porroye escripre pluiseurs choses quy me font souvent mal en ma teste; car *je ne voy aujourd'hui, en ce present royaulme* (de France), synon desolation et desconfort, rapines, calamitez; et Justice y est morte, Droict s'en est fuyz, Raison dort, nulz ne cure ne ne pense du bien public que fort à le exterminer et destruire par plourables miseres :... chascun se taist et faict silence, nul n'ose dire Verité s'en est allee, et quant est de moy,

---

[*] Voy. ci-dessus, chap. 7.
[**] Chap. 61.

61. Comment maistre Gauffroy Monemutensis, qui cestui livre compila de langue brete en latin, se excusa sur la translation des propheties Merlin Ambroise, disant en ceste maniere. LV.

Inédit.

62. Cy apres parle des propheties Merlin qu'il denoncha au roy Vortigier. Et parle premierement de la signifiance des deux dragons qui yssirent des pierres du lacq expuissye, comme dict est cy dessus. LVI.

Inédit.

63. Cy apres s'ensieult la seconde cause des propheties Merlin le prophete. LVII.

Inédit.

64. Comment Merlin prophetisa au roy Vortigier l'advene-

je croy fermement que pluiseurs nobles chevaliers, escuyers et aultres gens de conseil quy, pour leur avarice et par les proufis qu'ilz ont du roy ou d'aulcuns aultres, ne osent ou ne veullent dire verité.... *Puys dyst Merlin que, en icelluy temps, que le rond sera foict demy;* c'est à dire que la monarchye du rengne, qui est rond par une vraye obeissance ou souverain seigneur du royaulme, sera fait demy par cause de divisions, car la playe de la guerre civile les disjoindra et *divisera le dyadesme royal en deux couronnes ou royaulmes....* » Une autre prophétie * le fait s'écrier : « Hé Dieu! nous avons une prophetie quy dist que le royaulme de France en vygour durera, tant comme justice y rengnera, et quant elle y fauldra, le regne à neant tournera; laquelle chose je prye à Dieu que n'adviengne, jasoit *ce qu'il y ait grant commencement,* car ja la pernicieuse *sedition et division civile est entre nous,* car *nous sommes maintenant tous Guerfes et Guibelins* comme les Lombars. »

En parlant de la division du diadème en deux couronnes ou royaumes, notre translateur désigne évidemment les funestes démêlés d'entre Charles VII et Henri V. Il vivait donc vers le milieu du xve siècle. On objectera, peut-être, que Wavrin, tout en s'appropriant le travail d'un autre, peut y avoir introduit certaines modifications, et que ce que nous attribuons ici au translateur bourbonnais est une interpolation de Wavrin. A cela nous répondrons qu'indépendamment de la copie que nous en fournissent les *Anchiennes cronicques d'Engleterre,* il existe plu-

---

* Chap. 62.

PREMIÈRE PARTIE, LIVRE II, LV-LIX.   17

ment des deux filz du roy Constant. Et de sa miserable vye. Et aussi la mort de Englist le Saxon.   LVIII. Inédit.

65. Comment tous les Bretons de la grant Bretaigne, nobles et non nobles, qui eschapez estoient des mains des Saxons, sceu l'advenement des enfans du roy Constant, leur vindrent au devant, en leur portant grant honneur. Et comment ilz assegierent Vortigier et l'ardirent en sa tour, sy comme Merlin l'avoit diviné paravant.   LIX. Inédit.

Cy prent fin le second livre du premier volume des Cronicques d'Engleterre, et s'ensieult le tiers.

sieurs manuscrits * de la traduction de l'*Histoire des Bretons* absolument semblables, et qu'il ne paraît pas admissible que ces ouvrages ne soient qu'un démembrement de l'œuvre de Wavrin, tandis que tout porte à croire qu'il s'est approprié, ici comme ailleurs, ce qui était à sa convenance.

* La Bibliothèque impériale, entre autres, en possède trois :
1° *Ancien fonds français*, n. 8387. *Cronicques des Bretons, contenans les gestes d'iceulx depuis Brutus jusques à l'an* v^e iii^{xx} *et* viii. Cette traduction diffère un peu de celle de Wavrin, mais elle lui est conforme pour les chapitres qui comprennent les prophéties de Merlin.
2° et 3° *Fonds Saint-Germain des Prés*, n. 93, et *Fonds Colbert*, n. $10210^{3.3}$ *Histoire d'Angleterre*. La traduction que renferment ces deux manuscrits est conforme à celle de Wavrin. Citons aussi, puisque l'occasion s'en présente : 1° *Supplément français*, n. 67 : *Compillation des Croniques et Ystoires des Bretons*, par Pierre Le Baut, secrétaire de Jehan, sire d'Erval. Le Baut abrége beaucoup, en général, l'œuvre de Geoffroy de Montmouth, et quant aux prophéties de Merlin, en particulier, il les supprime complétement « pour cause de briefveté et mesmes pour l'ambiguité du stille exquis, qui est difficile à ung chascun entendre. »
2° *Ancien fonds français*, n. 10211. *L'Istoire de Brutus, premier roy de Bretaigne, à present dicte Angleterre, et ses successeurs*. Traduction anonyme, qui diffère de celle de Wavrin et de celle de Le Baut : les prophéties y sont rapportées en latin. On trouve enfin au *British Museum* (bibliothèque Lansdowne, n. 214) une quatrième version de l'histoire des Bretons. « Chi fine, dit l'*explicit*, le Hystore des Bretons, extraite du latin en rouman à la requeste de mon tres redoubté seigneur Mgr de Croy et de Jacotin le Contois, son receveur general : et fut translaté par ung bourgeois de Mons en Hainault, nommé Jehan Vauquelin, en l'an de Nostre Seigneur $m ccens$ xlv, le xxv jour de juillet. » Cette traduction est encore différente des autres.

LIVRE III.

66. Cy commence le tiers livre de ce premier volume, lequel contient en soy LIII chapitres, desquelz le premier contient comment le Saxon Englist garnist ses forteresses quant il sceut la mort Vortigier. Et comment le noble roy Aurelien le desconfist avec tout son ost, où il avoyt bien deux cens mille Saxons. Chápitre I.
Inédit.

67. Cy parle de la mort et comdempnation de Englist le tirant; et comment Cocta, son filz, et tous les nobles jovenceaulz des Saxons, atout chascun une chaine en leurs mains, se misrent en la mercy du roy Aurelien. II.
Inédit.

68. Comment le roy Aurelien reforma son royaulme en bonne meurs et fist rediffier les eglises, citez, villes et forteresses destruites par les Saxons : et de la cause pour laquelle il tramist querre Merlin, et du conseil que le dict Merlin le prophete lui donna sur sa demande. III.
Inédit.

69. Comment le duc Utherpendragon, apres ce qu'il fut atout Merlin et son ost arrivé en Hybernie, desconfist Gillomith, le roy de celle région. Et comment Merlin, par sa soubtilleté, fist emporter les pierres en Bretaigne, où il les drescha en leur ordre, par le commandement du roy Aurelien. IV.
Inédit.

70. Comment Pascent, filz du roy Vortigerius, excista les Germaniens contre le bon roy Aurelien, à moult grant ost, et furent desconfiz. Et comment apres il se ralia au roy Gillomith, de Hybernie, lequel il fist passer à grant ost en Bretaigne. Et comment, par venin et trayson, il fist finer le crestien roy Aurelien. V.
Inédit.

71. De l'exposition que fist Merlin au duc Utherpendragon. Et comment il desconfist ses ennemiz Gillomith et Pascent, puis retourna à Gumtonye pour celebrer les obseques du roy Aurelien, son frere. VI.
Inédit.

72. Du couronnement du duc Uther, qui sournommé fut Pendragon, et des deux batailles qu'il eut alencontre de Cocta, filz de Englist, et Orsus, son cousin, lesquelz le desconfirent en la premiere bataille. Mais aprez furent ilz destruictz en la seconde assamblee. VII.
Inédit.

73. De la court que tint le roy Utherpendragon en la cité de Londres. Et comment il meut la guerre au duc Gorlois à cause de sa femme, de laquelle il fut amoureux. VIII.
Inédit.

74. De la mort au duc Gorlois et prinse de sa forteresse assegiee par l'ost Britonnicque en l'absence de Utherpendragon. Et comment il espousa Igerme. Et de la venue de l'ost Saxonnicque, à l'esmouvement de Cocta et Orsus qui s'en fuyrent ou eschapperent de la prison. IX.
Inédit.

75. Comment le roy Utherpendragon, tres griefvement malade, se fist porter en l'ost, où il blasma moult aigrement ses princes. Et comment il fut porté en sa litiere en la bataille, où les Saxons Cocta et Orse furent morts, et tout leur ost desconfy. X.
Inédit.

76. Comment les tirans saxons, proditoirement, firent mourir le roy Utherpendragon par la fontaine dont il beuvoit l'eaue, qu'ilz empoisonnerent. XI.
 Inédit.

77. Du couronnement de Artus, filz du roy Utherpendragon, par Dubritius, archevesque de Legionne. Et comment il desconfist Colgrinus, duc des Saxons, et tout son ost, et l'assega à Eboracle, sa cité. XII.
 Inédit.

78. Comment le roy Artus laissa le siege de Ebroith et ala à Londres pour soy conseillier, et tramist messaiges en Armoricque au roy Hoclus, son nepveu, pour querre secours. XIII.
 Inédit.

79. Comment le roy Artus desconfist les payens saxons à Kaerlindeoth, la cité qu'ilz avoient assize. Et comment ilz lui jurerent, en la forest de Calidonienne, de lui rendre treu et en baillierent hostaiges, mais ilz se parjurerent : sy furent leurs hostaiges cruellement acraventez. XIV.
 Inédit.

80. Comment Dubritius enhorta les Bretons de eulx fierement combatre contre les payens; et comment ilz les desconfirent par la proesse de leur roy Artus. XV.
 Inédit.

81. Comment le duc de Cornubie tua le duc Thederic, et prinst ses nefz et ses gens en dedition. XVI.
 Inédit.

82. Comment le noble roy Artus desconfist les Escots en l'isle d'ung estang, et le roy de Hybernie aussi, qui les vint aydier et secourir XVII.
 Inédit.

83. Comment le noble roy Artus de Bretaigne fist refaire les eglises que les mauldictz payens avoient inhumainement destruictes. XVIII.
 Inédit.

84. Comment le roy Artus mist le pays d'Escoche en son anchienne liberté. Et comment il espousa Geneviere, qui estoit de noble lignaige de Romme et la plus belle de tout le pays de Bretaigne. XIX.
Inédit.

85. Comment le roy Artus, apres ce qu'il eut reposé longtempz en grant felicité, passa la mer et concquist Norguegyedace, Neustrie et tous les pays de Gaulle. XX.
Inédit.

86. Cy parle de la grant feste que celebra le noble roy Artus en la cité de Legionne. Et comment il y vint moult de grans princes et barons. XXI.
Inédit.

87. Comment les princes qui venuz estoient à la court que tint le roy Artus furent festoyez. Et comment lui et la royne sa femme porterent couronne le jour de la solempnité. XXII.
Inédit.

88. Comment le roy Artus crea pluiseurs archevesques et evesques, et de l'advenement des legatz envoyez de Romme. XXIII.
Inédit.

89. S'ensieult l'oraison du roy Artus à ses princes sur la sentence de la lettre à lui tramise de par l'empereur rommain. XXIV.
Inédit.

90. S'ensieult l'oraison du roy Hoclus, de Armoricque, en persuadant la guerre contre les Rommains. XXV.
Inédit.

91. La deliberation Agnoleseth, aultrement dict Angelus, au roy d'Albanie. XXVI.
Inédit.

92. De la responce que fist le roy Artus aux legatz rommains. Et comment ses barons s'appareillierent atoute dilligence. XXVII.
Inédit.

93. Cy devise comment le proesseux roy Artus se combatist vaillamment à ung grant geant à la roche du Mont Saint Michiel. XXVIII.
Inédit.

94. Comment le roy Artus ala au devant des Rommains. Et comment ses legatz commencierent premiers la bataille. XXIX.
Inédit.

95. Comment les Bretons, qui conduisoient leurs prisonniers vers Paris, à xv mille hommes armez desconfirent xx mille Rommains qui les guettoient en une embusce. XXX.
Inédit.

96. Comment l'empereur rommain deguerpist ses tentes pour aler à Ostun. Et comment le roy Artus lui vint au devant en une vallee, où il ordonna ses batailles. XXXI.
Inédit.

97. Comment Artus admonesta sagement ses chevaliers de bien combatre pour deffendre leur pays et liberté. XXXII.
Inédit.

98. Comment l'empereur rommain ordonna ses batailles, apres une oraison exortative faicte à ses chevaliers pour les encoragier. XXXIII.
Inédit.

99. De la bataille merveilleuse d'entre les Rommains et les Bretons. Et de la noble victoire que obtint le roy Artus. XXXIV.
Inédit.

100. Comment le noble roy Artus, apres ce qu'il eut eue

victoire des Rommains, fist ensepvelir les corps de ses barons et de ses hommes. XXXV.
Inédit.

101. Comment le noble roy Artus se combatist la premiere fois au desloyal tirant Mordreth, et le desconfist à grant perte des siens. XXXVI.
Inédit.

102. Cy parle des deux batailles que eut le roy Artus alencontre de Mordreth. Et de la maniere de la fin d'eulx deux. XXXVII.
Inédit.

103. Comment le roy Constantin occist les deux enfans Mordreth. Et comment son nepveu le tua, qui fut couronné apres lui. XXXVIII.
Inédit.

104. Des faictz des roys Vortiporius et Molgo le Bel, qui succederent, l'un apres l'aultre, ou royaulme de la grant Bretaigne. XXXIX.
Inédit.

105. Des gestes au roy Cathericus et des guerres civilles qui, par sa cruaulté, vindrent en son tempz en Bretaigne. Et des grans maulx que les Saxons y firent. XL.
Inédit.

106. La complainte de l'acteur sur la destruction du royaulme de Bretaigne, par quoy les Saxons en furent premierement seigneurs, dont les Anglois sont yssuz. XLI.
Inédit.

107. Comment les Bretons esleurent à roy Cadnanth, et de la paix que il ferma avecques le roy Eldefride. XLII.
Inédit.

108. Du parlement que les deux compaignons royaulx firent faire sur le fleuve du Glas, et du conseil que donna Brianus à Cadnalus, son oncle. XLIII.
Inédit.

109. Comment le roy Cadnalus fut desconfy de Edrinus, à qui il avoit faulsé compaignie. Et comment il s'en fuit au roy Sallemon. XLIV.
Inédit.

110. La responce que fist le roy Sallemon de Armoricque Bretaigne au roy Cadnalus, qui son ayde lui requeroit. XLV.
Inédit.

111. S'ensieult l'oraison regratiatoire que fist le roy Cadnalus au roy Sallemon; et comment Brianth passa en la grant Bretaigne, où il occist Pellicus, l'ingromantien de Edninus. XLVI.
Inédit.

112. Comment le roy Cadnale leva le siege de devant Exoine, où il desconfist l'ost du roy Peandath. Et comment il occist Edninus, Offride son filz, et Godboth, avecques leur grant ost. XLVII.
Inédit.

113. Comment le roy Cadnale occist le roy Offrid en bataille, avecques tout son ost. Et de la victoire Ozimath contre le roy Peandath, qui apres aussi desconfist le roy Cadnale de puis. XLVIII.
Inédit.

114. Comment, par l'admonnestement de Alflird, filz au noble roy Ozimath, le roy Peandath prie au roy Cadnale, par fraude, qu'il esmeut guerre contre le roy Ozimath, son oncle. XLIX.
Inédit.

115. Comment le roy Peandath fut desconfy par le roy Ozimath, apres ce qu'il eut fait foizon de maulx en Northambrie. Et de la fin du roy Cadnale de Bretaigne. L.
Inédit.

116. Comment Cadwalladreth, filz au roy Cadnale, fut cou-

ronné ; et de la guerre civille des barons de Bretaigne, par laquelle il sourdist grant famine et mortalité tres rible. LI.

Inédit.

117. Comment Alain, roy de Armoricque Bretaigne, receupt benignement le roy Cadwaladreth. Et comment les Saxons obtindrent paisiblement le royaulme de la grant Bretaigne. LII.

Inédit.

118. Comment l'angele s'aparut au roy Cadwaladreth pour le faire desister de la guerre qu'il vouloit commencier. Et des propheties qu'il lui denuncha. LIII.

Inédit.

Cy prent fin le tiers livre de ce premier volume des Cronicques d'Engleterre et s'ensieult le iv°.

LIVRE IV.

119. Cy commence le IIIIe livre de ce premier volume qui contient en soy LVI chapitres, ou premier desquelz il traicte la venue des deux enfans du bon roy Cadwaladreth, et du roy Oza qui rengna en Kent.   Chapitre I.
Inédit.

120. Comment le roy Ozebrith de Northumberlande prinst par force la femme d'un grant baron, appellé Buerne Bocart, et de ce qu'il en advint.   II.
Inédit.

121. Comment les Danois arriverent en la grant Bretaigne, où ilz prindrent la cité de Werwic et occirent le roy Ozebrith.   III.
Inédit.

122. Comment le roy Elle fut occis des Danois.   IV.
Inédit.

123. Comment les tirans danois martirisierent Saint Edmond.   V.
Inédit.

124. Comment les Danois prindrent la ville de Reding.   VI.
Inédit.

125. Comment le bon roy Alvred se combatist aux Danois et les desconfist. Et comment, par son sens et vaillance, il les subjugua et mist à mercy.   VII.
Inédit.

126. Comment les Danois faulserent leurs foyz au roy Alvrede, et de la mort Huble et Buerne Bocart. VIII.
Inédit.

127. Comment Hugar fut occis et les Danois mis sy au bas qu'ilz furent constrainctz de faire venir le roy de Danemarce, appellé Godrin, lui et ses barons, recepvoir le saint sacrement de baptesme. IX.
Inédit.

128. Cy devise comment grant foyson de Danois, qui estoient passez en France avec le roy Gormond d'Auffricque, retournerent en Engleterre. Et de la mort du bon roy Alvred. X.
Inédit.

129. Cy commence à parler du roy Edouard, filz du bon roy Alvred. XI.
Inédit.

130. Cy parle du roy Adeston. XII.
Inédit.

131. Cy parle du roy Emond, frere du bon roy Adeston. Comment il desconfist deux roys de Danemarce et les enchassa hors de son pays. XIII.
Inédit.

132. Cy parle du roy Edret. XIV.
Inédit.

133. Cy parle du roy Edvin. XV.
Inédit.

134. Cy parle du roy Eadgar, lequel regna sur tous les roys qui estoient en Escoche et en Galles. XVI.
Inédit.

135. Comment le roy Eadgar espousa Estrild, apres la mort Eldewould, et sy estoit sa commere. XVII.
Inédit.

136. Comment la royne Estrild fist mettre à mort son fillastre, lequel eut nom Saint Edouard le Martir, affin que Eldret, son filz, feust roy. XVIII.
Inédit.

137. Cy parle du roy Eldret et comment le roy Suvvin, de Danemarce, tint Engleterre. Et comment la royne Estrild s'en fuist en Northmandye, pour ce qu'elle estoit durement haye à cause de la mort du noble roy Saint Edouard le Martir. XIX.
Inédit.

138. Comment le roy Eldret revint de Northmandie. Comment Kenoult le Danois regna, et de la guerre de lui et de Emond Yrensit. XX.
Inédit.

139. Cy parle du roy Kenoult. XXI.
Inédit.

140. Comment le roy Emond Yrensit feut traytreusement occis par Edrith, uny hault baron du pays, parent et homme liege du dit roy Emond. XXII.
Inédit.

141. Comment le roy Kenoult envoya les deux enfans du roy Emond en Danemarce pour les faire mourir. Et comment ilz furent saulvez. XXIII.
Inédit.

142. Cy parle du roy Kenould. Comment il concquist Norwegue. Comment il monta en grant orgueil. Et comment depuis il devint debonnaires. XXIV.
Inédit.

143. Cy parle du roy Harolt, qui plus ama aler à pié que à cheval. XXV.
Inédit.

144. Cy parle du roy Hardekenoult. XXVI.
Inédit.

145. Cy parle de la grant villonnie que les Danois firent aux Anglois, pour laquelle cause oncques depuis Danois ne fut fait roy en Engleterre. XXVII.
   Inédit.

146. Comment les nobles d'Engleterre envoyerent en Northmandie vers le duc Guillaume pour avoir ses deux cousins, Alvred et Edouard, freres, qui demouroient avecques lui. XXVIII.
   Conferez ce chapitre avec le chapitre CIIII des *Croniques de Normendie*.

147. Cy devise comment Alvred arriva en Engleterre, et comment le traitre comte Godewine le fist martirisier avec tous les barons, chevaliers et escuyers de sa compaignie. XXIX.
   Cf. *Cron. de N.*, ch. CIV.

148. Cy parle de saint Edouard confez, frere de Alvred. Comment il fut roy d'Engleterre. XXX.
   Cf. *Cron. de N.*, ch. CIV.

149. Cy parle de la premiere especialité que Dieu fist pour ce bon Saint Edouard roy. XXXI.
   Inédit.

150. Cy dict comment le comte Godvine revint en Engleterre et fist tant, par sa soubtillité, qu'il eut sa paix au roy Edouard de la mort Alvred son frere, lequel roy lui rendit sa terre et espousa sa fille. XXXII.
   Cf. *Cron. de N.*, ch. CV.

151. Cy parle du veu que fist le bon roy Edouard. XXXIII.
   Cf. *Cron. de N.*, ch. CXIII.

152. Comment le roy Saint Edouard veit visiblement le roy Suvvin de Danemarce noyer en la mer, droict à l'heure du sacrement de la messe que on chantoit devant lui. XXXIV.
   Cf. *Cron. de N.*, ch. CV.

153. Comment le roy Edouard d'Engleterre fist son hoir le duc de Northmandie, appellé Guillaume le bastard.   XXXV.

   Cf. *Cron. de N.*, ch. cxiv.

154. La maniere comment Herault fist serment au duc Guillaume.   XXXVI.

   Cf. *Cron. de N.*, ch. cxv.

155. Comment l'anel que le roy saint Edouard avoit donné à saint Jehan l'Evangeliste, qui demandé lui avoit en guise de pelerin, lui fut rapporté.   XXXVII.

   Inédit.

156. Comment le roy Saint Edouard mourut le jour de la Typhanie, comme saint Jehan lui avoit mandé par les pelerins.   XXXVIII.

   Cf. *Cron. de N.*, ch. cxvi.

157. Comment Herault le parjure, filz du comte Godvine, fut faict roy d'Engleterre.   XXXIX.

   Cf. *Cron. de N.*, ch. cxvii.

158. Cy devise comment le duc Guillaume le bastard fut couroucié quand il sceut que Herault s'estoit faict couronner roy d'Engleterre, contre le serment que faict lui avoit à Bayeux.   XL.

   Cf. *Cron. de N.*, ch. cxvii.

159. Cy parle de l'assemblee que fist le duc Guillaume pour aler en Engleterre.   XLI.

   Cf. *Cron. de N.*, ch. cxviii-cxix.

160. Comment toutes manieres de gens s'offrirent au duc Guillaume le bastard pour aler en Engleterre avecques lui.   XLII.

   Cf. *Cron. de N.*, ch. cxx.

161. Comment le corps de monseigneur Saint Valleri fut porté hors de son eglise. XLIII.
   Cf. *Cron. de N.*, ch. cxxi.

162. Comment le duc Guillaume fit effondrer et ardoir ses vaisseaulx. Et du roy Herault qui occist son frere, appellé Costi. XLIV.
   Cf. *Cron. de N.*, ch. cxxii-cxxiii.

163. Comment le roy Herault fut adverty que Northmans estoient descenduz en Engleterre. XLV.
   Cf. *Cron. de N.*, ch. cxxiv.

164. Cy parle du message au duc Guillame. XLVI.
   Cf. *Cron. de N.*, ch. cxxv.

165. Cy parle du messaige du roy Herault. XLVII.
   Cf. *Cron. de N.*, ch. cxxvi.

166. Cy parle du second messaige que le duc Guillaume envoya devers le roy Herault. XLVIII.
   Cf. *Cron. de N.*, ch. cxxvii.

167. Comment le duc Guillaume ala pour semondre le roy Herault. XLIX.
   Cf. *Cron. de N.*, ch. cxxvii.

168. Comment les Northmans ordonnerent de leurs consciences. L.
   Cf. *Cron. de N.*, ch. cxxviii-cxxx.

169. Comment le duc Guillaume ordonna ses gens en trois batailles. LI.
   Cf. *Cron. de N.*, ch. cxxxi.

170. Comment le roy Herault ordonna ses batailles, et comment il admonnesta ses gens. LII.
   Cf. *Cron. de N.*, ch. cxxxii-cxxxiii.

171. Comment les Northmans assaillirent les Anglois. LIII.
   Cf. *Cron. de N.*, ch. cxxxiv.

172. Comment le duc Guillaume concquist, à force d'armes, le fort où estoient logiez le roy Herault et toute la puissance d'Engleterre. LIV.

Cf. *Cron. de N.*, ch. cxxxv.

173. La desconfiture des Anglois, et de la maniere des sepultures. LV.

Cf. *Cron. de N.*, ch. cxxxvi-cxxxvii, cxxxix.

174. Comment le duc Guillaume fut esleu à roy d'Engleterre par les Anglois qui à lui se rendirent. LVI.

Cf. *Cron. de N.*, ch. cxl.

Cy prent fin le quatriesme livre de ce premier volume.

LIVRE V.

175. Cy commence le Ve livre de ce present volume, lequel contient en soy quatre vingz et v chapitres, au premier desquelz il fait mention du couronnement Guillaume le bastard, et comment, apres ce qu'il eut reconcillié le royaulme, il fist fonder une abbaye droict en la place où la bataille avoit esté, laquelle fut appellee et est encores l'Abbaye de la bataille. Chap. I.
   Cf. *Cron. de N.*, ch. cxli.

176. Comment le roy Guillaume retourna en Northmandie apres sa concqueste d'Engleterre, et comment il vaincquist les Danois. II.
   Cf. *Cron. de N.*, ch. cxlii-cxliii.

177. Cy parle du trespas de la royne d'Engleterre et du discord qui fut entre le roy de France et Robert et Henri, enfans du roy Guillaume. III.
   Cf. *Cron. de N.*, ch. cxliii.

178. Cy parle de la responce que le roy Guillaume fist au roy de France touchant l'hommaige d'Engleterre. IV.
   Cf. *Cron. de N.*, ch. cxliv.

179. Cy parle du testament du roy Guillaume le Bastard. V.
   Cf. *Cron. de N.*, ch. cxlv.

180. La maniere du testament du roy Guillaume le Bastard. VI.
   Cf. *Cron. de N.*, ch. cxlvi.

181. Cy fait mention du couronnement Guillaume le Roux, second filz du roy Guillaume le Bastard. VII.
    Cf. *Cron. de N.*, ch. cxlvii-cxlviii.

182. Cy parle de l'emprunt que le duc Robert fist à Henry, son frere. VIII.
    Cf. *Cron. de N.*, ch. cxlix.

183. Comment le duc Robert fist mettre Henry, son frere, en prison. IX.
    Cf. *Cron. de N.*, ch. cl.

184. Comment il prinst voullenté au duc Robert d'aler oultre mer par grant devotion. X.
    Cf. *Cron. de N.*, ch. cli.

185. Comment le roy Roux vint au Mans pour secourir ceulx qui estoient assegiez en la tour, laquelle le roy Guillaume le Bastard, son pere, avoit faict faire. XI.
    Cf. *Cron. de N.*, ch. cli-clii.

186. Comment le roy Roux fist faire le chastel de Gisors. XII.
    Cf. *Cron. de N.*, ch. cliii.

187. Cy parle de la mort du roy Guillaume le Roux. XIII.
    Cf. *Cron. de N.*, ch. cliv-clv.

188. S'ensieult le couronnement du roy Henry, frere du roy Roux. XIV.
    Cf. *Cron. de N.*, ch. clvi.

189. Comment Guillaume et Richard, enfans du roy Henry, perirent en la mer. XV.
    Cf. *Cron. de N.*, ch. clvii.

190. Comment Robert Courtehouse, duc de Northmandie, se partist d'Engleterre pour retourner en son pays. XVI.
    Cf. *Cron. de N.*, ch. clviii.

191. Comment le duc Robert passa, lui xii$^\text{e}$, en Engleterre. XVII.
    Cf. *Cron. de N.*, ch. clix.

192. Cy parle du nouvel discord qui fut entre les deux freres. XVIII.
   Cf. *Cron. de N.*, ch. CLX-CLXI.

193. Cy parle de l'accord faict entre le roy Loys de France et le roy Henry d'Engleterre. XIX.
   Cf. *Cron. de N.*, ch. CLXII-CLXXIII.

194. Comment l'empereis Mehault ou Maud revint en Engleterre, et comment elle fut depuis espousee à Gauffroy, conte d'Anjou. XX.
   Cf. *Cron. de N.*, ch. CLXXIII-CLXXIV.

195. Comment Estienne, filz de la seur au roy Henry, fut couronné roy d'Engleterre. XXI.
   Cf. *Cron. de N.*, ch. CLXXV-CLXXVI.

196. Comment l'empereys s'en ala à Wincestre, puis ala à Ozenford, dont elle eschappa, comme vous orrez, et s'en fuist à Wolingueford. XXII.
   Cf. *Cron. de N.*, ch. CLXXVI.

197. Comment Gauffroy, conte d'Anjou, rendist à Henry son filz, qu'il avoit eu de Mehault, la ducié de Northmandie. XXIII.
   Cf. *Cron. de N.*, ch. CLXXVI.

198. Comment le roy Henry, filz de l'empereis, fut couronné, ouquel tempz saint Thomas fut martirisié. XXIV.
   Cf. *Cron. de N.*, ch. CLXXVII.

199. Cy faict mention du discord qui fut entre le roy Henry, pere, et le roy Henry, le filz. XXV.
   Cf. *Cron. de N.*, ch. CLXXVII.

200. Comment le roy de France et Richard de Poictiers furent contre le roy Henry d'Engleterre. XXVI.
   Cf. *Cron. de N.*, ch. CLXXVIII.

201. Cy commence le parler des faictz du roy Richard d'Engleterre. XXVII.
   Cf. *Cron. de N.*, ch. CLXXIX.

202. Cy devise les ordonnances du sacre au roy Richard d'Engleterre. XXVIII.
   Cf. *Cron. de N.*, ch. clxxx.

203. Cy parle du serment que fist le duc Richard. XXIX.
   Cf. *Cron. de N.*, ch. clxxxi.

204. Cy parle de l'occision des Juifz. XXX.
   Cf. *Cron. de N.*, ch. clxxxii.

205. Comment il fut ordonné que l'archevesque Deuroit seroit soubz Cantorbie. XXXI.
   Inédit.

206. Comment le roi Phelippe de France et le roy Richard d'Engleterre s'esmeurent pour aler oultre mer. XXXII.
   Cf. *Cron. de N.*, ch. clxxxiii.

207. Comment le roy Richard guerroya les citez que Salhadin tenoit sur la mer. XXXIII.
   Cf. *Cron. de N.*, ch. clxxxiv.

208. Comment le roy Richard racheta les sainctes relicques au soubdan Salhadin. XXXIV.
   Cf. *Cron. de N.*, ch. clxxxv.

209. Comment le roy Richard assist le chastel du Darou. XXXV.
   Cf. *Cron. de N.*, ch. clxxxvi.

210. Comment le roy Richard se combatist contre Salhadin à Japhx. XXXVI.
   Cf. *Cron. de N.*, ch. clxxxvii.

211. Comment le roy Richard d'Engleterre retourna d'oultre mer. XXXVII.
   Cf. *Cron. de N.*, ch. clxxxviii.

212. La prinse du roy Richard d'Engleterre. XXXVIII.
   Cf. *Cron. de N.*, ch. clxxxix.

213. Du menestrel qui trouva le roy Richard. XXXIX.
   Cf. *Cron. de N.*, ch. cxc.

214. Comment on traicta la raenchon au roy Richard. XL.
   Cf. *Cron. de N.*, ch. cxci.

215. La mort Salhadin. XLI.
   Cf. *Cron. de N.*, ch. cxcii.

216. Comment le roy Richard arriva en Engleterre. XLII.
   Cf. *Cron. de N.*, ch. cxciii-cxcvii.

217. Comment le roy Richard octroya le roy d'Espaigne. XLIII.
   Cf. *Cron. de N.*, ch. cxcviii.

218. Cy parle du conseil que eut le roy Ferrant d'Espaigne alencontre du roy Richard d'Engleterre. XLIV.
   Cf. *Cron. de N.*, ch. cxcix.

219. Comment les deux roys d'Engleterre et d'Espaigne se combatirent emsamble. XLV.
   Inédit.

220. Comment le roy Richard fut occis d'ung vireton d'arbalestre devant Chastel Gaillard. XLVI.
   Cf. *Cron. de N.*, ch. cc-ccii.

221. Cy commence l'histoire du roy Jehan d'Engleterre, duc de Northmandie : et parle, premiers, comment le roy de France et lui creanterent paix entreulx. XLVII.
   Cf. *Cron. de N.*, ch. cciii.

222. Comment le Chastel Gaillard fut prins par les Francois. XLVIII.
   Cf. *Cron. de N.*, ch. cciii-cciv.

223. Cy parle du couroux du roy Jehan d'Engleterre quant il eut perdue sa ducié de Northmandie. XLIX.
   Cf. *Cron. de N.*, ch. cciii-cciv.

224. Comment le royaulme d'Engleterre fut entredy, pour la desobeissance que le roy Jehan fit au pape. L.
   Cf. *Cron. de N.*, ch. cciii-cciv.

225. Comment l'archevesque de Cantorbie vint en Engleterre par mandement du pape. LI.
   Cf. *Cron. de N*, ch. cciii-cciv.

226. Cy, en ce present chappitre, sera faicte mention du discord et de la guerre que les Yrois esmeurent au roy Jehan d'Engleterre, et comment il destruisist l'Ordre de Cysteaulz. Et de la venue des legatz papaulz en Engleterre. LII.

Inédit en partie. Cf. *Cron. de N.*, ch. cciii-cciv.

227. Comment Pandolf delivre ung clercq, faiseur de la monnoye du roy, mesmement en la presence du roy. LIII.

Cf. *Cron. de N.*, ch. cciii-cciv.

228. La lettre obligatoire que le roy Jehan fist au pape de Romme, pour quoy le denier saint Pierre est donné parmi Engleterre. LIV.

Inédit.

229. Comment les exilliez furent rappellez, et de l'absolution du roy Jehan. LV.

Cf. *Cron. de N.*, ch. cciv.

230. Comment l'interdit fut relessié, et du discord qui s'esmeut entre le roy Jehan et ses barons. LVI.

Cf. *Cron. de N.*, ch. cciv.

231. Comment Loys, filz du roy de France, vint en Engleterre pour estre roy. LVII.

Cf. *Cron. de N.*, ch. cciv-ccv.

232. De Swalo le legat, et de la mort du roy Jehan. LVIII.
Inédit.

233. Cy commence à parler de Henry, filz du roy Jehan, lequel, en jeune eage, fut couronné à Clocestre. LIX.

Cf. *Cron. de N.*, ch. ccvii.

234. Comment Loys, filz du roy de France, s'en retourna vers son pere. Et de la confirmation de la chartre du roy Jehan. LX.

Cf. *Cron. de N.*, ch. ccvii.

235. De la xve part des biens qui furent accordez pour

les nouvelles chartres et de pourveance de Oxemfort. LXI.
Inédit.

236. Du siege de Tremlworth et comment les desheritez, par le commun accord du royaulme, furent remis en possession de leurs terres. LXII.
Inédit.

237. Prophetie Merlin du roy Henry, filz du roy Jehan. LXIII.
Inédit.

238. Du couronnement du roy Edouard, filz du roy Henry. LXIV.
Inédit.

239. Comment Ydoine, la fille Lewelin, prince de Galles, et sire Anner, frere du comte de Montfort, furent prins sur mer. LXV.
Inédit.

240. Comment Lewelin, par l'enhort et conseil de David, son frere, fist de rechief guerre au roy Edouard d'Engleterre. LXVI.
Inédit.

241. Comment David, frere du prince de Galles, fut mis à mort. LXVII.
Inédit.

242. De la justice que le roy d'Engleterre fist à ses clercz et à ses justiciers pour leur grant faulseté. Et comment il condempna les Juifz hors d'Engleterre. LXVIII.
Inédit.

243. Comment le roy Edouard fut saisy de la souveraineté d'Escoce. LXIX.
Inédit.

244. Comment messire Jehan de Bailloel, roy d'Escoce, desdist son hommaige qu'il avoit faict au roy d'Engleterre : et de Thomas de Thombelingue. LXX.
Inédit.

245. Du concquest de Berewic. LXXI.
Inédit.

246. Comment le roy Edouard, de sa grace, delivra les chevetains d'Escoce qu'il tenoit prisonniers. Et comment ilz s'alyerent aux Francois par le conseil et advis de William Wales. LXXII.
Inédit.

247. Comment Willame Waleis fist mettre à mort sire Hugue de Trissimghin, et de la bataille de Foucke. LXXIII.
Inédit.

248. Cy parle du darrain mariaige du roy Edouard de sa tierce alee en la terre d'Escoce. LXXIV.
Inédit.

249. Du siege de Strumelin. LXXV.
Inédit.

250. De Traille Baston. LXXVI.
Inédit.

251. De la mort de Willame Waleis. LXXVII.
Inédit.

252. Comment les Escotz vindrent au roy Edouard pour amender ce que meffaict lui avoient. LXXVIII.
Inédit.

253. Comment Robert le Brus callenga Escoce. LXXIX.
Inédit.

254. Comment sire Jehan de Commin contredist le couronnement de Robert le Brus. LXXX.
Inédit.

255. Comment messire Jehan de Commin fut occis. LXXXI.
Inédit.

256. Comment le [roy] Edouard adouba xiiii^{xx} chevaliers à Westmoustier. LXXXII.
Inédit.

257. Comment Robert le Brus fut desconfy en la bataille. Et de la mort Simon Frisel. LXXXIII.
Inédit.

258. De la mort du bon roy Edouard d'Engleterre. LXXXIV.
Inédit.

259. Prophetie Merlin, declaree pour le roy Edouard, filz du roy Henry darrain. LXXXV.
Inédit.

Et atant fine le chincquiesme livre de ce premier volume.

LIVRE VI.

260. Cy commence le VIe et derrenier livre de ce premier volume, lequel contient en soy LX chapitres, ouquel premier chapittre il parle du roy Edouard de Carnarenan, filz du bon roy Edouard. Chapitre I.
   Inédit.

261. Comment Robert le Brus revint en Engleterre et assembla grant puissance pour faire guerre alencontre du roy Edouard. II.
   Inédit.

262. Comment la ville de Bervic fut prinse par traison, et comment deux cardinaulz furent desrobez. III.
   Inédit.

263. Comment les Escotz roberent le pays de Northumberlande. IV.
   Inédit.

264. Comment les Escots ne se volrent abstenir de parseverer en la destruction de Crestienneté, pour quoy Escoce fut interdite et tenue ennemye de tous loyaulz crestiens. V.
   Inédit.

265. Comment sire Hugues Despensier, le filz, fut fait chambrelenc du roy d'Engleterre. Et de la bataille de Mithoan. VI.
   Inédit.

266. Cy dist comment le roy Edouard faisoit tout ce que sire Hue le Despensier vouloit ordonner; et comment il ne uzoit que par son conseil. VII.
  Inédit.

267. Comment sire Hues Despensier, le pere, et sire Hues, le filz, furent bannys du royaulme d'Engleterre. VIII.
  Inédit.

268. Comment le roy Edouard exilla le comte Thomas de Lenclastre et tous les barons de son aliance. Comment les Mortemers se rendirent au roy en delaissant leurs aliés. Et du siege de Ledes. IX.
  Inédit.

269. Du siege de Tilzhillis [1]. X.
  Inédit.

270. La description de Burbigue. XI.
  Inédit.

271. Comment le comte Thomas de Lenclastre fut decollé en son chastel de Pontfret, et chincq haulz barons trainés et pendus. XII.
  Inédit.

272. Comment le roy Edouard ala en Escoche tout eschauffé, atout cent mille hommes armés, où il n'exploita riens. XIII.
  Inédit.

273. Comment sire Andrieux de Harcla, nouvel comte de Cardoel, fut prins et mys à mort. XIV.
  Inédit.

274. Des miracles que nostre Seigneur demonstra pour le bon comte Thomas de Lanclastre. Et comment le roy fist clore le huys de l'Eglise du prioré de Pontfret, affin que nulluy n'y feist offrande. XV.
  Inédit.

---

1. Voy. ci-après, p. 62, note 1, un assez long passage extrait de ce chapitre.

275. Comment la roine Isabel et sire Edouard, son filz, passerent la mer et s'en alerent à refuge devers le roy de France, frere à la ditte roine Ysabel.   XVI.

    Cf. ce chapitre avec les Chroniques de Froissart, livre I, part. I, ch. vi.

276. Comment la roine Isabel d'Engleterre conta au roy Charles de France, son frere, la cause de sa venue. XVII.

    Cf. Froissart, livre I, part. I, ch. vii.

277. Comment le roy Charles de France resconforta sa seur en lui promettant ayde. Et comment elle acquist l'amistié de pluiseurs seigneurs qui lui promirent ayde et confort.   XVIII.

    Cf. Fr., livre I, part. I, ch. viii.

Après avoir dit, comme Froissart, que le roi de France reçut avec amitié la reine d'Angleterre, sa sœur, *et lui fist delivrer par la Chambre aux deniers tout ce qu'il lui failloit pour elle et son estat entretenir,* Wavrin ajoute :

Depuis ne demoura gueres de temps que, sur cest estat, le roy Charles[1] envoya ses messages devers le roy Edouard[2], mandant qu'il venist reprendre de lui la ducié de Guienne, comme aultreffois les roys d'Engleterre ses predicesseurs avoient fait, ou aultrement il la metteroit en sa main. Surquoy ledit roy ne voult venir ne comparoir, n'en rendre responce : par quoy le roy de France en adherita et fist duc son nepveu Edouard[3]. Sy fut nommé duc de Guienne, et lui dist : « Beau nepveu, en lieu de ce que nostre beau frere, vostre pere, ne nous est venu faire hommage, nous

---

1. Charles IV, sacré roi de France le 21 février 1321. Mort le 2 de février 1327. (Anselme, I, 95.)

2. Edouard II, monté sur le trône en 1302. (H. Nicolas, 378.)

3. Edouard III succéda à son père le 25 janvier 1327. Mort le 21 juin 1377. (H. Nicolas, 347-348.)

vous faisons duc de Guienne. » Duquel don la royne[1] sa seur, et son nepveu le jeune Edouard, moult de foy l'en remercyerent.

278. Comment le roy Edouard banny la roine Yzabel, sa femme, et sire Edouard son filz, du royaulme d'Engleterre. XIX.

Quant le roy Edouard oy dire que le roy de France avoit donné la ducié de Guienne sans son consentement, et que son filz l'avoit saisy en sa main, il s'en couroucha moult fort. Sy manda par lettres[2], à la roine sa femme et à son filz, que tost et hastivement retournassent en Engleterre et venissent vers lui sans faire sejour.

La royne Yzabel et sire Edouard, son filz, ayant recheu les lettres du roy, se doubterent moult des cautelles et malices des Despensiers[3] et du desloyal chancellier[4]; sy n'ozerent venir au mandement du roy;

---

1. Isabelle, fille de Philippe IV, roi de France, mariée en 1308 à Edouard II, roi d'Angleterre : morte le 21 novembre 1357. (Anselme, I, 91.) Elle était passée en France afin de négocier la paix entre les deux royaumes. Les faits sont inexactement rapportés par Wavrin. Des actes authentiques prouvent que le roi de France ne put adresser à son beau-frère le message dont il vient d'être parlé, puisqu'il était convenu entre les deux puissances qu'on s'assemblerait à Beauvais, où le roi d'Angleterre devait rendre hommage à Charles de Valois pour le duché de Guyenne. Édouard s'étant dispensé de faire ce voyage, transmit à son fils Édouard, du consentement du roi Charles, tous ses droits au comté de Ponthieu et duché de Guyenne, et l'envoya vers le roi de France pour lui prêter foi et hommage. (Rymer, II, partie II, p. 137, 141-143.)

2. Les deux premières lettres du roi sont datées des 1er et 2 décembre 1325. (Rymer, II, partie II, 148.)

3. Hugh Despenser ou Spenser, senior, créé comte de Winchester le 10 mars 1322. Décapité, en présence de son fils, en octobre 1325. Hugh Despenser junior, décapité en mai 1326. (Dugdale, I, 390-394.)

4. Robert de Baldock, mort le 28 mai 1326. (Th. Carte, II, 378.)

dont il fut moult courouchié quant il vey que, pour
ses lettres, sa femme et son filz ne retournoient. Pourquoy il fist crier parmi Londres que, se la roine Isabel
et sire Edouard son filz ne retournoyent briefment en
Engleterre, qu'il les tenoit pour ennemys de la couronne; mais, nonobstant ce, ne furent ilz mye conseilliés de y retourner, pour la doubtence que ilz
avoient du roy et de ceulx de son conseil; pour laquelle desobeissance le roy les fist bannyr[1] et exillier
de son royaulme; dont la roine Ysabel, quant elle
sceut les nouvelles, se doubta fourment et eult grant
paour que les traitres Despensiers n'eussent, par leur
malice, controuvé [sur elle] aulcune charge.

Quant ceulx qui avoyent esté de la querelle du bon
comte Thomas de Lanclastre[2] sceurent que la roine
Isabel et sire Edouard, son filz, estoient bannys hors
du royaulme d'Engleterre, ilz s'en vindrent vers eulx
en France : cest ascavoir, sire Rogier de Mortemer,
seigneur de Wiguemorant[3], sire Willame Trussel[4], qui
fut avecq le bon comte de Lanclastre; sire Thomas
Rochelin[5], sire Jehan de Cruelle[6], et, avecques eulx,

---

1. Le roi d'Angleterre écrivit au pape (15 avril 1326) pour démentir
le bruit qui courait de ce bannissement, et l'assurait qu'il n'en avait jamais eu la pensée. (Rymer, II, part. II, 155.)

2. Thomas de Lancaster, petit-fils de Henri III, décapité en mars
1323. (Dugdale, I, 779-782.)

3. Roger de Mortimer, seigneur de Wigmore. Décapité le 29 novembre 1330. (Dugdale, I, 144-146.)

4. William Trussel, procureur du parlement. Le 24 août 1337, le roi
lui ordonne de prélever des subsides, dans les comtés de Warvick et
de Leicester, pour la guerre qui se prépare avec la France. (Rymer,
II, part. III, 187.)

5. Thomas Roscelyn. Voy. ci-après, p. 68, note 5.

6. Jean de Crumbwelle. Il était le seul baron de la suite de la reine
dans ce voyage. Mort vers 1335 ou 1336. (Dugdale, II, 55.)

pluiseurs aultres chevaliers et escuiers; lesquelz tous emsamble, d'un assentement, s'en alerent en France à la court du roy, où la roine estoit et son filz Edouard.

279. Comment les seigneurs et barons d'Engleterre manderent, secretement, à la royne Isabel qu'elle et son filz retournassent eu Engleterre atout mille hommes d'armes. XX.
   Cf. Fr., livre I, part. I, ch. ix.

280. Comment le roy de France et tout son conseil fut corrompu par sire Hue Despensier, adfin qu'il ne renvoyast point la royne, sa seur, et sire Edouard son filz, à puissance en Engleterre. XXI.
   Cf. Fr., livre I, part. I, ch. x.

281. Comment le roy de France fist dire à la roine d'Engleterre, sa seur, qu'elle widast son royaulme. XXII.
   Cf. Fr., livre I, part. I, ch. xi.

282. Comment la roine d'Engleterre se parti de Paris, pour paour qu'elle ne feust prinse de son frere et renvoyé en Engleterre : sy s'en ala en l'Empire. XXIII.
   Cf. Fr., livre I, part. I, ch. xii.

283. Comment messire Jehan de Henault vint à Buigincourt alencontre de la roine Izabel d'Engleterre. XXIV.
   Cf. Fr., livre I, part. I, ch. xiii.

284. Comment messire Jehan de Henault promist à la roine d'Engleterre, et à sire Edouard son filz, qu'il ne leur fauldroit jusques au morir. XXV.
   Cf. Fr., livre I, part. I, ch. xiv.

285. Comment la roine se parti de Buigincourt, et comment elle fut honnourablement recheue du conte et de la contesse de Henault. XXVI.
   Cf. Fr., livre I, part. I, ch. xv.

286. Comment messire Jehan de Henault fist sa semonce

de gens d'armes, pour la roine d'Engleterre et son filz remener en leur royaulme. XXVII.

Cf. Fr., livre I, part. I, ch. xvi.

287. Comment messire Jehan de Henault prinst congié à son frere le comte Guillame pour remener la royne Yzabel et Edouard, son jeune filz, en Engleterre. XXVIII.

Cf. Fr., livre I, part. I, ch. xvii.

288. Comment messire Jehan de Henault se parti du conte son frere et s'en vint en la ville de Durdreth. XXIX.

Cf. Fr., livre I, part. I, ch. xvii.

289. Comment le roy Edouard d'Engleterre fist garder les portz de la mer, et fist crier que toutes gens d'armes et archiers s'appareillassent. XXX.

Tantost vindrent nouvelles au roy d'Engleterre que la roine Ysabel, sa femme, et sire Edouard, son filz, s'appareilloient pour venir en Engleterre à tout grant nombre de gens d'armes et de trait, adcompaigniés des exilliés ses rebelles; pourquoy il se doubta moult de perdre sa couronne. Sy fist garnir ses chasteaulx, villes et forteresses de gens, vivres et artillerie, tant en Galles comme en Engleterre, et sy fist garder les rivages et costieres de la mer.

En oultre, il ordonna que gens d'armes, ayans trait, sy fussent mys en certains passages et sur aulcunes montaignes, tant à pié comme à cheval, par centaniers et trenteniers, ayans tous regard devers la mer, adfin que, s'ilz povoyent perchevoir le signe de ceulx des gardes des portz ou costieres de la mer, ilz feussent prestz pour aler celle part, et que, tantost comme ilz oroyent crier ou huer[1], ilz se meissent ensamble,

---

1. Cette manière d'arrêter les criminels s'appelle en anglais *Hue and*

sy alayssent alencontre de ceulx qui lui voulloient oster son royaulme.

Ancores de rechief fist le roy publier, en chascune marche d'Engleterre, que, se aulcuns venoient à bataille contre ses ennemys, que ilz preissent la roine Ysabel et son filz Edouard et le conte de Kent[1] sauvement, sans eulx en riens meffaire de leurs corps, et que tous aultres de leur compaignie feussent occys sans mercy; et que cellui porroit bien dire soy estre heureux, qui raporteroit la teste sire Rogier Mortemer de Winghem, car il auroit cent livres d'estrelins[2].

En oultre, il commanda et ordonna par sa commission de faire feux sur les pignacles des haultes montaignes, pres des rivages de la mer; et, en bas pays, faire guerites de mairien, affin que chascun feust adverti de son affaire, et que, s'il advenoit que ses ennemys y entrassent de nuyt, les feux fussent tantost boutez par tout, affin que le cry et la hue s'eslevast comme cy dessus est dit.

cry. « By the old law of England, if any theft or robbery be done, if he that is robbed or he that seeth or perceiventh that any man is robbed doe levie hue and crie, that is to say, doe cry and call for ayde, and say that a theft or robbery is done contrary of the princes peace and assurance : the constable of the village of whom hee doth come, and so make crie, ought to raise the parish to aide him and seeke the theefe, and if the theefe be not found in this parish, to goe to the next and raise that constable and so still by the constables and them of the to parish on after another. This hue and cry from parish to parish is carried, till the theefe or robbes be found. » (Th. Smith, 94.)

1. Edmond de Woodestooke, comte de Kent, fils d'Edouard I, décapité le 19 mars 1330. (Barnes, 41.) Le 7 mai 1330, le roi demandait au pape la canonisation de Thomas, comte de Kent. (Rymer, II, part. III, p. 39.)

2. La lettre du roi, en date du 28 septembre 1326, porte *mil livres d'esterlinges*. (Rymer, II, part. II, 167.)

En ce temps, moru sire Rogier de Mortemer, l'oncle, en la tour de Londres, où il estoit en prison ; lequel ne polt eschapper avecq sire Rogier, son nepveu, qui estoit en la compaignie de la roine Ysabel.

290. Comment la royne Ysabel et messire Jehan de Henault, et leurs gens, arriverent en Engleterre. XXXI.

Cf. Fr., livre I, part. I, ch. xviii.

291. Comment les barons d'Engleterre alerent alencontre de la royne, et comment ilz concludrent qu'ilz assegeroient le roy et les Despensiers. XXXII.

Cf. Fr., livre I, part. I, ch. xix.

292. Comment ceulx de Bresto se rendirent à la royne Ysabel. Et comment sire Hues Despensier, le viel, et le conte d'Arondel, furent prins et menés devant la royne Ysabel et son conseil. XXXIII.

Cf. Fr., livre I, part. I, ch. xx.

293. Comment sire Hue Despensier, le pere, et le conte d'Arondel, furent mys à mort en la ville de Bristo. Et comment le roy Edouard et sire Hue Despensier, le filz, furent prins et menez devant la royne Ysabel. XXXIV.

Cf. Fr., livre I, part. I, ch. xxi-xxii.

294. Comment le roy Edouard d'Engleterre fut menez en prison à Bercler et baillié en garde au seigneur du dit lieu. Et comment sire Hue Despensier, le filz, eult la teste coppee et le corps mys en quattre quartiers. XXXV.

Cf. Fr., livre I, part. I, ch. xxiii-xxiv.

295. Comment la royne Yzabel et Edouard, son filz, furent honnourablement recheus en la cyté de Londres. Et comment il fut ordonné que le roy Edouard, qui estoit

en prison, n'estoit pas digne de porter couronne.
XXXVI.

Cf. Fr., livre I, part. I, ch. xxv-xxvi.

296. Comment le roy Edouard fut deffait de sa royaulté.
XXXVII.

Tantost apres ces ordonnances ainsy faites, la royne Ysabel, sire Edouard, son filz, et tous les nobles d'Engleterre, manderent au roy Edouard, qui prisonnier estoit ou chastel de Kenniword, en la garde messire Jehan de Bothonne [1], evesques de Ely, et messire Jehan de Persy [2], baron, qu'il ordonnast ung Parlement en quelque lieu d'Engleterre que mieulx lui plairoit, pour illec ordonner et pourveoir sur le gouvernement de son royaulme.

Quant les Ambaxadeurs furent venus devers le roy [3], et ils l'eurent salué, et exposé la cause de leur venue, il leur dist : « Seigneurs, veez icy mon seel, je vous donne povoir de ordonner le Parlement où bon vous samblera. » Puis, le seel prins, les seigneurs demanderent congié au roy : sy s'en vindrent devers la royne et sire Edouard, son filz, et les aultres barons; où il fut concluud que le Parlement se tendroit à Westmonstier, es octaves de saint Hilaire.

1. Jean de Hothun, évêque d'Ely.
2. Edouard fut commis à la garde de Henri, comte de Lancastre, lors de sa détention à Kenilworth. (Barnes, 20.) Au lieu de *Jehan*, c'est, sans doute, *Henri* de Persy qu'il faut lire.
3. Le 20 novembre 1326, le roi étant à Monmouth, l'évêque d'Herefort y vint, chargé par la reine et son fils de lui demander le grand scel : après quelque hésitation, Edouard le remit à William le Blount, en présence du comte de Lancastre et autres seigneurs. (Rymer, II, part. II, 169.)

Alors estoient tous les barons d'Engleterre à Londres ; sy firent faire leurs pourveances pour aler audit Parlement, ouquel lieu le roy Edouard ne voult nullement venir ; mais, nonobstant ce que le roy Edouard n'y volt oncques venir, ains jura la foy qu'il debvoit à Dieu que jà n'y metteroit le pied, pour lequel refus les grans barons et le Clergié d'Engleterre consentirent et concludrent que jamais ne seroit roy. Ains couronnerent[1] sire Edouard, son filz, qui des lors estoit duc de Guienne. Sy envoyerent, tout d'un commun accord, devers le roy Edouard, le pere, sire Jehan de Garenne[2], sire Jehan de Bothonne, evesque de Ely, sire Henri de Persy[3], baron, et sire Jehan[4] Trussel, chevalier, qui, en son temps, estoit avecq le conte Thomas de Lanclastre, pour rendre sus les hommages, pour eulx et tous ceulz d'Engleterre. Sy pronuncha les parolles messire Jehan Trussel, disant en cette maniere : « Sire Edouard, nous sommes cy envoyés devers vous de par les Estats de ce present royaulme d'Engleterre, pour ce que, en vostre temps que avez rengné roy, avez gouverné le royaulme mauvaisement, au grant dommage et desplaisir de tous les nobles et le commun peuple, et, avec ce, en avez fait morir, à tort et sans cause, des plus grans ; et grant foison des nobles hommes avez dechassiés et desheritês ; mais, la Dieu mercy, je suppose que desoremais on ne vous souffrira

---

1. Le 1ᵉʳ février 1327. (Rymer, II, part. II, 172.)
2. Jean de Varren, comte de Surrey, mort le 24 avril 1315. (Dugdale, I, 80-82.)
3. Henry de Persy, créé baron en 1336 ou 1337, mort le 26 février 1352. (Dugdale, I, 273-275.)
4. William. Voy. p. 46, note 4.

plus faire nulles telles cruaultés; et aussy pour ce que n'avez volu venir à vostre Parlement [de Westmonstier], lequel vous aviez fait establir, comme plainement il appert par vos lettres patentes, lequel estoit ordonné pour traittier avecq vos hommes, comme ung bon roy doibt faire, dont, par le commun assentement de tout le baronnage d'Engleterre, par lequel nous sommes envoyés devers vous, je vous dis et prononche ces parolles : c'est ascavoir, sire, que tous les barons d'Engleterre ensemble ont esté d'acord et veullent que jamais ne soiés plus leur roy; ains vous ont deporté et deffait à toujours de vostre royaulme. »

Apres ces paroles, l'evesque de Ely lui dist : « Sire Edouard, je vous rengs foy et hommage pour les archevesques et evesques, et, generalement, pour tout le Clergié du royaulme d'Engleterre. » Apres cette prononcation de l'evesque de Ely, sire Jehan de Garenne, conte, encommenca de parler et dist : « Sire Edouard, je vous rengs aussy, sire, foy et hommage pour moy et pour tous les contes d'Engleterre. » Puis le sire de Persy parla, et dist : « Sire, je vous rengz foy et hommage pour moy et tous les autres barons du royaulme. » Puis parla sire Jehan de Trussel, et dist : « Sire Edouard, je vous rengs foy et hommage pour moy et tous les autres chevaliers, et pour tous ceulx qui, par sergantise ou aultrement, tiennent de vous; par tel sy que, de ce jour en avant, jamais plus ne serez tenu pour roy, ains ne serés tenu que pour ung singulier homme populaire. » Et atant finerent leurs parolles : sy s'en partirent de là, et s'en retournerent à Londres, où le baronnage les attendoit. Et sire Edouard fut remys en prison, où il fut bien gardé de ceulx qui

commys y estoient. Et fut ce fait le jour de la conver-
syon saint Pol[1], le xx° an de son regne.

297. Prophetie Merlin declairié de ce roy Edouard filz au
bon roy Edouard. XXXVIII.

 Inédit [2].

298. Comment le jenne Edouard fut couronnez. Et comment à messire Jehan de Henault furent donnez quattre cens marcs d'estrelings de revenue. Et comment le
roy d'Escoche deffia le roy d'Engleterre. XXXIX.

 Cf. Fr., livre I, part. I, ch. xxvii-xxviii.

299. Comment le jenne roy Edouard fist sa semonce de
gens d'armes, en Engleterre et ailleurs, especiallement à
messire Jehan de Henault qui le vint servir à belle compaignie. XL.

 Cf. Fr., livre I, part. I, ch. xxix-xxx.

300. Comment discention se meut entre les Hennyers et
aulcuns Anglois. Et comment les dis Hennyers furent
en grant meschief l'espace de troix sepmaines. XLI.

 Cf. Fr., livre I, part. I, ch. xxxi-xxxii.

301. Comment le jenne roy Edouard se parti de Bervic
pour aler contre les Escots, qui estoient entrez en
Engleterre. XLII.

 Cf. Fr., livre I, part. I, ch. xxxiii.

302. La maniere du maintieng des Escots quant ilz sont en
guerre, et de l'ordonnance des Anglois qui se cuidoient
combatre à eulx. XLIII.

 Cf. Fr., livre I, part. I, ch. xxxiv-xxxv.

1. Le 25 janvier 1327. Selon Carte (II, 382), ce fut le 20.

2. Nous n'avons pas compris ce chapitre dans nos extraits des chroniques d'Angleterre, parce que le récit des principaux événements du
règne d'Edouard II y est tellement mélangé de citations des prophéties de
Merlin, et de l'application de ces prophéties aux divers actes de ce
prince, que la lecture en aurait été rebutante et la publication sans
utilité.

303. Le grant traveil que eurent les Anglois en poursievant les Escots ; de la maniere de leurs logis, et comment ils chevaulcherent ordonneement jusques à Thim. XLIV.
Cf. Fr., livre I, part. I, ch. xxxvi-xxxvii.

304. Des grans mesaises et famines que les Anglois souffrirent en leurs logis, sur la riviere de Thim, en querant les Escotz, leurs ennemys. XLV.
Cf. Fr., livre I, part. I, ch. xxxviii-xxxix.

305. Comment le roy d'Engleterre oy nouvelles des Escots, et comment il ordonna bien à point ses batailles contre eulx. XLVI.
Cf. Fr., livre I, part. I, ch. xl-xli.

306. Comment, apres ce que les Anglois et les Escotz eurent ainsy esté tout le jour l'un devant l'autre, sans eulz combatre, messire Guillame de Douglas vint vaillamment, la nuyt ensievant, escarmucer les Anglois. XLVII.
Cf. Fr., livre I, part. I, ch. xlii-xliii.

307. Comment les Escotz s'enfuirent par nuyt, et des Anglois qui retournerent en Engleterre. Et du mariage du roy Edouard d'Engleterre à la fille du conte Guillame de Henault. XLVIII.
Cf. Fr., livre I, part. I, ch. xliv-xlv.

308. Cy parle de la mort sire Edouard de Carnarenan, jadys roy d'Engleterre. XLIX.

Or dirons maintenant de sire Edouard de Carnarenan, jadis roy d'Engleterre, lequel fut depposé de sa royaulté par croire faulz conseils de ses desloyaulz serviteurs et losengiers, qui le decheuprent, lesquelz furent destruis par leur faulseté, comme il le pleut à Dieu, ainsy que vous avez oy.

Cestui Edouard estoit prisonnier ou chastel de Bercler[1], en la garde de messire Jehan Mautravers, auquel,

1. Berkeley-Castle. Le roi y fut conduit le 3 avril 1327, et commis

et à ses aultres gardes, il demandoit souvent pour quel cause il estoit sy mal de la royne Yzabel, sa compaigne, et du sire Edouard, son filz, qu'ilz ne le vouloient veoir ne visiter. A quoy l'un de ses gardiens lui respondy une fois, et dist : « Mon tres redoubté seigneur, n'ayez desplaisance en vous se je vous dy l'occasion. Il est verité que on a fait entendant à madame la royne et à monseigneur vostre filz que, se ilz venoyent pres de vous pour vous veoir et visiter, que vous les estrangleriés, ou occiriés par aultre maniere. » Et lors respondy le roy, moult simplement : « Et comment donc? ne suis je pas en prison? de moy pevent faire leurs voulentez. Dieu, mon benoit createur, scet que oncques ne le pensay, ne n'euch vouloir de ce faire. Je voy et congnoy, aux seignes qu'ilz me monstrent, que je vaulz que mort. Pleust à Nostre Seigneur que ainsy feust; car alors seroient mes douleurs toutes passees ! »

Ne demoura gueres, aprez ces choses, que le jenne Edouard, par le conseil de Mortemer, changa les gardes de messire Edouard, son pere; lequel il bailla à sire Thomas Gorne et à sire Jehan Mautravers[1], par sa commission, en le ostant à sire Henri[2] Moris qui,

---

successivement à la garde de Thomas, seigneur de Berkeley, de Jean Montravers et de Thomas Gournay. (Th. Carte, II, 384 ; Dugdale, I, 356.)

1. John Maltravers, senior, s'enfuit en Allemagne après le meurtre de Édouard II. Condamné à mort en 1329 ou 30, il demanda la révision de son jugement et finit par être absous par le parlement. Mort le 16 février 1364. (Dugdale, II, 101 et suiv.)

2. Le roi Édouard passa de la surveillance de Henry de Lancastre (voir p. 51, n. 2), au château de Kenilworth, à celle de Thomas de Berkeley, au château de ce nom; mais ce seigneur, traitant son prisonnier avec trop de respect, ne tarda pas à lui être ôté. Au lieu de Thomas,

paravant, le gardoit. Et les dessus dis le menerent ou chastel de Corses¹.

Iceulx sire Thomas Gorne et sire Jehan Mautravers heoient de mort ce sire Edouard; lesquelz le garderent en la prison jusques à la saint Mahieu, l'an de grace mil trois cens xxvii, que messire Rogier de Mortemer leur manda la maniere de la mort du dit sire Edouard, lesquelz, oyans le mandement qui leur vint à l'heure du soupper, regretterent et plaindirent moult la mort du dit sire Edouard, pere du roy; lequel ne scavait riens de la grant trayson qui lui estoit compassee, à cause de sa mort.

Quant le dit syre Edouard eult souppé, et qu'il fut heure d'aler dormir, il s'en ala en sa chambre couchier sur son lit; et lors que les parvers et desloyaulx traitres sceurent qu'il estoit endormis, ilz entrerent en la chambre, avecq eulx leurs satalites, puis mirent une tres pesant table dessus son corps; laquelle ilz presserent mout fort, et adont le dit prince s'esveilla, et, pour paour d'estre occys, se tourna le ventre desseure. Adont les desloyaulx traitres foursenés prindrent une grosse corne perchyé tout oultre, laquelle ilz lui bouterent au fondement aussy parfont comme ilz peurent, puis prindrent une broce de ceuvre², toute rouge de feu, sy lui bouterent dedens le corps parmi la ditte

---

Wavrin met Henri. Maurice était frère de Thomas : il mourut le 12 février 1345, et Thomas le 27 octobre 1361. (Dugdale, I, 355-359.)

1. Corfe-Castle. Selon Th. Carte (II, 384), Édouard fut détenu en premier lieu au château de Kenilworth, puis successivement à ceux de Berkeley, Corfe, Bristol, et transféré de nouveau à Berkeley, où il fut assassiné.

2. Le manuscrit 8388 porte *cuivre*.

corne; et icelle broce encommencerent de tournoier parmi ses boyaulz. Sy le martirizierent en ce point, adfin que on ne s'apperceust de la maniere de sa mort et en ce point le laissierent celle nuyt tout mort, jusques à lendemain, qu'ilz vindrent en la chambre, avecques eulx pluiseurs personnes, ausquelz ilz dirent qu'il s'estoit desesperé ou fait aulcune chose dont il estoit mort [1].

309. Comment la jenne royne d'Engleterre fut honnourablement recheue à Londres. De la mort du roy d'Escoche et des ordonnances qu'il fist en son testament. L.

    Cf. Fr., livre I, part. I, ch. XLVI-XLVII.

310. Comment messire Guillame de Douglas se parti d'Escoce pour passer oultre mer au Saint Sepulcre, et comment il mourut en Espaigne. LI.

    Cf. Fr., livre I, part. I, ch. XLVIII.

311. Comment la paix fut affermee entre les Anglois et les Escochoys, et de la justicerie de Traillebaston [2]. LII.

---

1. Il fut assassiné le 21 septembre 1327. (Carte, II, 384). Le 22, selon Holinshed (II, 342.)

2. Wavrin en a déjà parlé au chapitre 250. Voici en quels termes : « Apres ce que le roy Edouard eult fait toute sa voullenté en Escoce, il s'en retourna à Londres, cuidant bien avoir appaisié sa guerre; dont il estoit bien en arrierage de ses revenus de XX ans, pour les despens que fait avoit tant en Galles comme en France, en Gascongne et en Escoce. Sy pensa en soy comment il porroit tant faire que la finance, que despendue avoit en ses guerres, fust remise ou tresor dont il l'avoit ostee. Si fist faire une encqueste generalle de toutes mesproisons et torfais par les malfaiteurs d'Engleterre, depuis qu'il en avoit esté roy : pour laquelle chose faire, il ordonna gens de justice, laquelle justice l'en appella *Traillebaston*; et en ceste maniere soubtille, sans à personne faire tort, il recouvra ung tresor innumerable, combien que oncques ne feust avaricieulx; mais il le fist, pour ce que son intention estoit du tout de aler encoires une fois en la terre saincte contre les Sarazins, enemys de Nostre Seignourie; car, en voulenté de faire ledit voyage, s'estoit jà pieca croisiés, non obstant

La penthecouste du second an du regne Edouard le jenne, roy d'Engleterre, apres ce qu'il fut mariez[1], par le conseil de la royne Ysabel, sa mere, et messire Rogier de Mortemer, establi ung Parlement à Northantonne, auquel le roy Edouard, par le conseil des devant dis et de nul aultre, fist acord aux Escochoys, en tel fourme et maniere que tous les hommages et feaultés que les dis Escochoys devoient à la couronne d'Engleterre, leur relaissa et quitta à tousjours; de laquelle chose il leur bailla ses lettres seellees de son grant seel, et en oultre une endenture qui avoyt esté faitte par le roy Edouard[2], filz du roy Henri, laquelle les Escotz avoient faitte et recogneue, et estoit nommee Ragenan[3]. Ou dedens estoient contenus tous les hommages et feaultés d'Escoche; premiers, des roys d'Escoche, et puis des prelatz, contes et barons du

que ceste justicerie feust forte à porter. Toutesfois fut elle bonne pour les paisans d'Engleterre, pour ce que les malfaiteurs furent pugnis, car le menu peuple en fut entretenu en meilleure équité. »

Rapin Thoyras dit (III, 83) que « le roi avoit été informé que la justice se rendoit, dans tout le royaume, avec beaucoup de négligence et de partialité; que les magistrats se laissoient corrompre par des présents; et que les riches étoient à couvert de la rigueur des loix, pendant que les pauvres étoient exposez à l'oppression et à la tyrannie des grands. Un si grand désordre demandant un remède prompt et efficace, il donna une commission extraordinaire à des juges qu'il nomma lui-même pour aller faire, dans toutes les provinces, une perquisition exacte de tous les malfaiteurs de quelque rang qu'ils pussent être, et leur donna pouvoir de faire exécuter leurs sentences sur-le-champ. Cette commission fut nommée *Trail-bâton*, mot dont on ignore l'étymologie. »

1. Il épousa Philippe de Hainaut, le 24 janvier 1328. (Th. Carte, II, 394.) Elle était fille de Guillaume Ier, comte de Hainaut. (*Art de vérif. les dates*, III, 33.)

2. Édouard Ier, fils de Henri III, monta sur le trône le 20 novembre 1272, et mourut le 7 juillet 1307. (H. Nicolas, 347.)

3. Ragman-Roll.

royaulme, où estoient leurs seaulz pendans; et, avecq cestes, y avoit aultres chartres faisans mention du droit que le roy d'Engleterre et ses barons avoient [en] Escoche, et de la noire croix[1] que le bon roy Edouard concquist; lesquelles choses il leur rendi, et aussy quitta les terres que les barons d'Engleterre avoyent en Escoche de anchienne concqueste. A ceste paix accorder, les dys Escochoys promisrent xxx mille livres à paier en dedens trois ans; c'est ascavoir chascun an, dix mille livres.

Avant ce Parlement entre les deux pais, fut deliberé par le dit roy, la royne, sa mere, et Mortemer que David d'Escoche[2] (lors eagié de v ans, filz Robert le Brus, faulx traitre, tyrant et parjur, lequel, alencontre de son serment, releva au prejudice du dit noble roy Edouard, son seigneur liege, le royaulme d'Escoche, dont il [se] fist couronner roy, comme cy dessus a esté touchié[3]) seroit roy d'Escoche, par tel sy qu'il espouzeroit Jehenne de la Tour[4], seur du jenne roy Edouard; ce qu'il fist, par le jour de la Magdelaine, l'an trois cens xxviii, comme cy dessus est touchié[5], qui fut au grant abaissement du sang royal d'Engleterre, dont

---

1. Lorsqu'en 1067 un grand nombre d'Anglais furent bannis du royaume par Guillaume le Conquérant, ils emportèrent avec eux, en Écosse, leur or, leur argent et leurs reliques, parmi lesquelles se trouvait cette *croix noire*. David, roi d'Écosse, la donna à l'abbaye de *Holie-Rood-house*, qu'il fonda dans le Louthian vers 1124. (Holinshed, I, 177, 183.)

2. David II succéda à Robert Bruce, son père, le 7 juin 1329. (H. Nicolas, 381).

3. Il en a été fait mention au chap. 253.

4. Ainsi nommée parce qu'elle était née dans la tour de Londres. (Th. Carte, II, 395.)

5. Au chapitre précédent.

elle estoit partie. Sy fut grand dommage, et sy estoit
la damoiselle de sy bonnes meurs et tant amee de tous
ceulx du pays, grans et petis; pourquoy ils furent
moult troublés quant ainsy, volumtairement et sans
leur sceu, la veirent estre mariee par la maniere ditte;
car oncques, puis le temps Bructus qui concquist Albion, laquelle il nomma Bretaigne de son nom,
et apres a esté nommee Engleterre par Englist, le
royaulme d'Escoche n'avoit parti de la subgection
d'Engleterre, feaulté et hommage, jusques au temps
d'adont que je vous dis; car ce mesmes Bructus, qui
concquist Escoche, la donna à[1] Albana, ce dit royaulme
que, à present, on dist Escoce; mais ce jenne roy
Edouard, par mauvais conseil, leur quitta cest hommage que tousjours, paravant, avoyent acoustumé de
paier aux roys d'Engleterre, comme par les mesmes
Cronicques d'Escoche on peult amplement veoir. Et,
pour ce, les Anglois doibvent bien maudire l'heure
que le parlement fut estably à Northantonne; car, par
faulz et mauvais conceil, le jenne roy Edouard fut
desherités de pluiseurs terres et honneurs que les desloyaulz conseilliers atrayerent à eulx. Jasoit ce que les
grans barons d'Engleterre feussent trop mal contentez
de celle paix, ainsy faitte par seullement la royne Ysabel, mere du roy, l'evesque de Ely et sire Rogier de
Mortemer, mais droit et raison ne volrent souffrir que
dutout paix finale feust faitte par eulx, sans le commun assentement de la pluspart des haulz barons du
royaulme d'Engleterre.

1. Var. « La donna à *son second filz, qu'il nomma Albanie.* » (Ms. n° 8388).

312. Cy parle du discord qui fut entre la royne Ysabel et sire Henri, conte de Lanclastre et Leecestre. Et de la chevaulchee de Bethfort.   LIII.

Apres ce que le jenne roy David d'Escoche eut espousé Jehenne de la Tour à Bervic, ainsy comme oy avez, les Escotz, en reprochant les Anglois, appellerent laditte Jehenne contesse de *Makepaix*, pour la grant couardize des XII pers establis au gouvernement du royaulme; mais quant à la personne du roy, on n'avoit cause de l'en reprochier, car tout ce qu'il se faisoit parmi le royaulme estoit passé par la royne Ysabel, sa mere, et sire Rogier de Mortemer.

Ne demoura gueres, apres cest acord, que la royne Ysabel atrayst à soy toute l'honneur et revenue de Pontfret, et, à peu pres, toutes les terres apendans à la couronne d'Engleterre : et à son quartier tiroyt, asprement, Rogier de Mortemer, et tenoyent presque toutes les revenues du roy, si que il n'avoit pas grammment pour maintenir son estat, fors les pourfis des maletotes et de l'Eschequier. Et tellement se conduirent en ces choses, que, par leur taillerie et roberie, le pays devint sy povre que pou s'en failli qu'il n'en tournast à destruction; dont, par le mauvais gouvernement qui alors regnoit en Engleterre, toute la communaulté d'Engleterre commencyerent à hayr la royne Ysabel, laquelle ilz amoient merveilleusement à son retour de France, pour ce que sy raddement poursievy les Despensiers.

En cellui temps, le faulz traitre sire Robert de Hollande[1], qui trahy son seigneur sire Thomas de Lan-

---

1. Robert, lord Holand, écuyer du comte de Lancastre, trahit son maître et fut cause que ce prince perdit la bataille de Boroughbridge, où

clastre, fut delivré de la prison où il estoit, et fut depuis moult privé de la ditte royne et de messire Rogier de Mortemer; mais ce ne lui dura gueres, car il fut prins à la saint Michel prochain ensievant, ainsy comme il venoit à Londres devers la royne, et fut decollé, par messire Thomas Withers[1], empres la ville de

il fut fait prisonnier et décapité. (Th. Carte, II, 400.) ₰ En ce temps, dit Wavrin (chap. 269), le conte de Lanclastre avoit avecques lui ung chevalier qu'il avoit nourry en son hostel, et à lui fait moult de biens; car il l'avoit osté de sa boutillerie, où il estoit varlet servant; si l'avoit fait chevalier, et lui avoit donné deux mille marcs de revenue par an, si l'avoit eslevé sy hault que au dessus de tous aultres il avoit domination en la court du dit conte : ce chevalier, dont je vous parle, avoit nom Robert de Hollande, lequel se gouverna desloyalment envers son bon seigneur, qui avoyt en lui plus parfaitte fiance qu'en nul aultre homme vivant ou siecle. Si advint ung jour que le dit conte l'avoit envoyé querre v^e hommes armés pour les lui amener, mais le traittre desloyal se tray aultre part, et ne mena pas ces gens vers son seigneur : puis, quant le dit traittre oy certaines nouvelles que le conte avoit esté desconfi à Dircton, comme faulx et desloyal se mist en embusche où il scavoit que les gens de son dit seigneur desconfis devoient passer, si prinst deux coursiers armés et tua tous ceulx qui les menoyent, en faisant tous les maulx qu'il povoit à tous ceulx qui escheoyent en ses mains de la partie du dit conte Thomas, son bon seigneur, qui tant de biens lui avoit fais, puis se vint rendre au roy Edouard. Quant le bon conte sceut la traison de son serviteur, il fust moult esperdu, et dist, en lui mesmes : « Vrai Dieu, comment peult
« ce estre que Robert de Hollande ait eu la pensee de me voulloir trahir,
« quant je l'amoie tant chierement que je n'avoye parfaite fiance en nul
« homme qu'en lui seul ! Or voy je bien que, de cy en avant, on ne se
« ozera fier en nul homme, quant sy legierement j'ay esté decheus de cel-
« lui en qui plus me fyoie. Il m'a rendu maulvais guerredon des biens
« que, par cy devant, lui ay fais; je l'advancay et le fis monter de bas
« en hault, et, par son ingratitude, il me fait descendre de hault en
« bas; mais je croy fermement que Dieu, qui est droiturier, me paiera
« de sa desserte. »

Thomas, comte de Lancastre, envoya un certain chevalier, Robert de Holland, dans le Lancashire, pour lui amener cinq cents hommes, mais, au lieu de les conduire à son maître il les donna au roi. (Dugdale, I, 781.)

1. Thomas Witers, serviteur de Henri, comte de Lancastre. (Barnes, 31.)

Saint Oban. Cestui Thomas avoit demouré long temps avecq messire Henry[1], conte de Lanclastre, lequel, pour doubte de la royne, ne se ozoit pas bien amonstrer, dont il lui ennuioit grandement; car elle le heoit moult fort pour ce qu'il avoit occys le dit messire Robert de Hollande. Sy fist tant pardevers le roy, son filz, que le dit Thomas fut banny et exillié, dont le dit messire de Lanclastre fut moult desplaisant et courouchié, et, d'aultre part, de ce que il oyoit la clameur du peuple d'Engleterre, pour les grans duretés et oppressions que on leur faisoit; de laquelle chose le roy devoit estre excusé pour la jennesse de son eage. Le dit messire Henri de Lanclastre mettoit toute sa cure à vouloir estaindre et aneantir celle grant esclande, que, à cause de ce mauvais gouvernement, on imposoit sur la personne du roy : pourquoy la chose estoit perilleuze pour lui, et sy n'en estoit nullement coulpable. Dont, pour avoir advis de remettre le pais en bon estat et de faire chose qui feust à l'honneur du roy, le dit messire Henri trouva maniere de parler à ceulz de la retenance du roy, ausquelz il conseilla, pour conduire la besongne à l'honneur du roy, et au pourfit de son royaulme. Là estoit sire Thomas de Brothertonne[2], le conte maressal, et messire Emond de Wodestolz, conte de Kent, qui furent oncles du roy, et avec eulx se joindirent ceulz de Londres, qui firent serment d'eulz aidier en ceste querelle. Et fut telle la chose : c'est ascavoir que le roy tenroit sa court en son hostel,

---

1. Henri, comte de Lancastre, frère de Thomas, mort en 1345. (Dugdale, I, 782 et 783.)

2. Thomas de Brotherton, comte de Norfolk, maréchal d'Angleterre, mort en 1338. (Dugd., II, 63, 64.)

ainsy comme il appartenoit à sa royaulté ; et que la royne Ysabel osteroit de sa main, et mettroit en la main du roy, toutes les honneurs, fiefz, terres, villes, rentes, chasteaulz et forteresses qu'elle tenoit, qui appartenoient à la couronne d'Engleterre, et que, doresenavant, elle jouiroit de la tierche partie des rentes du royaulme, comme avoient acoustumé de faire les aultres roynes douagieres paravant elle. Et, d'aultre part, ordonnerent que sire Rogier de Mortemer se departiroit du service de la royne : sy s'en yroit demourer sur ses terres qu'il avoit de son heritage, affin que le peuple d'Engleterre ne feust plus ainsy destruit par leurs ordonnances.

Item. De scavoir comment et par qui les Escotz estoient eschappez du parcq, que le roy Edouard avoit asségié sy puissamment, et par quel conseil le dit roy avoit esté à Stamphon[1].

Item. Pareillement volrent ilz scavoir comment et par quel conseil les ordonnances faittes au couronnement Edouard furent refusees : c'est à scavoir que le roy, pour l'honneur de luy et la reformation de son royaulme, devoit estre gouverné par xii des plus grans d'Engleterre, sans lesquelz appeller nulles choses ne devoient estre faittes, ne sans avoir leur gré et consentement ; mais, par faulz et mauvais malice, fut trouvee maniere de ces xii gouverneurs eslongier du

---

1. Au commencement d'août 1327, les armées d'Édouard II et du roi d'Écosse étaient en présence. La dernière, retranchée près de Stanhope-Park, allait être attaquée, d'après les avis du conseil d'Édouard, lorsque Mortimer s'y opposa, et sauva ainsi l'armée ennemie. Les Écossais, à la faveur de la nuit, abandonnèrent leur retranchement sans que les Anglais s'en aperçussent. « He had received twenty thousand pounds of the Scots, to give them leave to escape. » (Holinshed, I, 146.)

roy, dont pluiseurs villains reproces et grans esclandes advinrent au roy et à son royaulme : c'est ascavoir car sire Edouard, pere du jenne roy Edouard, lequel quand il fut deposé de sa royaulté, par acord de Parlement, fut delivré au conte de Lanclastre, son cousin, à garder, pour la saulveté de son corps, la royne Ysabel et Mortemer le firent mener hors du chastel de Kenilword, contre l'ordonnance du devant dit Parlement, et le firent mener en lieu où oncques puis parent ne amy qu'il eust ne le peult veyr ne approchier sans leur consentement, et apres le firent piteusement murdrir, dont grant esclande sourdy par toute la crestienneté.

Item. De scavoir que les tresors dudit roy de Carnarenan qu'il avoit laissiés estoient devenus, tant en Engleterre comme en pluiseurs lieux en Galles, lesquelz avoient esté gastez et emportez sans le sceu et consentement du jenne roy, son filz, qui estoit à son grant prejudice et à la destruction de son peuple et pais.

Item. De scavoir par quel conseil le roy avoit rendu le royaulme d'Escoche aux Escochois, en eulx quittant tous hommages, pour lequel royaulme les ancestres du roy avoient eu tant de travaulz, et perdu tant de gens à le concquerre et deffendre; et puis l'avoit quittié liege à David, filz de Robert le Brus, qui à la ditte terre n'avoit nul droit, comme chascun povoit scavoir de vray et certain.

Item. Scavoir comment et par qui les anchiennes chartres et ramenbrances des predicesseurs du roy Edouard qu'ilz tenoient touchant le royaulme d'Escoche, furent prinses et transportees hors de la tresorie d'Engleterre pour les delivrer aux Escotz, au desheritement du roy et ses hoirs, au dommage de tous ses subjetz, et au grant reproce des Anglois à tousjoursmais.

Item. De scavoir par quel conseil dame Jehenne de la Tour, seur du roy Edouard, fut mariee à David, filz Robert le Brus, qui tout son temps fut traytre et ennemy à la couronne d'Engleterre.

En dementiers que le conte de Lanclastre et ses aliés estoient ensamble pour eulx conseillier sur ces poins dessusdis, et en scavoir la verité, adfin qu'ils feussent mieulx redrechiés à l'honneur et pourfit du roy et de ses barons, et d'un chascun du royaulme, la royne Ysabel, qui en fut advertie, doubtant les choses advenir, par le conseil et advertence de sire Rogier Mortemer fut ordonné ung Parlement à Salisbér [1], ou pluiseurs barons vindrent : auquel Parlement le dit sire Rogier de Mortemer fut fait conte de la Marche, sans le consentement des XII pers, au tres grant prejudice du roy et de sa couronne. Sire Jehan de Elthem [2], frere du roy, fut chaint de l'espee de Cornuaille, et la royne Ysabel, pour ce que le dit Jehan, son filz, estoit de jenne eage, procura et fist tant qu'elle fut gardienne et administresse du dit sire Jehan et de ses terres. A che Parlement ne volrent venir le conte de Lanclastre ne les aliez, ains assamblerent grant puissance de gens d'armes alencontre de la royne Ysabel et Mortemer; car ilz avoient ceulz de Londres avecques eulx en leur ayde, à tout v^{cs}

---

1. Le 16 octobre 1328. (Lingard, II, 147.)
2. Mort le 14 septembre ou à la fin d'octobre 1336. (Barnes, 107.)

hommes d'armes, dont la royne Ysabel fut advertie de leur assemblee : moult yreusement jura Dieu et saint Gorge que à male heure furent les dis articles poupensés, lesquelz avoient esté devisez au dit Parlement, comme oy avez cy dessus. Lors, par le conseil de la ditte royne et Mortemer, le roy assambla grant puissance. Sy se misrent ung jour aux champs, et chevaulchierent xiiii[1] lieues, en tirant vers Bethfort, ou le conte de Lanclastre estoit, avecq lui ses alyés, en voulenté de le destruire. Et adont chevaulcha la royne, armee comme ung chevalier, empres son filz, comme paoureuse de morir, et firent les dessusdis royne et Mortemer entendant au roy que le dit conte de Lanclastre le contendoit à destruire du tout, lui et son conseil. Par quoy le dit roy se couroucha fourment au conte de Kent, son oncle ; lequel, quant il sceut la male voulenté du roy, lui et aultres firent tant, par messages qui alerent de l'un à l'aultre, que le roy creanta sa paix au conte de Lanclastre et ses alyés, parmi ce qu'ilz paieroient au roy dix mille livres. De laquelle querelle estoient sire Henri de Beaumont[2], sire Foucques le filz Warin[3], sire Thomas Rethelin, sire Thomas de Trussel[4], sire Guillame de Withers[5],

1. Le manuscrit 6746 porte xxiiii.
2. Henri de Beaumont, comte de Boghan, mort en 1340 ou 41. (Dugd., II, 50, 52.)
3. Fulke fitz Warine. On lui saisit son château de Whitington, mais le roi le lui rendit plus tard. Mort en 1349 ou 50. (Dugd., I, 445).
4. William Trussel. Voy. p. 46, note 4.
5. Thomes Witers (voy. p. 63, note 1). Le roi Édouard désigne, dans ses lettres du 12 décembre 1330, Henri, comte de Lancaster, Thomas Wake, seigneur de Ledel, Henri de Beaumont, comte de Boghan, Thomas Roscelyn et autres, comme ayant pris les armes contre lui, et leur accorde pardon. (Rymer, II, part. III, 53, 55.)

et bien cent chevaliers de leur confederation, lesquelz furent tous exilliés et bannys hors du royaulme, par le conseil de la royne Ysabel et Mortemer, lequel convoita moult d'avoir en sa part les terres des dis exilliés, s'il povoit par quelque maniere, pour la grant ardeur de la convoytise qui en lui estoit. Ainsy, comme vous oez, menoyent le jenne roy Edouard la royne Ysabel, sa mere, et le dit Mortemer tout à leur voulenté, dont c'estoit grant pittié et dommage au roy et à son royaulme.

313. Comment messire Rogier de Mortemer, pour la glore où il se trouva, se contint orguilleuzement.   LIV.

Maintenant vous dirons comment sire Rogier de Mortemer s'esleva en hault estat, et fist tant devers le roy, qu'il lui octroya d'estre appellé conte de la Marche partout le royaulme d'Engleterre; pourquoy il devint tant orguelleux et tant fier, que du tout il voult perdre et adnichiller le sournom de ses ancestres, et se fist nommer de tous conte de la Marche. Sy n'estoit nul de la commune d'Engleterre qui l'eust aultrement osé nommer; car il fist tant devers le roy que, par ban, il fut prononcyé conte de la Marche, dont il monta en sy grant orguel qu'il ne tenoit conte de personne. En plusieurs manieres se desguisa le dit nouvel conte de la Marche, tant en riches vestemens comme en foison serviteurs, tant richement parez et habilliés, que aux gens au roy, ne à nulz autres du pais n'estoient à comparer, dont les Anglois s'esmerveillierent grandement comment ainsy se osoit oultre cuidier : se disoient entreulx communement, que impossible estoit que son orguel euist longue duree.

En cellui temps mesmes, sire Geffroy de Mortemer[1], son maisné filz, le fist nommer le *Roy de la folie* : puis, environ ce temps que le dit sire Rogier, conte de la Marche, lui raempli d'orguel et outrecuidance estant en pays de Galles, par ung jour de Penthecouste, tint une table reonde à tous ceulz qui y volrent venir, voulant ressambler et contrefaire la maniere de la table reonde du bon roy Artus, qui fut de son temps le plus preu chevalier du monde, ne oncques puis en nul pays ne fut pareil à lui; car en son vivant, tous les renommés [chevaliers en armes] de la crestienneté furent et demourerent avec lui, en sa court, sy le tindrent pour leur seigneur, comme plus ad plain je declaray[2], quant il combati et conquist Froles, le Rommain, et tout le royaulme de France, et sy occyst Dinabus le geant, qui ravist Helaine, niepce à Hoel, roy de la petite Bretaigne, puis desconfist et occist l'empereur Lucille[3] en la bataille qu'il avoit assemblee contre lui; en laquelle avoit sy grant nombre de gens, tans crestiens comme payens, qu'il n'en scavoit le compte; lesquels il desconfy trestous, comme il est plus amplement raconté cy dessus, en ceste vraie cronicque.

En ce temps mesmes, commune renommee s'esleva parmi Engleterre, par l'advertissement des freres presceurs, que sire Edouard de Carnarenan, pere du jeune

---

1. Geoffroy de Mortimer, comte de Jubien, seigneur de Comyth (Dugdale, I, 147.)
2. Chapitre 88.
3. Le manuscrit 8388 porte *Lucius*.

roy Edouard, estoit en vie et prisonnier ou chastel de Corf; parquoy toute la communaulté du royaulme d'Engleterre fut en moult grant doubte et murmure, et en grant desir de scavoir se ce estoit verité ou non; car pas ne scavoient de certain comment sire Rogier de Mortemer, par son faulz pourchas, l'avoit fait murdrer traitreusement, ainsy comme dit a esté cy devant; ains cuidoient la pluspart des paisans qu'il fust ancoires vif en prison, car sa mort avoit esté sy secrete et si celee que nulz n'en scavoit la verité, combien que aulcuns, tout secretement, en murmuraissent, mais plainement n'en ozoit on parler.

314. Comment sire Emond de Wodestok fut decollé à Wincestre. LV.

En ce mesme temps, advind que messire Emond de Wodestok, conte de Kent, oncle du roy Edouard, passa la mer : sy s'en ala devers le pape Jehan XXII[1] de ce non, qui le receupt en grant honneur. Ledit conte, entre aultres choses, conta au saint pere comment Nostre Seigneur avoit fait et souvent faisoit pluiseurs beaux et evidens miracles pour l'amour de sire Thomas de Lanclastre, et que pluiseurs gens impotens de leurs menbres, en diverses manieres, estoient venus à sa sepulture, lesquelz s'en estoient partis gueris, sanez et haitiés. Sy requist, moult humblement, au pere saint que de sa grace voulsist consentir que le corps dudit sire Thomas feust eslevé et mis en fiertre. A quoy le pape contredist, et denia la translation dudit saint Thomas jusques ad ce que, par le clergié

---

1. Monté sur le trône papal en 1316; mort en 1334. (H. Nicolas, 210.)

d'Engleterre, lui fut mieulx certifié et apparu la verité de ceste chose. Quant le conte Emond vey que il ne povoit nullement finer au pape, pour ceste fois, de la translation du corps dudit messire Thomas, il lui requist son conseil sur la delivrance de sire Edouard de Carnarenan, son frere, lequel, ung peu paravant, avoit esté deposé de sa royaulté ; car on disoit communement, parmi Engleterre, que il estoit ancoires en vie ; et le pape lui respondy : « Beau filz, il nous a esté dit que sire Edouard estoit mort ; mais puisque ainsy est qu'il est ancoires vivant, je vous commande, sur ma benediction, que de toute vostre puissance vous entremetez à la delivrance de son corps. » Et lors, en toutes poursieultes touchans laditte querelle, il l'absoubz de paine et de coulpe, adcompaignant en ceste grace tous ceulx qui à conduire l'aideroient. Apres ces choses ainsy faittes, le conte de Kent prinst cougié du pape, sy s'en retourna en Engleterre ; puis, lui illecq arrivé, tous ceulx de l'Ordre des freres prescheurs vindrent vers lui, lesquelz lui certiffierent que sire Edouard, son frere, estoit ancoires vivant ou chastel de Corf, soubz la garde sire Thomas de Gournay. Le conte, moult joyeulz de ces nouvelles, s'en ala hastivement à privee maisnie. Sy ne s'aresta jusques qu'il vint ou chastel de Corf : sy s'acointa de Jehan Deverilles[1], alors connestable dudit chastel, auquel il donna de moult riches dons, affin d'estre privez de lui ; sy requist, ung jour, le bon conte, audit messire Jehan, qu'il lui volsist dire de son seigneur et frere, monseigneur Edouard de Carnarenan, s'il estoit vi-

---

1. John Daverill fut décapité en 1330. (Barnes, 40, 52.)

vant ou non ; et, se vif estoit, il lui prioit qu'il le peust veoir. Cestui Jehan estoit moult fier de ceur, et de haultain courage : sy respondy, et dist au conte que sire Edouard, son frere, estoit ancoires en bonne santé et soubz sa garde ; mais n'ozeroit à lui en faire veue, car il lui estoit deffendu, de par le jenne roy, la royne Ysabel, sa mere, et sire Rogier de Mortemer, que il ne laissast veoir ne parler à nul homme du monde, sur paine de perdre la vye et estre desherité à tousjours, lui et ses hoirs perpetuellement. Mais le desloyal traytre mentoit faulsement, car il ne l'avoit pas en sa garde ; ains en avoit esté mis dehors, et menés ou chastel de Bercler par ledit sire Thomas de Gournay, par le commandement de sire Rogier de Mortemer ; où il fut piteusement murdry, comme plus amplement a esté dit cy dessus : mais ledit sire Emond, son frere, n'en scavoit ancoires rien ; pourquoy il escripvi une lettre seelee de son seel, laquelle il bailla audit Jehan Deverilles, en lui priant, moult amyablement, qu'il la volsisist baillier à son frere, sire Edouard ; lequel, comme mauvais traytre, la receupt en lui prometant que, sans arrester, feroit son message, et atant prinst congié de lui ledit sire Emond, sy s'en ala en ses terres de Kent.

Quant ledit conte Emond fut parti de Corf, ledit Jehan s'en ala, au plus grant haste qu'il polt, devers sire Rogier de Mortemer, auquel il bailla la lettre dudit conte, close et seellee soubz son seel. Quant ledit sire Rogier eult recheue la lettre, il l'ouvri, puis lysy la teneur, dysant en telle maniere : « Honneur, service, obeissance, avecq fraternelle amour. Tres honnourable et redoubté seigneur et frere, je vous requiers humblement que prendés en vous bon confort, car, au plaisir de Nostre Seigneur, je ferai tant, que briefment vous serez delivré de la prison où vous estes. Sy sachiés, tres chier sire, que j'ay de ma confedaration presques tous les plus grans d'Engleterre, bien conroyés d'armes et de chevaulx, avecq grans tresors sans nombre, en voulentez de pourchassier vostre juste querelle, et vous remettre en estat royal, comme estre soliés. Et ce que je vous escrips, moult m'ont ilz tous juré, sur saintes evangilles, tant prelatz, comme contes et barons. » Quant sire Rogier de Mortemer eult leu et entendu la teneur de laditte lettre, le ceur lui enflamba d'ire et de mal talent contre ledit conte de Kent; s'y s'en ala, hastivement, devers la royne Ysabel, et lui monstra la lettre du conte; faisant mention qu'il avoit voulenté de oster sire Edouard de Windesore de sa royaulté, et remettre son frere, sire Edouard de Carnarenan, en possession du royaulme, comme paravant avoit esté. Alors dist la royne : « Voire dya, sire Rogier, bonne voulenté doit estre reputee pour fait; mais, se Dieu nous laisse vivre, nous y pourverons tellement que, en brief temps, serons bien vengiés de lui. » Puis, sans arrester, la royne Ysabel s'en ala devers le roy, son filz, où il estoit, au parlement de Wincestre, lequel se faisoit pour amender les diverses oppressions qui estoient entre son peuple. La royne, quant elle vint devers son filz, lui monstra la lettre signee de son oncle, le conte Emond, en lui priant, sur sa beneichon, qu'il se voulsist vengier comme de son mortel ennemi. Et incessamment lui requist que, sans delay, en presist pugnition : disant ancoires que, avecq ces malefices, ledit conte estoit en voulenté de l'empoisonner. Et lors le roy, qui estoit jenne, crey la royne sa mere : sy manda par ses lettres au conte Emond, son oncle, qu'il venist parler à lui à Wincestre, etc.

Quant le conte tint la lettre que le roy, son nepveu, lui envoyoit, il lisy la teneur, puis, sans arrester, monta à cheval et vint le plus tost qu'il polt à Wincestre; mais quant la royne sceut la venue du bon conte, elle fist tant devers le roy qu'il fut prins et menez devant Robert Hamill[1], où estoit present sire Rogier de Mortemer. Alors parla ledit Robert et dist : « Sire Emond, conte de Kent, sachiés qu'il est venu à la congnoissance du roy Edouard, nostre sire, que vous estes son ennemi mortel et traitre à son royaulme; car il est verité que, par plusieurs fois, avez prins paine et travail de mettre à delivrance Edouard de Carnarenan, vostre frere, nagueres roy d'Engleterre, lequel a este deposé par le consentement de tous les haultz barons du pais : laquelle chose est pour amenrir et usurper l'estat du roy, nostre sire, et de son royaulme. » Adont le conte respondy : « Seigneur, vous poez dire vostre voullenté, mais oncques ceste chose ne pensay ne ne fuez conscentant de voulloir nullement abaissier l'estat du roy, ne de sa couronne, et de ce suis je prest à prouver le contraire. » Mais lors sire Rogier de Mortemer ataindy la lettre devant ditte, sy la monstra au conte et lui dist : « Sire Emond, ne congnoissiés vous point ceste lettre? » et ledit conte, qui mye ne pensoit à la lettre qu'il avoit baillié à Jehan Deverilles, veant

1. Robert Howel, officier de justice de la maison du roi. (Barnes, p. 40.)

que ceste estoit seellee de son seel, cuidant que ce fust aulcune lettre qui en nulle maniere ne le chargast, sy dist au dit sire Rogier qu'il ne voulloit pas desdire que la lettre qu'il tenoit ne feust seellee de son seigne. « Sire Emond, dist adont sire Rogier, ainsi presentement orez la teneur; » et lors desploia la lettre, sy la lisy tout hault, mot apres aultre, en la presence de tous les assistans.

Ceste lettre ainsy leute, sire Robert de Hamille dist ainsi : « Sire Emond, puis que vous avez cogneu que ceste lettre est seellee de vostre seel, laquelle contient comment vous avez empensé de mettre paine et diligence de vostre frere delivrer, nagaires roy d'Engleterre, adfin qu'il regnast et gouvernast son peuple comme par cy devant souloit faire, dont, se ainsy estoit que ceste chose feust advenue, ce seroit rabaissement pour nostre seigneur le roy, qui est à present, que Dieu veuille garder de mal, doncques, pour ceste offense et pour vos demerites, la Court veult, et raison s'y assent, que vous recepvés mort, et vos hoirs soient desheritez à tousjours, saulve la grace de nostre sire le roy. »

Alors le bon conte, oyant ceste doloreuse sentence, commenca tendrement à larmoyer; et, en cest estat, fut remis en prison soubz bonne garde, pour en estre asseuré jusques à lendemain, pour ce que le roy estoit assis à son disner : et, à ceste heure, sire Rogier de Mortemer vint vers la royne Ysabel, sy luy raconta comment le conte Emond estoit condempné à morir par droite loy, pour ce que lui mesme avoit confessé en plaine audience devant tous. « Sy me sambleroit bon, dist il, madame, qu'on le mist à mort hastivement,

sans le sceu nostre seigneur le roy ; car s'il en estoit
adverti, je fay doubte qu'il ne le respistast et lui
donnast son pardon ; laquelle chose, se ainsy advenoit, nous porroit tourner à grant dangier. »

Alors la royne prestement, sans aultre conseil que
le dit sire Rogier, manda au bailli de Wincestre que
tantost et sans delay, sur peine de perdre la vie, il feist
decoller le dit sire Emond. Le bailli, ayant le commandement de la royne, fit le dit conte tirer hors de
prison et le decoller par ung homme qu'ils trouverent d'aventure, lequel fut par eulx constraint de ce
faire. Et ainsy, piteusement, fut mis à mort le bon
conte Emond de Kent, dont ce fut grant dommage.
Ce fut fait le cinquiesme jour d'octobre[1], le tierch an
du règne du jenne roy Edouard, lequel, quant il fut
adverti de la mort de son oncle, en demena moult
grant dueil : sy le fist enterrer en l'eglise des freres
mineurs de Wincestre, et là lui fist faire son service honnourablement, comme bien appartenoit à
ung filz, frere et oncle du roy.

315. De la prinse sire Rogier de Mortemer, conte de la
Marche, et de sa mort.   LVI.

En cellui temps dont nous parlons, messire Rogier
de Mortemer, conte de la Marche, demenoit du
tout, selon sa voullenté, le jenne roy Edouard et la
royne sa mere, tellement que tout ce qu'il comman-
doit estoit ; car nul n'estoit sy ozé que d'aller au con-

---

1. Wavrin se trompe. Le roi ordonna, par ses lettres en date du
13 avril 1330 (Rymer, II, part. III, 43), la publication de la mort de
son oncle qui avait été exécuté le 19 mars précédent. Voy. p. 49, note 1.

traire, pour la crainte que chascun avoit de luy. Pourquoy il monta en sy grant orguel, que advis lui estoit que en tout le royaulme d'Engleterre n'y avoit homme qui à lui se deust comparer. Moult orguelleux et convoiteux devint, et toujours se tenoit en la court de la royne, au plus pres d'elle. Ses gens estoient, en son estatu de son hostel, à paraulz gages que ceulz du roy et de la royne. Il amassa moult grans tresors sans nombre, tant se tint privé de la royne, et demena sy grant estat et seigneurie, que tous les plus grans du royaulme avoient paour de faire chose qui lui despleust. Sy advint ung jour que le roy et son Conseil estoient assamblez en ung privé lieu, où aucuns misrent en avant, par devant le roy, les grans desrisions et oultrages que faisoit le dit de Mortemer au roy et à sa couronne, et comment, par son conseil, traitreuzement le roi Edouard de Carnarenan avoit esté murdry au chastel de Bercler : puis lui ramenturent la mort sire Emond, son oncle, et pluiseurs aultres malefices qui estoient fais et perpetrés par le dit Mortemer ; lesquels, apres ce conseil failli, vindrent au dit Mortemer en secret, lui dirent comment le roy et son Conseil estoient de jour en jour ensamble pour trouver la maniere de le confondre et aneantir. Alors le dit sire Rogier, comme tout foursené, jura grans sermens, quoy qu'il deust advenir, que il se vengeroit d'eulz.

Ne demoura gueres de temps, apres ces choses, que le roy Edouard, dame Phelippe, sa femme, dame Ysabel, mere du roy, et sire Rogier de Mortemer, qui ne faisoit semblant de ce que on lui avoit dit, vindrent demourer une espace de temps à Northinghem. Sy advint que la reine Ysabel, par le conseil de Mortemer, prinst à soy les clefz des portes du chastel, adfin que nulz ne peust entrer ne yssir, par nuit ne par jour, sans son commandement, mesmement le roy, ne nul de son Conseil. En ce temps, le dit Mortemer estoit moult courouchiés et yrez alencontré des plus privés du roy, pour ce que ils l'avoyent encusé à lui de la mort sire Edouard de Carnarenan, son pere. Sy prendrent conseil ensemble la royne Ysabel, l'archevesque de Lincoln[1], sire de Berefort[2], sire Hugue de Tronpetonne[3] et aultres de leurs plus privez, pour trouver maniere de deffaire ceulx qui le dit Mortemer avoient encusé; de laquelle chose ceulx du conseil du roy s'apperceurent tantost. Sy viendrent tous ensemble, priveement, parler au roy, auquel ilz dirent et rapporterent comment le dit sire Rogier de Mortemer avoit assamblé conseil en privé, pour trouver maniere d'eulz destruire, pour ce que racusé l'avoient de ses malefices : pour laquelle chose, moult humblement, requisrent au roy tous ensemble que, en l'honneur de Dieu, leur volsist aidier à maintenir leur droit, et que à lencontre d'eulz ne se volsist mal informer, pour chose qu'on lui deist ou rapportast : ce que le roy liberallement leur accorda, dequoy ilz furent moult joyeulz. Et estoient messire Willame de Montagu[4], sire Homfroy de Bohoun[5], messire Jehan de Neufville de Hornby[6] et pluiseurs

1. Henri Burwash, archevêque de Lincoln.
2. Décapité le 24 décembre 1330. (Barnes, 51.)
3. Hugh Turplington, intendant de la maison du roi. (Barnes, 48.)
4. William de Montagu, mort en 1343. (Dugdale I, 633 et suiv.)
5. Humphrey de Bohun, mort le 15 octobre 1361. (Dugd., I, 184.)
6. John Neville de Hornby, ayant demandé la remise d'une somme de

aultres de leur confederation, lesquelz tous jurerent, sur saintes Evangilles, de maintenir celle querelle alencontre du dit Mortemer en tant comme ilz poroient.

Or advint que ledit sire Rogier de Mortemer avoit fait son ordonnance en telle maniere que nulz des privez du roy n'estoient soufferz de demourer ne herbregier de nuyt dedens le chastel, ains estoient logiés en pluiseurs et divers lieus, parmi la ville : sy avoyent moult grant paour que ledit Mortemer ne les feist destruire. Pourquoy messire Willame de Montagu vint ung jour parler au roy, sy lui dist en secret : « Sire, sachiés que moy ne les aultres de nostre querelle, ne porrons prendre ne avoir messire Rogier de Mortemer sans le consentement Willame de Hollande[1], connestable du chastel. » Et adont le roy respondy : « Certes, à ce ne fauldrés pas pour tant ; car je vous ottroye que vous alés audit connestable, et lui commandés, de par moy, qu'il vous doinst confort et aide de tout son povoir, tant que ledit Mortemer soit prins, toutes aultres choses laissiés, sur paine de perdre la vye. » « Sire, ce dist Montagu, pour moy et tous mes compaignons vous remercye. » Alors ledit de Montagu vint priveement devers ledit connestable, auquel il

---

cinquante livres qu'il avait employée pour la guerre du duc de Lancastre contre Hugues Despensier, le roi, par ses lettres patentes en date du 14 février 1327, en ordonna la restitution, ainsi qu'à tous ceux qui se trouvaient dans ce cas. (Rymer, II, partie II, 176). Le 10 mai 1331 le roi lui accorde une pension pour avoir arrêté Mortimer, comte de la Marche. (Id., ib., partie III, 65).

1. William Eland. Le roi lui ordonne, le 24 août 1337, de faire prélever dans les comtés de Northumberland et de Derby, des subsides qui doivent être employés dans la guerre qui se prépare contre la France. (Rymer, II, partie III, 187.)

raconta, tout au long, la voulenté du roy, et qu'il voulloit estre fait. Le connestable, ayant le mandement du roy, respondy audit Montagu que moult bien s'y employeroit et que, pour morir, ne lairoit de acomplir le commandement de son seigneur : de laquelle chose entretenir il fist serment audit de Montagu et ceulx de sa querelle, qui là estoient presens. Et ledit Montagu dist au connestable : « Or doncques, chier et amy, il nous convient trouver maniere, par vostre bon conseil, de prendre ledit Mortemer. Puisque vous estes chastelain, et avez les clefz du chastel en garde, il lui est impossible de eschapper. » — « Sire, ce dist le connestable, sachiés que les portes du chastel sont fermees soubz ferrures, que la royne Ysabel y a fait faire nouvelles [clefz], lesquelles, tous les soirs, il lui convient rapporter, et elle les fait muchier dessoubz le chevetz de son lit, jusques au matin. Pourquoy vous ne povés, en nulle maniere quelconques, avoir entree de nuit parmi les portes; mais je scay une alee qui s'estend hors du jardin, par dessoubz terre, qui vient jusques au chastel vers West, de laquelle voye la royne, Mortemer, ne nulz de leurs gens n'en eurent oncques cognoissance : et, pour ce, je vous menray, par ceste voye, sy secretement, que vous entrerez au chastel sans le sceu des ennemys. » De laquelle advertence les barons furent moult lies et joieulx.

En celle mesme nuyt, Montagu et tous ceulz de sa querelle, avecq eulz ledit connestable, firent samblant de vouloir eschaper de la guet dudit sire Rogier de Mortemer, faignant de fuir et avoir grant paour. Sy fut rapporté audit Mortemer que les barons avoient en pourpos de passer la mer, et aler en France à saulveté, pour doubte qu'ilz avoient de luy, dont il fut moult joyeulz et dist que ainsy n'eschaperoient mye. Sicque, pour ceste alee destourber, il assambla son conseil, c'est ascavoir ceulx de sa querelle, pour eulx destourber le passage. Sy fist, par leur conseil, escripre hastivement lettres à tous les portz du royaulme, en commandant aux officiers et gardes des passages que de telz et telz, qui leur escripvoit, venoyent là, qu'ilz feussent arrestez et prins. Mais il en advint tout aultrement; car ledit connestable, quant il vey l'eure de mienuit approchier, issy priveement du chastel par le cavain du jardin, et vint à ung secret lieu où il scavoit que les seigneurs l'atendoient; sy les mena à la voue et alee, moult bien armez et embastonnés; puis, eulx venus dedens le chastel, monterent amont sur la tour. Quant les seigneurs furent dedens la tour, ilz furent appercheus par sire Hugue de Trompethonne, qui leur escria moult fierement et asprement : « Haa ! traitres ! à male heure entrastes cheens, car tous en morez de male mort. » Mais lui mesmes fut illec occys par le seigneur de Montagu[1] qui, incontinent, le feri, d'une machue qui tenoit, sy grant coup sur la teste, qu'il lui espandy la cervelle sur le pavement, dont il moru illec prestement. Et lors sire Rogier de Mortemer, oyant le bruit et la noise, se couru armer; mais, ainchois qu'il peust estre armé,

---

1. Le roi accorda des lettres de pardon à William de Montagu pour avoir tué Hugh Turplington et Richard de Monmuth : elles sont datées du 24 février 1331. Par celles du 24 mars suivant, la même grace est accordée à *Johannes de Nevill* et à William de Clynton. (Rymer, II, part. III, 59.)

Montagu et ses aliés entrerent en sa chambre, sy le prindrent[1].

Quant la royne Ysabel, qui avoit oy l'effroy, sceut la prinse de Mortemer, elle en eult grant douleur au ceur; sy se leva hastivement, et vint où la noise estoit, et dist : « Seigneurs, je vous requiers que ne fachiés se bien non au corps de ce gentil chevalier, lequel est nostre chier et bien amé cousin. » Mais, sans arrester, ledit Montagu et ses aliés menerent messire Rogier de Mortemer devant le roy Edouard, qui moult fut joyeulx de sa prinse; sy le fist mettre en prison, soubz la garde de gens en qui moult se fioit. Mais sachiés que ceulx qui estoient de la lingnié et retenue dudit Mortemer eurent moult grant paour, quant ilz sceurent que prins estoit. Pourquoy, au plus secretement qu'ilz peurent, se partirent de la court : sy s'en alerent à leurs terres, à ceur doulent et courouscié, où ilz vesquirent le mieulx qu'ilz peurent. Ledit Mortemer, estant prisonnier, fist grans offres pour estre delivrés; mais ce lui vailli pou, car oncques chose qu'il offrist ne lui polt tant pourfiter qu'il fust hostés hors des fers duquel l'estat avoit esté sy grant que, de son hostel et de sa retenue, il avoit ix^{xx} chevaliers, sans les escuiers et sergans.

En ce temps, ledit Mortemer et sire Emond de Bethfort furent menez à Londres, en la grosse tour, et bailliés en garde au connestable d'icelle; et depuis fut amené à Westmoustier, devant le roy, où il fut sagement examiné en la presence de tous les plus grans d'Engleterre; et lui fut demandé pour-

---

1. Le 20 octobre 1330. (Lingard, II, 150.)

quoy il fist morir sire Edouard de Carnarenan, pere du roy; comment les Escotz eschapperent de Stamphonne¹ en Escocè, sans le consentement du roy Edouard; et aussy comment la chartre Ragenan fut livree aux Escochois, en laquelle estoit devisé que lesdis Escochois estoient tenus de faire feaulté et hommage aux roys d'Engleterre, pour le royaulme d'Escoche; et aussy que, par faulse envie, il avoit, sans nulle cause, fait morir le bon conte de Kent, oncle du roy : et, avec ce, fut encusé d'avoir engroissié la royne, mere du roy, et qu'il le tenoit à sa voullenté. Sur lesquelles accusations le roy demanda conseil, par maniere de jugement, quelle chose il avoit à faire. Sy en fut la sentence assez tos rendue, car ilz estoient ja par information tous advisez: pourquoy ilz respondirent au roy, incontinent, que il devoit morir sans rappel, ainsy comme sire Hue Despensier.

Le reste du chapitre est mot pour mot dans le chapitre L de Froissart.

316. Cy devise comment le roy Phelippe de France manda au jenne roy Edouard qu'il lui venist faire hommage de la ducié d'Acquitaine. LVII.

Cf. Fr., livre I, part. I, ch. L-LI.

317. Comment le roy Edouard d'Engleterre passa la mer et vint en France pour faire hommage au roy Phelippe de la ducié d'Acquitaine et de la conté de Ponthieu. LVIII.

Cf. Fr., livre I, part. I, ch. LII-LIII.

---

1. Voyez p. 65, note 1.

318. Cy devise comment messire Robert d'Artois fut déchassié et banny hors du royaulme de France, et s'en ala à refuge devers le roy Edouard d'Engleterre. LIX.

Cf. Fr., livre I, part. I, ch. LIV-LVI.

319. Comment le roy Edouard entra en Escoche, et de ce qu'il y fist. LX.

Cf. Fr., livre I, part. I, ch. LVII-LIX.

Et atant se taist de ceste histoire, ouquel temps le roy Phelippe print la croisure pour aler oultre mer, laquelle fut empeschié par la guerre qui s'esmeut entre France et Engleterre, comme il sera touché au second volume, car cy fine le premier.

ANCHIENNES CRONICQUES D'ENGLETERRE.

DEUXIÈME PARTIE

LIVRE PREMIER.

320. Cy commence le second volume des Cronicques d'Engleterre, qui contient en soy six livres particuliers, le premier desquelz commence au roy Edouard, qui fut né à Windesore, qui contient en soy XLIX chappittres, ou premier desquelz il traite la cause et pourquoy la guerre commenca premierement entre les royaulmes de France et d'Engleterre.   Chapitre I.

    Cf. Fr., livre I, part. I, ch. III et IV, LXII-LXIV.

321. Cy fait mention de Jacques d'Artevelle et de l'aliance que le roy d'Engleterre fit aux Flamens.   II.

    Cf. Fr., livre I, part. I, ch. LXV-LXVII.

322. Comment le duc de Brabant s'excusa devers le roy de France.   III.

    Cf. Fr., livre I, part. I, ch. LXVIII.

323. Comment les Anglois desconfirent ceulx de Gorgant, et du frere bastard du conte de Flandres, qui y fut prins.   IV.

    Cf. Fr., livre I, part. I, ch. LXIX-LXXV.

324. Comment le roy d'Engleterre envoia querir la jenne royne sa femme.   V.

    Cf. Fr., livre I, part. I, ch. LXXVI-LXXVII.

325. Comment le roy d'Engleterre fait requerir aux seigneurs de l'Empire qu'ilz leur tenissent leur convenances. VI.
Cf. Fr., livre I, part. I, ch. LXXVIII.

326. Comment le roy d'Engleterre deffia le roy de France: et du siege que le roy mist devant la cité de Cambray. VII.
Cf. Fr., livre I, part. I, ch. LXXIX-LXXXIII.

327. Comment le roy d'Engleterre deffist son siege de devant Cambray. Et comment l'abbé de Hannecourt se deffendy vaillamment. Et comment le pais de Terasse fut ars. VIII.
Cf. Fr., livre I, part. I, ch. LXXXIV-LXXXVIII.

328. Les grans assamblees que le roy de France et le roy d'Engleterre firent en intention de combatre, et sy se départirent sans riens faire l'un à l'autre. IX.
Cf. Fr., livre I, part. I, ch. LXXXIX-XCI.

329. Cy parle de l'ordonnance des Anglois. X.
Cf. Fr., livre I, part. I, ch. XCII-XCIII.

330. De l'ordonnance des Franchois. XI.
Cf. Fr., livre I, part. I, ch. XCIII-XCV.

331. Comment le roy Edouard prinst les armes et le nom du roy de France, et des roberies et pilleries faittes en Engleterre par les Franchois. XII.
Cf. Fr., livre I, part. I, ch. XCVI-XCVIII.

332. Comment ceulz de Cambray firent guerre au conte de Henault, par le consentement du roy de France, lequel commanda de courre les villes et places de messire Jehan de Henault. Et comment le conte ala querir aide en Engleterre [1]. XIII.
Cf. Fr., livre I, part. I, ch. XCVIII-CVI.

[1]. Wavrin, en terminant ce chapitre, dit qu'il se dispense de raconter les guerres dans le Hainaut : « Qui en volra scavoir, ou livre de Froissart on le polra trouver. » Il passe treize chapitres de Froissart.

333. Comment le roy d'Engleterre desconfits les Franchois sur mer. XIX.
   Cf. Fr., livre I, part. I, ch. cxx.

334. La desconfiture des Franchois sur mer. XV.
   Cf. Fr., livre I, part. I, ch. cxxi-cxxii.

335. Comment, apres la desconfiture des Franchois sur mer, le roy d'Engleterre arriva en Flandres. Et comment Jacquemart d'Arthevelle sermona les Flamens. XVI.
   Cf. Fr., livre I, part. I, ch. cxxiii.

336. Des garnisons que le roy de France mist sur les frontieres de Flandres, et des aliances faittes entre le pais de Flandres, Henault et Brabant. XVII.
   Cf. Fr., livre I, part. I, ch. cxxiv-cxxvi.

337. Comment le roy d'Engleterre assiega Tournay, et des assaulz que les Anglois y firent. Et comment ilz destruisirent le pais environ. XVIII.
   Cf. Fr., livre I, part. I, ch. cxxvii-cxxix.

338. Comment les Escotz reconcquirent pluiseurs villes et forteresses sur le roy Anglois, par le confort et aide des Franchois. XIX.
   Cf. Fr., livre I, part. I, ch. cxxx-cxxxi.

339. Comment ceulx de Tournay misrent hors les povres gens de leur cité. Et comment le roy de France y arriva. XX.
   Cf. Fr., livre I, part. I, ch. cxxxii-cxl.

340. Comment les Flamens se partirent de paour de devant Tournay. Cy s'en alerent chascun en son hostel. Et du traitié qui fut entre les deux rois de France et d'Engleterre. XXI.
   Cf. Fr., livre I, part. I, ch. cxli-cxliii.

341. Comment les deux roys de France et d'Engleterre eurent treve ensamble. Et comment chascun d'eulz cuidoit avoir honneur du siege de Tournay. XXII.
   Cf. Fr., livre I, part. I, ch. cxliv-cxlv.

342. Cy parle des Cardinaulz par le Pappe trammis par decha les mons pour accorder les deux roys de France et d'Engleterre. Et comment les treves furent ralongiés dedens deux ans.   XXIII.

    Cf. Fr., livre I, part. I, ch. cxlvi.

343. Comment le duc de Bretaigne morut sans hoir masle, et des grans guerres qui, à ceste cause, vindrent au pais de Bretaigne.   XXIV.

    Cf. Fr., livre I, part. I, ch. cxlvii-cli.

344. Comment le roy d'Engleterre rechupt à hommaige le conte de Montfort, à sa requeste, de la ducee de Bretaigne.   XXV.

    Cf. Fr., livre I, part. I, ch. clii-cliii.

345. Comment le conte de Montfort fut adjourné à comparoir devant le roy de France; et comment la ducee de Bretaigne fut de rechief adjugié à messire Charles de Blois.   XXVI.

    Cf. Fr., livre I, part. I, ch. cliii-clvi.

346. Comment le conte de Montfort fut prins et rendu prisonnier au roy de France; et comment la contesse, sa femme, emprinst la guerre pour lui.   XXVII.

    Cf. Fr., livre I, part. I, ch. clvii-clviii.

347. Comment le roy d'Engleterre donna treves aux Escotz. Et comment, depuis, ilz coururent en Engleterre, où ilz ardirent et recouvrerent pluiseurs villes et chasteaux.   XXVIII.

    Cf. Fr., livre I, part. I, ch. clix-clxi.

348. Comment le roy d'Escoche fist assaillir la contesse de Salebrin et le chastel; et comment le roy d'Engleterre y vinst à son secours, tellement que les Escotz s'en retournerent en leur pais.   XXIX.

    Cf. Fr., livre I, part. I, ch. clxii-cliv.

349. Comment le roy d'Engleterre s'enamoura premiere-

ment de la contesse de Salebrin, la contenance qu'il eult envers elle et la responce qu'elle lui fist. XXX.

 Cf. Fr., livre I, part. I, ch. CLXV-CLXVII.

350. Comment le roi d'Engleterre se parti de la contesse de Salebrin, et des treves que furent entre les Anglois et les Escotz, par l'espace de deux ans. XXXI.

 Cf. Fr., livre I, part. I, ch. CLXVIII-CLXIX.

351. Comment messire Charles de Blois assiega et prinst la cité de Rennes ; et du secours que la contesse de Montfort manda en Engleterre. XXXII.

 Cf. Fr., livre I, part. I, ch. CLXX-CLXXII.

352. Comme messire Charles de Blois assiega Hainbourg. Comment la contesse de Montfort se deffendy ; et de la hardie entreprinse qu'elle meismes fist de sa main. XXXIII.

 Cf. Fr., livre I, part. I, ch. CLXXIII-CLXXV.

353. Cy parle du secours qu'il vint d'Engleterre à la contesse de Montfort ; et comment le chastel de Concquest fut prins deux fois en ung mois. XXXIV.

 Cf. Fr., livre I, part. I, ch. CLXXVI-CLXXVIII.

354. Comment messire Charles de Blois prist le fort chastel d'Aulroy et la cité de Vennes, en Bretaigne ; et des grans adventures qui y advindrent, tant de ung costé comme d'aultre. XXXV.

 Cf. Fr., livre I, part. I, ch. CLXXIX-CLXXX.

355. Comment messire Lois d'Espaigne fut desconfis, et ses gens mors. Comment il eschappa à petite maisnie ; et de la grant apertise d'armes que Regnier fist. XXXVI.

 Cf. Fr., livre I, part. I, ch. CLXXXI-CLXXXIV.

356. Comment messire Charles de Blois assiega de rechief Hainbourg ; et de la requeste que messire Lois d'Espaigne fist sur la mort des deux chevaliers prisonniers. XXXVII.

 Cf. Fr., livre I, part. I, ch. CLXXXV-CLXXXVII.

357. Comment les Anglois et les Bretons reconcquisrent leurs prisonniers en une escarmuche, et des Bretons prins par les Franchois. XXXVIII.

Cf. Fr., livre I, part. I, ch. CLXXXVIII-CLXXXIX.

358. Comment messire Charles de Blois s'en ala à Craas, et avec lui emmena pluiseurs seigneurs de France. Et comment, par le moien d'un marchant, ledit messire Charles prist la ville de Says. XXXIX.

Cf. Fr., livre I, part. I, ch. CXC-CXCI.

359. Cy devise la maniere et ordonnanche de la grant feste et joustes que le roy d'Engleterre fist pour l'amour de la contesse de Salebrin. XL.

Cf. Fr., livre I, part. I, ch. CXCII-CXCIII.

360. Comment les treves furent prinses entre les Anglois et Escotz. Et comment le roy Anglois donna grant secours à la contesse de Montfort pour conquerre Bretaigne. XLI.

Cf. Fr., livre I, part. I, ch. CXCIV.

361. Comment les Espaignolx et Genevois se combattirent sur mer aux Anglois. Et comment ils se departirent l'un de l'autre. XLII.

Cf. Fr., livre I, part. I, ch. CXCV-CXCVI.

362. Comment, aprez le departement de ceste bataille, les Anglois assegerent la cité de Rennes en Bretaigne. Et comment messire Lois d'Espaigne arriva en Guerande. XLIII.

Cf. Fr., livre I, part. I, ch. CXCVII-CXCVIII.

363. Comment messire Robert d'Artois et la contesse de Montfort prindrent la cité de Rennes. Et comment le seigneur de Clichon et le seigneur de Tournemine se saulverent. XLIV.

Cf. Fr., livre I, part. I, ch. CXCIX-CCI.

364. Comment les Bretons reconcquisrent par force la cité

[1343] DEUXIÈME PARTIE, LIVRE I, xxxviii-xlix.

de Rennes, et comment messire Robert d'Artois et moult d'aultres furent navrez à mort.   XLV.

Cf. Fr., livre I, part. I, ch. ccii.

365. Comment le roy Edouard d'Engleterre mist le siege devant la cité de Rennes. Et comment la contesse de Montfort vint festoier. Et aussi comment il assiega la bonne ville de Nantes.   XLVI.

Cf. Fr., livre I, part. I, ch. cciii-cciv.

366. Comment le roy Edouard se parti de devant Nantes pour assieger Dignant. Et comment le seigneur de Clichon et messire Henri de Lyon furent prins des Anglois, et le sire d'Estanfort des Franchois, devant Rennes.   XLVII.

Cf. Fr., livre I, part. I, ch. ccv-ccvi.

367. Comment le roy d'Engleterre aloit ardant et exillant le pais de Bretaigne. Et des nefz que messire Lois d'Espaigne gaigna sur les Anglois.   XLVIII.

Cf. Fr., livre I, part. I, ch. ccvii-ccviii.

368. Comment ceulx du siege de Nantes s'en alerent à Vennes, au roy d'Angleterre : et aussy des treves qui furent lors accordees.   XLIX.

Cf. Fr., livre I, part. I, ch. ccix-ccxii.

Cy fine le premier livre de ce second volume des *Cronicques d'Engleterre*.

LIVRE II.

369. Cy commence le IIe livre de ce second volume des Cronicques d'Engleterre, qui contient en soy xxiv chappittres. Le premier desquelz parle de la grant feste que le roy d'Engleterre establi en son pais; comment il deffia de rechief le roy de France pour la mort du seigneur de Clichon : et de l'ayde qu'il envoie à la contesse de Montfort. Chapitre I.

Cf. Fr., livre I, part. I, ch. ccxiii-ccxv.

370. Comment le conte Derby fut honnourablement recheuz des barons de Gascongne, pour le roy d'Engleterre ; et comment il courut devant la ville de Bergeracq. II.

Cf. Fr., livre I, part. I, ch. ccxvi-ccxviii.

371. Comment le conte Derby fist puissamment assaillir la ville de Bergeracq ; de la garnison de dedens qui s'en fui honteusement, et comment ilz se rendirent au dit conte. III.

Cf. Fr., livre I, part. I, ch. ccxix-ccxxi.

372. Comment le conte de Laigle envoya pluiseurs garnisons en divers chasteaulx de Gascongne, et de pluiseurs villes qui se rendirent au conte Derby. IV.

Cf. Fr., livre I, part. I, ch. ccxxii-ccxxiv.

373. Comment la garnison de Pieregort vint escarmuchier

les gens au conte Derby. Et comment le conte de Kenfort et pluiseurs aultres furent delivrez par eschange. V.

 Cf. Fr., livre I, part. I, ch. ccxxv-ccxxvii.

374. Cy parle du chastel d'Amberoche, qui fut assegié des Franchois ; et du varlet qui aloit querir secours, lequel fut prins et getté par un engin dedens la forteresse. Et des Franchois qui furent desconfiz. VI.

 Cf. Fr., livre I, part. I, ch. ccxxviii-ccxxx.

375. Comment le conte Derby retourne à Bordeaulx apres la victoire : et de pluiseurs chasteaulx et bonne villes qui se rendirent à lui pour le roy Edouard d'Engleterre. VII.

 Cf. Fr., livre I, part. I, ch. ccxxxi-ccxxxiii.

376. De la composition que firent ceulx de Montsegur au conte Derby. Et comment le fort chastel d'Aguilon fut prins, et devindrent tous Anglois. VIII.

 Cf. Fr., livre I, part. I, ch. ccxxxiv-ccxxxvi.

377. Comment ceulx de la Riolle se rendirent au conte Derby, mais ceulx de la garnison franchoise se retrairent au chastel. IX.

 Cf. Fr., livre I, part. I, ch. ccxxxvii-ccxxxix.

378. Comment messire Gauthier de Mauni trouva le tombeau de son pere, en faisant myner le chastel de Riolle ; et l'occasion qui jadiz avoit esté de sa mort. X.

 Cf. Fr., livre I, part. I, ch. ccxxxix-ccxli.

379. Comment la garnison franchoise se parti de la Riolle et rendy le chastel aux Anglois, et de pluiseurs aultres villes et fortresses qui lors furent prinses. XI.

 Cf. Fr., livre I, part. I, ch. ccxlii-ccxlv.

380. Comment messire Godefroy de Harcourt fut banny du royaulme de Franche. Et comment Jacquemart d'Artevelle fut occis des Flamens. Et le grant couroux que le roy Edouard d'Engleterre prinst pour sa mort. XII.

 Cf. Fr., livre I, part. 1, ch. ccxlvi-ccxlix.

381. Comment le conte Guillame de Henault fut occis en Frize : et comment messire Jehan de Henault se tourna du tout franchois. XIII.

    Cf. Fr., livre I, part. I, ch. ccl-ccliii.

382. Comment les nouvelles de la prinse de Chastel Neuf de Villefrance vindrent en l'ost des Franchois, devant la cité d'Angoulesme. XIV.

    Cf. Fr., livre I, part. I, ch. ccliv-cclvi.

383. Cy parle des grans assaulz que firent les Franchois au castel d'Aiguillon, et comment les Anglois desrompirent tous leurs engiens. XV.

    Cf. Fr., livre I, part. I, ch. cclvii-cclx, cclxiii.

384. Comment le roy d'Engleterre arriva en Northmandie. Et des garnisons franchoises envoiees et establies de par le roy de France. Et du roy Edouard, qui se laissa cheoir à l'isue de sa nef. XVI.

    Cf. Fr., livre I, part. I, ch. cclxiv-cclxvi.

385. Cy parle de la grand destruction de pais que fist le roy d'Engleterre en Franche. Et aussy du grant mandement que fist le roy Phelippe, pour obvier aux entreprinses des Anglois. XVII.

    Cf. Fr., livre I, part. I, ch. cclxvii-cclxix.

386. Comment le roy d'Engleterre aloit ardant et exillant le pais de Northmandie, sans nul contredit de personne. XVIII.

    Cf Fr., livre I, part. I, ch. cclxviii.

387. Comment le roy d'Engleterre prinst Saint Leu en Constantin. Et de ceulx de Kent qu'ilz furent desconfiz et leur ville prinse. XIX.

    Cf. Fr., livre I, part. I, ch. cclxx-cclxxii.

388. Comment les Anglois ardoient le pais jusques à deux lieues prez de Paris : de ceulx d'Amiens qui furent desconfis; et comment le roy Anglois entra en Beauvoisin. XX.

    Cf. Fr., livre I, part. I, ch. cclxxiii-cclxxv.

389. Comment le roy de France sievoit les Anglois pour soy combattre à eulx ; et comment le roy d'Engleterre trouva passaige pour passer la rivière de Somme. XXI.

    Cf. Fr., livre I, part. I, ch. CCLXXVI-CCLXXX.

390. Comment le roy de France ordonna ses battailles à la bataille de Crecy ; et comment le roy d'Engleterre se maintint et ordonna ses battailles. XXII.

    Cf. Fr., livre I, part. I, ch. CCLXXXI-CCLXXXVII.

391. Comment les Franchois furent desconfis par les Anglois à la bataille de Crecy ; et comment le roi de Behaigne et pluiseurs aultres grans barons y morurent. XXIII.

    Cf. Fr., livre I, part. I, ch. CCLXXXVIII-CCXCII.

Le seigneur de Senseilles, portant la bannière de Jean de Hainaut à la bataille de Crecy, tomba dans un fossé, où il serait mort, sans le secours que lui porta son page : « et fit tant, » dit Froissart, « que son *maître* fut relevé et remonté. » Wavrin, qui copie presque textuellement le chapitre de Froissart, met son *père*, et ajoute : *Car ce page estoit son filz bastard, qui ung tres beau service lui fist.*

392. Comment le roy Anglois fist alumer les feux, apres la victoire de la bataille de Crecy : et de la grande occision qui fut faitte, le dimence au matin, de ceulx qui venoient pour faire aide au roy Phelippe de France. XXIV.

    Cf. Fr., livre I, part. I, ch. CCXCIII-CCXCVI.

Cy fine le second livre de ce second volume, et consequemment le VIIIe de ceste œuvre.

LIVRE III.

393. Cy commence le IIIe Livre de ce second volume des Cronicques d'Engleterre, lequel contient xxiv chappittres; le premier desquelz dist comment le roy d'Engleterre assiega Callais, et du siege qui se deffit devant Aguillon : et comment messire Gaultier de Mauni vint ferir en l'ost, ainsy qu'ilz se deslogoient, où il prinst pluiseurs prisonniers.   Chapitre I.

   Cf. Fr., livre I, part. I, ch. ccxcvii-ccc.

394. Comment le conte Derby prinst pluiseurs villes et chasteaulz en Poitou; et comment il se part de là pour venir à Callais, où le roi d'Engleterre seoit.   II.

   Cf. Fr., livre I, part. I, ch. ccci-ccciii.

395. Comment le roy d'Engleterre fut vexé par le roy d'Escoche, qui entra en son pais ardant, exillant et gastant la contree. Comment la royne d'Engleterre lui vint au devant, et comment il fut desconfis.   III.

   Cf. Fr., livre I, part. I, ch. ccciv-cccv.

396. Comment les Anglois et les Escotz combatirent l'un contre l'autre. Comment les Escotz furent desconfis, leur roy prins, et du siege de Callais.   IV.

   Cf. Fr., livre I, part. I, ch. cccvi-cccviii.

397. Des escarmuches qui se faisoient devant Callais : et comment le conte de Flandres fut mis en prison par les Fla-

mens, pour ce qu'il ne vouloit prendre à femme la fille
du roy d'Engleterre.   V.

    Cf. Fr., livre I, part. I, ch. cccix-cccxi.

398. Comment le conte Robert de Namur, à son retour de la
terre sainte de Jherusalem, vint veoir le roy d'Engleterre
au siege devant Callais.   VI.

    Cf. Fr., livre I, part. I, ch. cccxii-cccxiv.

399. Du grant mandement que fist le roy de Franche en
intention de lever le siege de Callais, ce qu'il ne polt
faire.   VII.

    Cf. Fr., livre I, part. I, ch. cccxv-cccxvii.

400. Comment deux cardynaulz vindrent devant Callais
pour traitier la paix des deux roys.   VIII.

    Cf. Fr., livre I, part. I, ch. cccxviii-cccxx.

401. Comment la ville de Callais fut rendue au roy d'Engleterre. Des meschiefz que ceulx de dedens soustindrent
ainchois qu'ilz se rendissent, et comment ilz furent
apres cruellement tourmentez.   IX.

    Cf. Fr., livre I, part. I, ch. cccxxi-cccxxiii.

402. Cy parle de pluiseurs bringans : en especial d'un nommé
Bacon, qui gaigne le fort chastel de Camborne, et aultres
qui firent maint mal en France.   X.

    Cf. Fr., livre I, part I, ch. cccxxiv.

403. Comment le capitaine de Callais vendy la ville et le
chastel ou capitaine de Saint Omer ; et comment le roy
d'Engleterre le sceult avant que le dit capitaine le peust
delivrer.   XI.

    Cf. Fr., livre I, part. I, ch. cccxxvi-cccxxviii.

404. Cy parle de la mort du roy Phelippe de France.   XII.

    Cf. Fr., tome III, Appendice, ch. cccxxix-cccxxx, de la première édition de M. Buchon [1].

    1. Nous avons dit, dans notre Avertissement, que l'on doit à M. Bu-

405. Cy parle comment le conte de Guines fut decapité à Paris; comment Saint Jehan d'Angeli fut reprinse par les Franchois; des chevaliers de France qui morurent en Bretaigne, et du duc de Lanclastre qui vint en Northmandie.   XIII.

Cf. Fr., t. III, ch. cccxxxi-cccxlii, 1re édit. de M. Buchon.

406. Comment le prince de Galles fist assaillir le chastel de Rommorentin; comment les trois chevaliers se rendirent à sa voulonté, et comment le roy de Franche se parti pour aller combattre le dit prince de Galles.   XIV.

Cf. Fr., livre I, part. II, ch. xxv-xxvii.

407. Comment le conte de Joigny et sa route furent prins des Anglois. Comment, aussy, les coureurs des Anglois se ferirent en la queue de l'ost franchoise: et comment le prince de Galles ordonna ses battailles.   XV.

Cf. Fr., livre I, part. II, ch. xxviii-xxxi.

Avant de livrer la bataille de Poitiers, le roi Jean commit son fils aîné Charles à la garde de trois seigneurs, au nombre desquels figure le sire de Saint-Venant. Wavrin, qui copie Froissart, ajoute, à cette occasion, les nom et prénom de ce personnage. C'était *Robert de Wavrin*.

408. Comment le cardinal de Pieregort se travailla grandement pour cuidier accorder le roy de France au prince de Galles, ce qu'il ne polt faire. Et, aussy, de l'ordonnance des battailles, tant d'un costé comme de l'autre.   XVI.

Cf. Fr., livre I, part. II, ch. xxxii-xxxiv.

chon deux éditions de Froissart. Voici en quoi elles diffèrent entre elles. Dans la première, plus conforme aux éditions antérieures, se trouve (pour les années 1350-1356) un texte que les copistes des Chroniques ont évidemment emprunté, comme le remarque M. Buchon (édition du *Panthéon littéraire*, I, 282), à celles de Saint-Denis. Dans sa seconde édition, que nous avons citée jusqu'ici et à laquelle nous reviendrons tout à l'heure, M. Buchon a substitué, pour la période de temps ci-dessus indiquée, une narration attribuée à Froissart. Nous sommes donc obligés de recourir alternativement à l'une et à l'autre édition, selon que l'exige notre examen comparatif des deux chroniqueurs.

409. Cy fait mention de pluiseurs chevaliers renommez qui estoient avecques le prince de Galles à la battaille de Poitiers : de messire Jacques Dandelee, qui demanda au prince la premiere battaille ; et de la desconfiture des Franchois. XVII.

    Cf. Fr., livre I, part. II, ch. xxxv-xxxvi.

410. Comment le prince resconfortoit ses gens à la battaille. Des enfans du roy de France, qui s'enfuirent quant ilz veirent leurs gens desconfis : et, aussy, les noms de pluiseurs notables chevaliers de France. XVIII.

    Cf. Fr., livre I, part. II, ch. xxxviii-xliv.

411. Cy parle des chevaliers qui se combatoient à scavoir qui avoit prins le roy de France : comment le prince de Galles le rechut honnourablement en son pavillon, et des renchons que les Franchois paierent. XIX.

    Cf. Fr., livre I, part. II, ch. xlv-xlvii.

412. Comment messire Jacques Daudelee donna à ses quatre escuiers ce que le prince lui avoit donné. Des honneurs que le dit prince portoit au roy Jehan ; et comment les Anglois s'en retournerent à Bordeaulx sur Geronde. XX.

    Cf. Fr., livre I, part. II, ch. xlviii-l.

413. De la grant joie qui fut faite en la cité de Bordeaulx, et par tout le pais d'Engleterre, pour la victoire de Poitiers. XXI.

    Cf. Fr., livre I, part. II, ch. li-liv.

414. Cy parle du grant couroux que eult le roy Edouard d'Engleterre de la mort de messire Godefroy de Harcourt. XXII.

    Cf. Fr., livre I, part. II, ch. lv-lvi.

415. Comment la cité de Rennes fut assegié par les Anglois : et comment le seigneur de Graville et ses complices prindrent la cité d'Evreux et le chastel, où le chastelain

fut occis pour le fait du roy de Navarre, qui lors estoit
prisonnier en France. XXIII.

Cf. Fr., livre I, part. II, ch. LVII-LIX.

416. Comment le roy de Navarre fut delivré de prison : et
comment, en ce temps, avoit beaucop de gens d'armes de
compaignies parmi le royaulme de Franche. XXIV.

Cf. Fr., livre I, part. II, ch. LX, LXI, LXIII, XCI, XCIX.

Fin du livre III.

LIVRE IV.

417. Cy commence le quàrt livre de ce second volume des Cronicques d'Engleterre, lequel contient en soy xxi chappittres, le premier desquelz dist : Comment la paix que les deux roys de France et d'Engleterre firent ne pleut pas aux Franchois : Comment le roy d'Engleterre fist de rechief grant appareil pour retourner en France; et comment messire Eustace d'Ambercicourt fut delivré de prison.   Chapitre I.

    Cf. Fr., livre I, part. II, ch. c-ci.

418. Comment messire Brocquart deffia le roy de France : des villes et chasteaulx qu'il prinst ou royaulme. Comment les Ausvergnois s'assamblerent contre les Anglois qui gastoient le royaulme de France, et comment ilz furent decheuz.   II.

    Cf. Fr., livre I, part. II, ch. cii-civ.

419. Comment les Allemans despendirent leur argent à Callais, en attendant le roy d'Engleterre. Comment, de ceste foiz, le duc de Lanclastre les mena en France; et comment ilz assegerent Bray sur Somme et gasterent tout le pais de l'environ.   III.

    Cf. Fr., livre I, part. II, ch. cv-cvii.

420. Cy parle du maintieng des Anglois en France ; de la respouce que le roy d'Engleterre fist aux Allemans sur la

pecune qu'ilz demandoient, et des ordonnances que le dit roy fist.   IV.

Cf. Fr., livre I, part. II, ch. cviii-cxi.

421. Comment le roy d'Engleterre estoit pourveu de touttes choses necessaires à ost quant il entra en France, et des rencontres qui se faisoient tous les jours des Franchois et des Anglois l'un contre l'autre.   V.

Cf. Fr., livre I, part. II, ch. cxi-cxiii.

422. Comment le roy d'Engleterre vint assegier la cité de Rains : et comment le chastel de Tharans fut prins des Anglois.   VI.

Cf. Fr., livre I, part. II, ch. cxiv-cxviii.

423. Comment le roy d'Engleterre se part du siege de Rains, et gasta tout le pays par où il passa : et des fours et des molins, et des aultres instrumens de guerre qu'il fist amener d'Engleterre.   VII.

Cf. Fr., livre I, part. II, ch. cxix-cxxi.

424. Comment le duc de Bourgongne se composa au roy d'Engleterre, adfin que son païs ne fust gasté. De la grant tribulation en quoy le royaulme de France estoit : et de la prophezie d'Avignon, du cordelier; puis de l'embusche de ceulx du roy Anglois, qu'ilz firent sur ceulz de Paris.   VIII.

Cf. Fr., livre I, part. II, ch. cxxii-cxxx.

425. Cy devise de l'orage et tempeste qui chei sur les Anglois devant la cité de Chartres : et de la paix qui fut traittié entre le roy Anglois et les seigneurs de France, et le contenu de la chartre qui lors en fut faitte.   IX.

Cf. Fr., livre I, part. II, ch. cxxxi-cxxxiii.

426. Comment le roy Edouard s'en retourna en Engleterre. Comment le roy Jehan ne povoit venir en France, par faulte de pecune ; et des pilleries que les Anglois faisoient ou royaulme de France.   X.

Cf. Fr., livre I, part. II, ch. cxxxiv-cxxxvi.

427. Cy devise la fourme des lettres en brief faittes sur l'aliance et confederacion de la paix entre le roy de France et le roy d'Engleterre, et de promesses que l'un roy promist à l'autre sur la maniere dessusdite, laquelle lettre ou chartre s'appelle renonciation.   XI.

Cf. Fr., livre I, part. II, ch. cxxxvii-cxxxix.

428. Comment la paix fut juree de rechief entre les roys de France et d'Engleterre : et comment nulles paix ne furent lors faittes sur la duchié de Bretaigne, et la cause pourquoy.   XII.

Cf. Fr., livre I, part. II, ch. cxl-cxlii.

429. Comment les deux roys de France et d'Engleterre s'appelloient freres, pour cause de la paix; et des hostagiers qui furent donnez aux Anglois pour le roy de Franche, et comment il vint apres en France.   XIII.

Cf. Fr., livre I, part. II, ch. cxliii-cxlv.

Dans la liste des seigneurs qui furent envoyés en Angleterre comme otages pour le roi Jean, figure le sire de Saint-Venant. C'était *Robert de Wavrin*, ainsi que le dit notre chroniqueur, dont le récit, à cela près de ce renseignement, est copié presque mot pour mot dans Froissart.

430. Des commissaires qui furent, de par le roy de Franche, ordonnez pour delivrer les terres aux Anglois, qui avoient esté promises au traittié de la paix; et de ceulz d'Engleterre qui faisoient vuidier les garnisons angloises, et des compaignies qui se misrent sus.   XIV.

Cf. Fr., livre I, part. II, ch. cxlvi-clvi *bis*.

431. Des ordonnances que le roy d'Engleterre fist en son pais. Comment le prince de Galles ala demourer en Acquitaine; et comment le roy de France et le roy de Cippre emprindrent la croix et le voiage d'oultre mer, par l'ordonnance du pappe.   XV.

Cf. Fr., livre I, part. II, ch. clvii-clix.

432. Comment le roi de Cippre ala en l'Empire prier aux seigneurs qu'il prensissent la croix. XVI.

Cf. Fr., livre I, part. II, ch. CLX-CLXII.

433. Comment le roy de Cippre passa en Engleterre à cause de prier le roy Édouard de prendre la croix. Des grans dons qui lui furent donnez. Et comment le roy Jehan de France ala en Engleterre contre la voulenté de ses barons. XVII.

Cf. Fr., livre I, part. II, ch. CLXIII-CLXV.

434. Comment le roy de Cippre parla au prince de Galles sur l'estat de la Croix. De la mort du roy Jehan de France. Comment la ville de Nante fut prinse par les Franchois; et comment le captal resconforta le roy de Navarre. XVIII.

Cf. Fr., livre I, part. II, ch. CLXVI-CLXVII.

435. Comment le corps du roy de France[1] fut honnourablement enseveli. XIX.

Cf. Fr., livre I, part. II, ch. CLXIX; CLXXI, CLXXII, CLXXVII, CLXXIX, CLXXX, CXCI.

Après avoir dit, ainsi que Froissart, que le corps de Jean, roi de France, *étoit embaumé et mis en un sarcueil*, Wavrin ajoute : « Ainsy que le roy d'Engleterre l'avoit fait ordonner en grant plaintes de doleurs, lequel avoit fait grant honneur au corps : car il lui avoit fait faire moult notables services. Sy en porta le duel lui et la royne[2], et ses enfans; puis convoierent le corps jusques à Douvres, et, de là, fut aporté à Paris. »

Outre ce qui concerne la mort du roi de France, le chapitre de Wavrin comprend le récit, fort abrégé, de ce que contiennent les sept chapitre de Froissart auxquels nous renvoyons.

436. Cy fait mension comment les Franchois et Bretons, soubz la conduite de messire Charles de Blois, se com-

---

1. Jean, surnommé le Bon, roi de France, sacré le 26 septembre 1350. Mort à Londres le 8 avril 1364. (Anselme, I, 105.)
2. Philippe de Hainaut.

batirent à l'encontre des Anglois, desquelz estoient con-
duteurs le conte de Montfort et messire Jehan Chandos,
qui eurent victore. De la mort messire Charles de Blois,
et de la prinse messire Bertran de Claicquin.   XX.

Cf. Fr., livre I, part. II, ch. cxcm, cxcv-cxcvm.

437. Comment le conte de Montfort fist paix parmi ce qu'il
demoura duc de Bretaigne, par l'accord et consentement
des deux roys de France et d'Engleterre.   XXI.

Cf. Fr., livre I, part. II, ch. cc-ccii.

Cy fine le quatriesme livre de ce second volume des *Cronicques
d'Engleterre*.

LIVRE V.

438. Cy commence le chincquiesme livre de ce second volume des Cronicques d'Engleterre, qui contient en soy xxii chappittres ; le premier desquelz parle du commencement des guerres d'Espaigne et du maulvais roy dom Pietre. Chapitre I.
    Cf. Fr., livre I, part. II, ch. cciii-ccv.

439. Comment le roy dom Pietre pria au prince de Galles qui le voulsist aidier contre son frere. II.
    Cf. Fr., livre I, part. II, ch. ccvi-ccix.

440. Comment le roy Henry s'alia au roy d'Arragon. Comment le prince de Galles fut conseillié sur l'estat de sa guerre, des gens qu'il manda, des aides qu'il prinst. Comment messire Perdugas de Labreth desconfist le seneschal de Thoulouse, et, en sa chevaulchié, pluiseurs aultres seneschaulx et aussy le visconte de Nerbonne. III.
    Cf. Fr., livre I, part. II, ch. ccx-ccxii, ccxiv.

441. Comment les compaignies laisserent partir leurs prisonniers sur leurs foix. Comment le pappe leur deffendy qu'ilz ne payassent nulles renchons. Comment le roy de Malogres parla au prince de Galles, et comment le dit prince se parti pour aller en Espaigne. IV.
    Cf. Fr., livre I, part. II, ch. ccxv-ccxxi.

442. Du grant mandement que le roy Henry le Bastard fist.

Comment il manda au prince qu'il le combateroit. Comment messire Olivier de Mauni prinst le roy de Navarre: l'ordonnance des battailles du dit prince ; et comment messire Bertran de Claicquin arriva en l'ost. V.

Cf. Fr., livre I, part. II, ch. ccxxii-ccxxvii.

443. Comment les gens du duc de Lanclastre furent escarmuchiez. Comment les coureurs anglois furent tous mors ou prins. Du conseil que le roy Henry ne vault croire. Des lettres que le prince lui envoya : du conseil que messire Bertran de Claicquin donna sur ces lettres. VI.

Cf. Fr., livre I, part. II, ch. ccxxviii-ccxxxii.

444. Comment le prince commanda à ses gens qu'ilz s'appareillassent pour combatre. Comment le roi Henri ordonna ses battailles. Comment ilz s'assemblerent asprement, et du confort que le roy Henry faisoit à ses gens. VII.

Cf. Fr., livre I, part. II, ch. ccxxxiii-ccxxxviii.

Dans ce chapitre, où Wavrin reproduit presque textuellement ceux de Froissart que nous venons d'indiquer, à l'exception du dernier dont la narration est un peu différente, nous signalerons un passage qui ne se trouve que dans Wavrin. Avant la bataille de Navares, le prince, accompagné *de la fleur de chevalerie,* « aloit par les rens enhortant ses gens de bien faire, disant en telle maniere : *Avant, mes amis et vaillans campions, je vous prie acquitiez vous à vostre maniere acoustumé, et je crois que briefvement la place sera nostre.* Et les vaillans chevaliers, oyans ces parolles du prince[1], et voiant les grans cops qu'il donnoit, s'esvertuoient tellement que riens ne demouroit devant eulx estable, tant desiroient tous de complaire au Prince leur seigneur. »

445. Comment messire Bertrand de Claicquin fut prins et ses gens desconfis. Comment le roy Henry se mist à saulveté quant il vey les Espaignolz enfuis : le nombre des mors, des citez qui se rendirent au roy dom Pietre, et la response que le dit roy fist au prince de Galles. VIII.

Cf. Fr., livre I, part. II, ch. ccxxxix-ccxliii.

1. Surnommé le Prince Noir, fils d'Edouard III et père de Richard II. Mort en 1376.

446. Du grant honneur et bonne renommee que l'en portoit au prince de Galles de la victoire d'Espaigne. IX.

Cf. Fr., livre I, part. II, ch. ccxliv.

447. Comment le roy Henry, sa femme et ses enffans s'en alerent à refuge à Valence, devers le roy d'Arragon. Comment il ala guerroier le prince de Galles. Comment le prince retourna d'Espaigne en son païs; et du mariage messire Leonel, duc de Clarence, frere au dit prince de Galles. X.

Cf. Fr., livre I, part. II, ch. ccxlv-ccxlviii.

448. Comment les barons de Gascongne se complaindirent au roy de France du prince de Galles. Comment le roy Henri retourna en Espaigne. Du conseil que messire Bertran de Claicquin donna. Et comment le roy dom Pietre fut desconfis. XI.

Cf. Fr., livre I, part. II, ch. ccxlix-ccli.

449. Cy fait mention de la grande bataille qui se fist devant Nantueil des deux freres d'Espaigne, c'est à scavoir le roy dom Pietre et le roy Henri le Bastard, à laquelle bataille le roy dom Pietre fut desconfis. XII.

Cf. Fr., livre I, part. II, ch. cclii-ccliii.

450. Comment le roy dom Pietre fut prins et mis à mort. La teneur d'aulcunes lettres touchant le roi de Franche et cellui d'Engleterre. Et le conseil que les Peres donnerent au roy de France de faire guerre aux Anglois. XIII.

Cf. Fr., livre I, part. II, ch. ccliv-cclvi, cclviii.

451. Comment le roy de France fist adjourner le prince de Galles devant lui, à la requeste des barons de Gascongne; et comment ceulx qui le adjournerent furent mis en prison. XIV.

Cf. Fr., livre I, part. II, ch. cclix-cclxi.

452. Comment pluiseurs seigneurs hostagiers s'en retournerent en France. Comment aucuns barons de Gascongne

desconfirent le seneschal de Rouergue. Et comment le roy d'Engleterre fut deffié de par le roy de France. XV.

 Cf. Fr., livre I, part. II, ch. CCLXII-CCLXIV.

453. Comment, apres la deffiance, la conté de Ponthieu fut prinse. Du grant mandement que les ducz d'Anjou et de Berri firent, et du secours que le roy d'Engleterre envoia au prince de Galles, son fils.   XVI.

 Cf. Fr., livre I, part. II, ch. CCLXV-CCLXVII.

454. Comment le prince fist courir la conté de Pieregord. Comment messire Jehan Chandos prinst Terrieres. Comment Reauville fut assegié, et comment l'archevesque de Thoulouse converti pluiseurs gens à la partie du roy de France.   XVII.

 Cf. Fr., livre I, part. II, ch. CCLXVIII-CCLXXI.

455. Cy parle du mariage du duc Phelippe de Bourgongne à la fille du conte de Flandres : des aliances du roy de Navarre aux Anglois. Comment les Anglois qui estoient en garnison à Reauville furent tous mors ou prins, et de pluiseurs assaulz fais par les Franchois.   XVIII.

 Cf. Fr., livre I, part. II, ch. CCLXXII-CCLXXV.

456. Comment le prince de Galles fist nouveaulx maistres sur ses gens d'armes. Du seigneur de Labreth, qui se tourna Anglois. Comment la garnison de Dommes fu assegié, et pluiseurs villes et fortresses prinses par les Franchois.   XIX.

 Cf. Fr., livre I, part. II, ch. CCLXXVI-CCLXXIX.

457. Comment la garnison de Bordille fut sourprinse par grant cautelle des gens d'armes qui retournerent devers le prince de Galles. Comment le chastel de Belle Perche fut prins et aussy la ducesse de Bourbon, qui dedens estoit.   XX.

 Cf. Fr., livre I, part. II, ch. CCLXXX-CCLXXXII.

458. Cy fait mention d'un grant appareil de nefz que fist le roy de France alencontre des Anglois, et de la Roche

sur Yon qui se tourna Anglesse : et du duc de Bourgongne, qui se vouloit combatre encontre le duc de Lanclastre. XXI.

Cf. Fr., livre I, part. II, ch. CCLXXXIII-CCLXXXVI.

459. Cy parle des maulx que messire Jehan Chandos fist en Anjou. Comment messire Lois de Sanxerre desconfi le conte de Pennebroch, et du secours que messire Jehan Chandos fist au dit conte de Pennebroch. XXII.

Cf. Fr., livre I, part. II, ch. CCLXXXVII-CCLXXXIX.

Cy fine le chincquiesme livre de ce second volume, et s'ensieult le VIe livre.

LIVRE VI.

460. Cy commence le VIe et derrenier livre de ce second volume des Cronicques d'Engleterre, qui contient en soy xxix chappitres : le premier desquels dist comment le conte de Pennebrocq et ses gens s'en retournerent devers messire Jehan Chandos ; comment la noble royne trespassa de ce siecle, et comment elle requist au roy Edouard, son mary, qu'il lui volsist accorder trois dons. Chapitre I.

 Cf. Fr., livre I, part. II, ch. ccxc-ccxcii.

461. Comment les Franchois furent vaillamment receuz des Anglois à l'escarmuche de Tournehem. Comment le duc de Bourgongne se parti de là sans combatre, et du pais qui fut ars et gasté par les Anglois. II.

 Cf. Fr., livre I, part. II, ch. ccxciii-ccxcv.

462. Comment la conté de Saint Pol et le pais de Vermendois furent gastez par les Anglois. Comment messire de Chastillon fût prins, et de l'escarmuche que messire Jehan Chandos fist à ceulx de Saint Silvin. III.

 Cf. Fr., livre I, part. II, ch. ccxcvi-ccxcviii.

463. Comment messire Jehan Chandos fut occis, et ses gens prins et desconfis par les Franchois ; de rechief les Franchois furent reprins par les Anglois, en ce mesme jour : et des plaintes que les Anglois firent sur la mort de messire Jehan Chandos, seneschal de Poitou. IV.

 Cf. Fr., livre I, part. II, ch. ccxcix-ccci.

464. Comment Chasteaulerau fut prins par les Franchois, et le chastel de Belle Perche assegié par le duc de Bourbon. Et comment la garnison Englesse emmenerent avec eulx la mere au dit duc de Bourbon, comme prisonniere. V.

Cf. Fr., livre I, part. II, ch. cccii-cccv.

465. Comment Franchois entrerent dedans Belle Perche : et comment le roy de France envoia le duc d'Anjou en Acquitaine, pour faire grant guerre aux Anglois. VI.

Cf. Fr., livre I, part. II, ch. cccvi-cccviii.

466. Comment messire Bertran de Claicquin revint d'Espaigne en France. Comment le duc d'Anjou exploita en Languedoc; et comment le duc de Berri assiega la cité de Limoges. VII.

Cf. Fr., livre I, part. II, ch. cccix-cccx.

467. Comment le prince de Galles fist grant mandement de gens, et comment il se parti d'Angoulesme pour obvier aux entreprinses des ostz Franchois. VIII.

Cf. Fr., livre I, part. II, ch. cccxi.

468. Des treves qui furent entre Escoche et Engleterre. Des Anglois qui gastoient Piccardie. De ceulz de Noion qui prindrent les Anglois qui avoient ars le Pont l'Evesque. Et comment messire Bertran de Claicquin fut mandé du roy de France. IX.

Cf. Fr., livre I, part. II, ch. cccxii-cccxv.

469. Comment ceulx de Limoges se rendirent au duc de Berri. Et comment messire Robert Canolle vint, atoute sa puissance, devant la cité de Paris. X.

Cf. Fr., livre I, part. II, ch. cccxvi-cccxviii.

470. Comment messire Bertran de Claicquin prinst pluiseurs chasteaulx, ou pais de Limosin. Comment le prince de Galles ardy et destruisy la cité de Limoges, et commanda de mettre l'evesque à mort. Et comment messire Bertran de Claicquin fut fait connestable de France. XI.

Cf. Fr., livre I, part. II, ch. cccxix-cccxxii.

471. Comment les gens de messire Robert de Canolle furent desconfis par messire Bertran de Claicquin. De la mort du pappe Urbain, v^e de ce nom. Et comment messire Urbain[1] de Maruel fut prins des Anglois.   XII.

    Cf. Fr., livre I, part. II, ch. cccxxiii-cccxxv.

472. Cy parle de la mort à l'aisné filz du prince de Galles : des plaintes qu'il ot, du grand obseque qui lui fut fait. Comment le chastel de Montpaon fut prins par les Anglois, et de la garnison qui y fut mise.   XIII.

    Cf. Fr., livre I, part. II, ch. cccxxvi-cccxxix.

Le jeune Édouard, fils aîné du prince de Galles, mort en 1371, à l'âge d'environ sept ans, fut vivement regretté, dit Wavrin, « par touttes manieres de gens. Sy disoient, communement, que à sa mort avoit beaucoup perdu ; car il estoit aparant d'estre preu et vaillant chevalier. Car de l'eage qu'il avoit en veoit on grandes experiences, car il estoit large, courtois et amiable à toutes gens, tant aux gentilz comme aux villains, et au povre comme au riche : pourquoy il fut grandement plaint. »

473. Comment les garnisons franchoises gastoient le pais de Poitou. Comment le sire de Pons se tourna Franchois, mais sa femme se tint Angloise. Et comment Moncontour, en Bretaigne, fut prinse.   XIV.

    Cf. Fr., livre I, part. II, ch. cccxxx-cccxxxii.

474. Comment messire Bertran de Claicquin, connestable de France, prinst pluiseurs villes et chasteaulx en France. De ceulz d'Uzez qui se rendirent à lui. Du discord qui fut entre le roy d'Engleterre et messire Robert Canolle. Des Flamens qui furent desconfiz sur mer par les Anglois.   XV.

    Cf. Fr., livre I, part. II, ch. cccxxxiii-cccxxxv.

475. Comment le roy d'Engleterre mist grans gens sur mer contre les Flamens, et de la paix qui en fut faitte. Comment le roy de Malogres fut renchonné du roy Henri.

---

1. Froissart met *Raymon de Mareuil*.

Comment le duc de Lanclastre espousa la fille au roy dom Pietre : et des confederations d'entre France et Espaigne. XVI.

Cf. Fr., livre I, part. II, ch. cccxxxvi-ccoxxxix.

476. Comment le duc de Lanclastre ordonna gouverneurs en Guieune. Comment le roy d'Engleterre fist le conte de Pennebrocq en gouverneur de Poitou. Comment le conte se parti d'Engleterre pour y aler, et comment les Espaignolz le combatirent au havre de la Rochelle. XVII.

Cf. Fr., livre I, part. II, ch. cccxl-cccxlii.

477. Comment le seneschal de la Rochelle et aultres vaillans hommes alerent secourir le conte de Pennebrocq, quand ilz veirent que ceulx de la ville n'y vouloient aler. Comment le dit conte fut prins et ses gens desconfis : et comment les Espaignols se partirent du havre de la Rochelle. XVIII.

Cf. Fr., livre I, part. II, ch. cccxliii-cccxlv.

478. Comment Yvain de Galles desconfi les Anglois de l'isle de Grenessie. Comment le roy de France envoia en Espaigne querir gens d'armes pour assegier la Rochelle : et comment messire Bertran de Claicquin et ses gens prindrent le chastel de Montmorillon. XIX.

Cf. Fr., livre I, part. II, ch. cccxlvi-cccxlviii.

479. Comment le connestable de France assiega Montcontour. Comment il s'en parti pour aler devers le duc de Berri en Limosin. Comment ils prindrent Sainte Sevre : et comment la cité de Poitiers se rendy Franchoise. XX.

Cf. Fr., livre I, part. II, ch. cccxlix-cccli ; et t. VI, ch. dclxviii de la 1re édit. de M. Buchon.

480. Comment les Franchois prindrent le captal de Beuch devant Subise. Comment ceulx de la Rochelle se rendirent Franchois. Et comment le roy d'Engleterre se mist en mer pour venir lever le siege de Thouars. XXI.

Cf. Fr., t. VI, ch. dclxix-dclxxiii, 1re édit. de M. B.

481. Comment messire Bertran de Claicquin assiega la ville et chastel de Cisez. Comment les Anglois, qui estoient là venus pour escarmuchier, furent ruez jus : et comment le païs de Poitou, de Saintongue et de la Rochelle fut delivré des Anglois. XXII.

   Cf. Fr., t. VI, ch. DCLXXIV-DCLXXVI, 1ʳᵉ édit. de M. B.

482. Cy parle du siege de Betherel ; de la paix d'entre le roy de France et le roy de Navarre ; de la mort du roy d'Escoce ; comment le duc de Bretaigne s'enfui en Engleterre à refuge, et comment le connestable de France concqueroit sa ducee. XXIII.

   Cf. Fr., t. VI, ch. DCLXXVII-DCLXXIX, 1ʳᵉ édit. de M. B.

483. Comment la Roche sur Yon se rendy Franchoise. De la composition que les garnisons Englesses de Brest et de Derval firent au connestable de France. Et comment messire Robert de Canolle ne vault entretenir ce que ses gens avoient promis. XXIV.

   Cf. Fr., t. VI, ch. DCLXXIX-DCLXXXI, 1ʳᵉ édit. de M. B.

484. Comment pluiseurs Anglois furent desconfis du seigneur de Bossut, devant le chastel de Ribeaumont : et comment, aussy, les embusches et garnisons des Soissonnois desconfirent pluiseurs aultres Anglois devant la ville de Doncherie. XXV.

   Cf. Fr., t. VI, ch. DCLXXXII-DCLXXXIV, 1ʳᵉ édit. de M. B.

485. Cy parle des hostaiges que ceulx de Derval avoient baillié aux Franchois ; comment messire Robert Canolle ouvra de ses prisonniers, et comment le duc de Lanclastre se maintint. XXVI.

   Cf. Fr., t. VI, ch. DCLXXXV-DCLXXXVII, 1ʳᵉ édit. de M. B.

486. Comment pluiseurs villes et chasteaulz de Gascongue se rendirent au roy de Franche. Comment messire Hue de Chastillon retourna de prison, et comment le chastel de Batherel, en Northmandie, se tourna Franchois. XXVII.

   Cf. Fr., t. VI, ch. DCLXXXVIII-DCXCI, 1ʳᵉ édit. de M. B.

487. Comment le duc de Bretaigne arriva en Bretaigne, où il prinst plusieurs villes et chasteaulz par force; et des treves qui furent accordees entre le roy d'Engleterre et le roy de France, et tous leurs aliez. XXVIII.

Cf. Fr., t. VI, ch. DCXCI-DCXCII, 1re édit. de M. B.

488. Cy parle de la chevaulchié que le seigneur de Couchy mena en Otherice, de la mort du prince de Galles, et aussy du trepas de son pere, le roy Edouard d'Engleterre. XXIX.

Cf. Fr., t. VI, ch. DCXCII, 1re édit. de M. B.

Cy fine le second volume des Cronicques d'Engleterre.

ANCHIENNES CRONICQUES D'ENGLETERRE.

TROISIÈME PARTIE.

LIVRE PREMIER.

489. Cy commence le tierch volume des Cronicques d'Engleterre, lequel, pareillement comme les deux premiers, contient en soy VI livres particuliers : le premier desquelz comprent XXIII chappitres partiaulx. Ou premier chappitre, il declaire le couronnement du roy Richard, filz au noble Edouard, prince de Galles.   Chap. I.

Cf. Fr., t. VI, ch. DCXCII, 1re édit. de M. B.

490. Cy parle du grant navire que le roy de France mist sur mer ; comment pluiseurs villes furent destruites en Engleterre, et comment le duc de Bourgongne recouvra le chastel d'Ardre, et autres chasteaulx à l'encontre de Callais.   II.

Cf. Fr., t. VI, ch. DCXCIII, 1re édit. de M. B.

491. Comment la guerre commencha entre le roy de France et le roy de Navarre. Comment le dit roy de Navarre perdy la conté d'Evreulx, fors Chierebourg seulement, que les Francois assegerent. Et de la chevauchee que le duc de Lenclastre fist en Bretaigne.   III.

Cf. Fr., livre I, part. II, ch. CCCXCV.

492. Comment le chastel d'Aulroy, en Bretaigne, fut rendu

aux Francoys ; et de la garnison francoise qui fut mise à Montbourg. IV.

Cf. Fr., livre I, part. II, ch. cccxcvi.

493. Comment la garnison de Chierebourg desconfy la garnison de Montbourg. Comment messire Guillame des Bordes fut prins et raençonné : et de la prouvision du roy de France en ce cas. V.

Cf. Fr., livre I, part. II, ch. cccxcvii.

494. Cy fait mention comment les Escotz prindrent le chastel de Bervic; de la reprinse par les Anglois; et d'un rencontre où les ditz Anglois furent desconfiz. VI.

Cf. Fr., livre II, ch. xiii-xxi, xxviii.

495. Cy apres fait mention du siege que Yvain de Galles mist devant le chastel de Mortaigne, en Poitou, et de sa mort. VII.

Cf. Fr., livre II, ch. xii, xxx, xxxiii.

496. Comment le siege fut levé de devant le chastel de Mortaigne par les Anglois. VIII.

Cf. Fr., livre II, ch. xxxiii-xxxv.

497. Comment les Anglois de Bordeaulx ruerent jus la garnison de Bezac et prindrent le chastel. IX.

Cf. Fr., livre II, ch. xxxviii.

498. Comment le roy de Navarre arriva à Bordeaulx sur Geronde, et de ce qu'il y fist. X.

Cf. Fr., livre II, ch. xxxvii-xlii.

499. Cy devise comment, en ensieuvant le traitié de la paix, les noepces se parfirent. Et parle du seigneur de Mucident. XI.

Cf. Fr., livre II, ch. xlii-xliv.

500. Comment le roy de France fut courouchié au conte de Flandres, pour ce qu'il avoit soustenu le duc de Bretaigne, son ennemy. XII.

Cf. Fr., livre II, ch. xlv-xlvi.

501. Cy devise comment le jenne conte Waleran de Saint Pol prinst à femme la sœur au roy Richard d'Engleterre. XIII.

   Cf. Fr., livre II, ch. xlvi-xlvii.

502. Comment le chastel de Ventadour, en Auvergne, fut prins par les Anglois. XIV.

   Cf. Fr., livre II, ch. xlvii, li.

503. Cy commence faire mention en brief de la cause pourquoy les communes de Flandres esmeurent contre leur seigneur guerre. XV.

   Cf. Fr., livre II, ch. lii, liii et lv.

504. Cy dist comment le duc de Bretaigne retourna en son pays; et du confort que le roy Richard d'Engleterre lui fist. XVI.

   Cf. Fr., livre II, ch. lix.

505. Comment messire Bertran de Claiquin mist le siege devant Nœufchastel de Randon qui sied à trois lieues de la cité de Mede, et là il morut. XVII.

   Cf. Fr., livre II, ch. lxiv-lxv.

506. Cy fait mention comment le conte de Bouquinghem, oncle du roy Richard d'Engleterre, se mist en mer à grant puissance, en intention de faire secours au duc de Bretaigne et passer parmy le royaulme de France; et des adventures qu'il eut en ce voyage. XVIII.

   Cf. Fr., livre II, ch. lxv-lxvi.

507. Cy fait mention des chevaliers qui alerent en Allemaigne devers le roy des Rommains requerre sa sœur en mariage pour le roy Richard d'Engleterre. XIX.

   Cf. Fr., livre II, ch. lxvi.

508. Comment le conte de Bouquinghem et les Anglois vindrent devant la cité de Troyes en Champaigne. XX.

   Cf. Fr., livre II, ch. lxvii.

509. Cy fait mention comment les Anglois vindrent escar-

muchier au bollewercq devant Troyes, et comment ilz le gaignerent par force d'armes. XXI.

Cf. Fr., livre II, ch. LXVII-LXIX.

510. Cy fait mention de la mort du roy Charles de France. XXII.

Cf. Fr., livre II, ch. LXX-LXXI.

511. Comment les Anglois approcherent le pays de Bretaigne, et comment le duc envoya de ses gens au devant d'eulx. XXIII.

Cf. Fr., livre II, ch. LXXII-LXXIII.

Cy fine le premier livre de ce tierch volume et s'ensievra le second,

LIVRE II.

512. Cy commence le second livre, lequel contient en soy xxvi chappitres : le premier desquelz parle du couronnement du jenne roy Charles de France, filz de Charles le Sage deffunct.   Chap. I.

    Cf. Fr., livre II, ch. lxxiv.

513. Comment le conte de Bouquinghem assega la cité de Nantes en Bretaigne.   II.

    Cf. Fr., livre II, ch. lxxv.

514. D'une autre saillie que firent ceulx de la garnison de Nantes sur les Anglois.   III.

    Cf. Fr., livre II, ch. lxxv-lxxvi.

515. Ycy parle d'une saillie que aucuns François firent sur les Anglois.   IV.

    Cf. Fr., livre II, ch. lxxvi.

516. Ancores d'une autre saillie faite par le Barrois des Barres sur le siege des Anglois.   V.

    Cf. Fr., livre II, ch. lxxvi.

517. Comment le conte de Bouquinghem et les Anglois se deslogerent de devant la cité de Nantes.   VI.

    Cf. Fr., livre II, ch. lxxvi-lxxxi.

518. Cy fait mention du traitié qui se fist entre le roy de France et le duc de Bretaigne : du mal content qui

furent entre le conte de Bouquinghem et le dit duc, et du departement des Anglois. VII.

Cf. Fr., livre II, ch. LXXXII-LXXXIV.

519. Des armes qui furent faites devant le chastel Joselin : et comment l'escuier Francoys y fut occys par l'Anglois. VIII.

Cf. Fr., livre II, ch. LXXXV-CII.

520. Cy fait mention comment le roy de Portingal envoya querir secours en Engleterre : et comment le roy Richart d'Engleterre y envoya son oncle, le conte de Cantebruge. IX.

Cf. Fr., livre II, ch. CIII-CV.

521. Cy fait mention du menu peuple qui s'esleva en Engleterre, et de la rebellion : et du péril en quoy ilz misrent le royaulme, se Dieu n'y eust pourveu. X.

Cf. Fr., livre II, ch. CVI-CXI.

522. Comment le roy Richard d'Engleterre se party de Londres et vint parler à cette communaulté. XI.

Cf. Fr., livre II, ch. CXII-CXIII.

523. Comment le commun d'Engleterre occirent ung vaillant chevalier, nommé messire Robert Salle, pour ce qu'il ne vouloit point aler avecques eulx. XII.

Cf. Fr., livre II, ch. CXIV-CXV.

524. Comment le duc de Lanclastre fut à mercy de la rebellion qui estoit en Engleterre par le commun alencontre des nobles et du clergier. XIII.

Cf. Fr., livre II, ch. CXVI-CXVII.

525. Comment le roy Richard d'Engleterre prinst vengance du menu peuple qui s'estoit eslevé en son pays, et comment il les pugny. XIV.

Cf. Fr., livre II, ch. CXVIII.

526. Comment le duc de Lanclastre se complaint au roy de ce que messire Mahieu Rademont, cappitaine de Ber-

[1381-82] TROISIÈME PARTIE, LIVRE II, VII-XXII. 125

vich, luy avoit refusé l'entree de ladite ville de Ber-
vich. XV.

Cf. Fr., livre II, ch. cxix.

527. Cy fait mention du voyage que fist le conte de Cantebruge en Portingal, et de ce qu'il y fist. XVI.

Cf. Fr., livre II, ch. cxx-cxxvii.

528. Comment ceulx de Paris et ceulx de Rouan se rebellerent : et comment le roy de France y envoya le seigneur de Couchy pour les rappaisier, et de ce qu'on y
fist. XVII.

Cf. Fr., livre II, ch. cxxviii, cxxx-cxxxii.

529. Comment madame Anne, sœur au roy Charles de Behaigne et des Rommains, fut amenee en Engleterre, et
la prinst le roy Richard à femme et espouse. XVIII.

Cf. Fr., livre II, ch. cxxxiii.

530. Comment, apres le retour des Behaignois, madame Anne
passa la mer. XIX.

Cf. Fr., livre II, ch. cxxxiv.

531. Comment le duc d'Anjou esleva grans finances en
France, pour avoir gens d'armes pour aler en Sesille. XX.

Cf. Fr., livre II, ch. cxxxv-cxxxviii.

532. Cy fait mention des guerres de Portingal et d'Espaigne, où furent maintes appertises d'armes par les Anglois et Gascons qui estoient ou service du roy de Portingal. XXI.

Cf. Fr., livre II, ch. cxxxix.

533. Comment les Anglois et Gascons, qui estoient en garnison en la Ville Viciouse, alerent courre en Castille oultre
la voulenté du roy de Portingal. XXII.

Cf. Fr., livre II, ch. cxl-cxlii.

534. Comment les Anglois, qui estoient en garnison à Viciouse, esleverent le Penon Saint George, et volrent faire

guerre au roy de Portingal, pour ce qu'il ne les payoit
de leurs gaiges. XXIII.

Cf. Fr., livre II, ch. cxlii-cxliv.

535. Comment les deux roys d'Espaigne et de Portingal
vindrent tenir la journee et place ordonnee et conclute
par eulx, chascune partie à toute sa puissance, et sy s'en
partirent sans eulx combatre, comme vous orez. XXIV.

Cf. Fr., livre II, ch. cxlv.

536. Comment la paix fut faite entre les deux roys dessus
dits, d'Espaigne et de Portingal. XXV.

Cf. Fr., livre II, ch. cxlv.

537. Cy parle d'un fait d'armes qui se fist à Badeloce, de
deux escuiers, l'un François et l'autre Anglois. XXVI.

Cf. Fr., livre II, ch. cxlvi, cxlvii et cliii.

Cy fine le second livre de ce tierch volume et commenche apres
le III.

LIVRE III.

538. Cy commence le IIIe livre de ce tierch volume, contenant XLIII chappitres : ou premier desquelz il fait mention, en brief, de la guerre que les Gantoys firent alencontre de leur seigneur le conte de Flandres. Chap. I.

Cf. Fr., livre II, ch. CLIII-CLIV.

539. Cy fait mention comment les Gantoys desconfirent ceulx de Bruges, et comment ilz prindrent Bruges ; et comment le conte de Flandres se sauva. II.

Cf. Fr., livre II, ch. CLV-CLVIII.

540. Comment le conte de Flandres se party de nuit, tout de pyet, de la ville de Bruges. III.

Cf. Fr., livre II, ch. CLIX, CLXI, CLXV-CLXIX et CLXXIV.

Ce dernier chapitre de Froissart et une partie du précédent contiennent le récit de faits dont Wavrin parle fort succinctement : nous trouvons, néanmoins, dans ce dernier un passage que nous allons citer et qui est omis par Froissart. Charles VI allant en personne secourir le comte de Flandres[1], dont les sujets s'étaient révoltés, le comte partit de Hesdin « et lui vint à lencontre jusques à l'abbaye de Saint Nicolas d'Arnoise, qui siet en pays de Vermandois : et là fist hommaige au roy de toutes les terres qu'il tenoit de lui, puis après s'en vint (le roi) à Arras, et y arriva le IIIIe jour de novembre l'an mil III^c IIII^{xx} et II. » Tout ce qui suit ce passage,

---

1. Louis III du nom, dit de Male, comte de Flandre. Mort en 1384 (*Art de vérifier les dates*, III, 20).

jusqu'à la bataille de Rosebecque, se retrouve, à peu près dans les mêmes termes, dans *la Chronique de Flandres*, chap. cxi, p. 230, édition de D. Sauvage.

541. Cy fait mention comment le roy de France eult nouvelles de la rebellion que ceulx de Paris firent.   IV.

    Cf. Fr., livre II, ch. clxxxvii[1]-cxci.

542. Cy parle d'une grant merveille qui advint ceste nuit en l'ost des Flamens dont la bataille fut lendemain, que on dist de Rosebecque.   V.

    Cf. Fr., livre II, ch. cxcii-cxciii.

543. Cy devise comment les Francoys ordonnerent leurs batailles.   VI.

    Cf. Fr., livre II, ch. cxciv-cxcv.

544. Cy parle comment les troys chevaliers vindrent faire leur rapport devers le roy de France, et comment les batailles commencerent à marchier l'une contre l'autre.   VII.

    Cf. Fr., livre II, ch. cxcvi.

545. Comment le roy de France combaty les Flamens à Rosebecque et les desconfist.   VIII.

    Cf. Fr., livre II, ch. cxcvii-cc, cciii.

546. Comment le pape Urbain se party de Romme et vint à Gennes, et de ce qu'il y fist.   IX.

    Cf. Fr., livre II, ch. ccvii.

547. Comment le roy d'Engleterre fist mettre sus grans gens pour passer en France, mais l'evesque de Nordvich, qui en estoit en chief, ala sur Flandres, où moult de maulx se firent.   X.

    Cf. Fr., livre II, ch. ccvii.

---

1. Les douze chapitres qui précèdent celui-ci ont été mis à contribution par Wavrin dans son chapitre iii; mais il les a si sommairement abrégés que nous n'avons pas cru devoir y renvoyer le lecteur.

548. Cy fait mention comment l'evesque de Nordvich passa la mer et vint à Callays, puis prinst Gravelinghes par force. XI.

Cf. Fr., livre II, ch. ccvii.

549. Comment messire Jehan Villain et messire Jehan du Molin furent envoyés, de par le conte de Flandres, devers l'evesque de Nordvich qui estoit à Gravelinghes. XII.

Cf. Fr., livre II, ch. ccvii.

550. Comment les deux chevaliers dessus nommés arriverent à Gravelinghes par devers les Anglois. XIII.

Cf. Fr., livre II, ch. ccvii.

551. Cy fait mention comment l'evesque de Nordvich fist response aux deux chevaliers que le conte Loys avoit envoyés par devers lui à Gravelinghes. XIV.

Cf. Fr., livre II, ch. ccvii-ccviii.

552. Cy fait mention de la bataille qui fut devant Dunquerque, où les Flamens furent desconfis. XV.

Cf. Fr., livre II, ch. ccviii-ccix.

553. Comment les Anglois passerent par devant la ville de Aire. XVI.

Cf. Fr., livre II, ch. ccix.

554. Comment l'evesque de Nordvich et les Anglois assegerent Yppre. XVII.

Cf. Fr., livre II, ch. ccix-ccx.

555. Comment le roy de France, à moult grant puissance de gens d'armes, acompaignié de ses oncles et de tous les haulx princes de France et alyés, vint vers Flandres pour combattre les Anglois. XVIII.

Cf. Fr., livre II, ch. ccx.

556. Comment nouvelles vindrent aux Anglois, qui estoient au siege devant Yppre, que le roy de France, à grant puissance de gens d'armes, avaloit en bas pour lever le

siege d'Yppre : et comment les Anglois leverent leur siege. XIX.

 Cf. Fr., livre II, ch. ccxi-ccxii.

557. Comment le roy de France vint devant Bourbourch pour assegier les Anglois qui s'estoient dedens retraitz. XX.

 Cf. Fr., livre II, ch. ccxii.

558. Comment Francoys Acreman, gantoys, prinst Audenarde par eschellement, à l'heure de mynuit. XXI.

 Cf. Fr., livre II, ch. ccxiii-ccxv.

559. Comment les Anglois se partirent de Bourbourch, la ville rendue au roy de France. XXII.

 Cf. Fr., livre II, ch. ccxv-ccxvi.

560. Comment unes trieves furent prinses entre France et Engleterre, Castille et ceulx de Gand, laquelle devoit durer ung an : et de la mort du conte Loys de Flandres. XXIII.

 Cf. Fr., livre II, ch. ccxvi.

561. Cy fait mention de l'obsecque du conte de Flandres et de la contesse sa femme. XXIV.

 Cf. Fr., livre II, ch. ccxvii.

562. Comment les Anglois alerent, à grant puissance, faire une course en Escoche, où ils firent moult de dommage. XXV.

 Cf. Fr., livre II, ch. ccxviii.

563. Comment les Escochois firent une course en Engleterre, ainsy comme les Anglois avoient fait en Escoche. XXVI.

 Cf. Fr., livre II, ch. ccxix.

564. Comment les trieves furent prinses entre Engleterre et Escoche. XXVII.

 Cf. Fr., livre II, ch. ccxix-ccxx.

565. Comment messire Geffroy de Charny et sa compai-

gnie furent en grant dangier, et comment il en eschappa. XXVIII.

    Cf. Fr., livre II, ch. ccxx.

566. Comment la ville d'Audenarde fut reprinse par le seigneur d'Estournay et pluiseurs autres chevaliers de Flandres. XXIX.

    Cf. Fr., livre II, ch. ccxxi.

567. Cy fait mention de la mort du duc d'Anjou. XXX.

    Cf. Fr., livre II, ch. ccxxii-ccxxiii.

568. Cy fait mention de l'armee qui se mist sus en France pour aler en Escoche, laquelle porta peu de proufit. XXXI.

    Cf. Fr., livre II, ch. ccxxiv-ccxxv.

569. Cy parle d'une course où les Francoys furent rués jus des Gantoys. XXXII.

    Cf. Fr., livre II, ch. ccxxv-ccxxvii.

570. Comment messire Jehan de Vyane, à mille chevaliers et escuiers, arriva en Escoche pour faire guerre aux Anglois. XXXIII.

    Cf. Fr., livre II, ch. ccxxviii.

571. Comment les Escotz murmuroient ensamble, pour les Francois qui estoient venus en leur pays. XXXIV.

    Cf. Fr., livre II, ch. ccxxviii-ccxxxii.

572. Cy fait mention de l'armee que messire Jehan de Vyane fist en Escoche, et comment ilz persevererent. XXXV.

    Cf. Fr., livre II, ch. ccxxxv.

573. Comment l'amiral de France et les Escots prindrent le chastel de Werk, en Northumberland. XXXVI.

    Cf. Fr., livre II, ch. ccxxxv.

574. Comment le roy Richard d'Engleterre, à grant exercite de gens, se party de Londres pour aler audevant des Escotz. XXXVII.

    Cf. Fr., livre II, ch. ccxxxv.

575. Comment messire Jehan de Hollande ochist piteusement messire Richart d'Estafort, fils au conte d'Estafort. XXXVIII.

Cf. Fr., livre II, ch. ccxxxv-ccxxxvi.

576. Comment le roy d'Engleterre entra en Escoche, et de la grant destruction qu'il y fist. XXXIX.

Cf. Fr., livre II, ch. ccxxxvi.

577. Cy devise comment messire Jehan de Vyane, admiral de France, et les Francois et Escotz, aloient ardant et exillant le pays de Galles et de Northomberland. XL.

Cf. Fr., livre II, ch. ccxxxvi-ccxxxvii.

578. Comment et pourquoy l'armee du roy d'Engleterre se defist, et retournerent en Engleterre. XLI.

Cf. Fr., livre II, ch. ccxxxvii.

579. Comment l'amiral de France et les Escotz retournerent en Escoche, laquelle ilz trouverent pour la pluspart destruicte. XLII.

Cf. Fr., livre II, ch. ccxxxvii-ccxxxviii.

580. Cy fait mention comment la paix fut faicte de ceulx de Gand, en la ville de Tournay, devers le duc de Bourgongne et le conte de Flandres. XLIII.

Cf. Fr., livre II, ch. ccxxxviii-ccxl.

Cy fine le IIIe livre des Cronicques d'Engleterre, et commence le quart.

LIVRE IV.

581. Cy commence le IVᵉ livre de ce tiers volume, lequel contient en soy LI chappitres. Ou premier chappitre il commence à parler des guerres d'Espaignes et de Portingal.   Chapitre I.
    Cf. Fr., livre III, ch. II.

582. Comment les Portingallois esleurent et couronnerent à roy Jehan, frere du roy Ferrant, desrain trespassé. II.
    Cf. Fr., livre III, ch. III.

583. Comment le roy Jehan de Castille envoia son ambaxade en Portingal, et de la responce qu'ilz eurent. III.
    Cf. Fr., livre III, ch. IV.

584. Comment le roy Jehan de Castille fist deffier le roy de Portingal, et comment il assega la cité de Lisebonne.   IV.
    Cf. Fr., livre III, ch. IV.

585. Cy fait mention des messages au roy Jehan de Portingal, comment ilz arriverent en Engleterre devers le duc de Lenclastre.   V.
    Cf. Fr., livre III, ch. XVIII.

586. Du grant parlement qui se fist à Westmoustier. VI.
    Cf. Fr., livre III, ch. XVIII.

587. Comment le conte de Foix cuida destourner aux ba-

rons et chevaliers de son pays de Bierne d'aler en Castille. VII.

Cf. Fr., livre III, ch. xviii.

588. Comment les chevaliers de Bierne et de France arriverent vers le roy de Castille. VIII.

Cf. Fr., livre III, ch. xix.

589. Comment trois grosses nefz chargiés d'Anglois entrerent au port de Lisebonne. IX.

Cf. Fr., livre III, ch. xix.

590. Comment le roy de Portingal se party de Lisebonne pour aler à Juberot combatre le roy Jehan de Castille. X.

Cf. Fr., livre III, ch. xix.

591. Cy parle du rapport que feirent les Portingallois coureurs au roy de Portingal, et de l'ordonnance du lieu où ilz devoient combatre. XI.

Cf. Fr., livre III, ch. xix.

592. Du rapport que feirent les chevaulcheurs du roy de Castille. XII.

Cf. Fr., livre III, ch. xix.

593. Comment le roy de Castille fist ses ordonnances de batailles. XIII.

Cf. Fr., livre III, ch. xix.

594. Cy devise comment les Francois de l'advangarde du roy de Castille furent desconfis, mors et prins par les Portingallois et Anglois. XIV.

Cf. Fr., livre III, ch. xx.

595. Comment le roy Jehan de Castille s'approcha de Juberotes pour combatre le roy de Portingal. XV.

Cf. Fr., livre III, ch. xx.

596. Comment le roy de Portingal desconfist le roy de Castille à Juberotes. XVI.

Cf. Fr., livre III, ch. xxi.

597. Comment le roi Jehan de Castille se parti de Juberottes et s'en ala à sauveté à Saint Yrain. XVII.

Cf. Fr., livre III, ch. xxi-xxii.

598. Cy fait mention de pluiseurs places qui furent conquises des Francois sur les Anglois au pays de Thoulousain. XVIII.

Cf. Fr., livre III, ch. xxiii.

599. Cy parle de pluiseurs fortresses prinses par les Francois sur les Anglois. XIX.

Cf. Fr., livre III, ch. xxiii.

600. Cy parle de aucunes adventures d'entre les Castillains et Portingallois. XX.

Cf. Fr., livre III, ch. xxviii.

601. De l'ambaxade de Portingal qui ala en Engleterre, devers le roy, querre secours. XXI.

Cf. Fr., livre III, ch. xxix.

602. De la venue des ambaxadeurs Portingallois en Engleterre. XXII.

Cf. Fr., livre III, ch. xxix.

603. Des demandes que le [duc] de Lanclastre fist aux ambaxadeurs Portingallois et de leurs responces. XXIII.

Cf. Fr., livre III, ch. xxix.

604. Cy fait mention du service du roy de Portingal. XXIV.

Cf. Fr., livre III, ch. xxix-xxxii.

605. Comment le duc de Lanclastre et le conte de Cantebruge, son frere, se devisèrent ensamble sur les nouvelles qu'ils avoient de Portingal oyes. XXV.

Cf. Fr., livre III, ch. xxxii.

606. Comment le grant maistre de Saint Jacque et Laurentien Fougace recorderent au roy de Portingal ce qu'ilz avoient exploitié devers le roy d'Engleterre et ses oncles. XXVI.

Cf. Fr., livre III, ch. xxxii.

607. Comment le duc de Lanclastre entra en mer, à grant puissance de gens d'armes et de trait, pour aler en Portingal. XXVII.

Cf. Fr., livre III, ch. xxxii.

608. Comment les barons et chevaliers de France arriverent en Castille; et comment le roy Jehan les recheupt liement. XXVIII.

Cf. Fr., livre III, ch. xxxii.

609. Comment le duc de Lanclastre et ses gens prindrent port à Brest, en Bretaigne; et comment ilz assaillirent les bastilles. XXIX.

Cf. Fr., livre III, ch. xxxiii.

610. Comment le duc de Lanclastre et ses gens prindrent port à Quenouille; et de Francois qui entrerent ou chastel de la dite ville. XXX.

Cf. Fr., livre III, ch. xxxiii.

611. Comment le Barrois des Barres, et les Francois qui estoient en garnison à la Quenouille, ruerent jus les fourragiers des Anglois. XXXI.

Cf. Fr., livre III, ch. xxxiii.

612. Comment la ville de Saint Jacque en Gallice, qu'on dist Compostelle, se rendy au duc de Lanclastre. XXXII.

Cf. Fr., livre III, ch. xxxiv.

613. Comment la garnison des Francois qui estoient à la Quenouille s'en partirent, et alerent devers le roy de Castille: et du conseil qu'ils lui donnerent. XXXIII.

Cf. Fr., livre III, ch. xxxiv-xxxv.

614. Cy fait mention du grant appareil que fist le roy de France à Lescluse, en Flandres, pour passer en Engleterre. XXXIV.

Cf. Fr., livre III, ch. xxxv-xxxvi.

615. Comment le roy Richard, ses oncles et leurs consaulx,

eurent ensamble advis et conseil pour obvier à l'entreprinse du roy de France, leur ennemy. XXXV.

    Cf. Fr., livre III, ch. xxxvi-xxxvii.

616. Cy parle de la venue du duc de Lanclastre ou port de
la Quenouille, en Gallice. XXXVI.

    Cf. Fr., livre III, ch. xxxviii.

617. Comment le marescal de l'ost au duc de Lanclastre
prinst, par traitié, la ville de Ruelles en Gallice. XXXVII.

    Cf. Fr., livre III, ch. xxxviii.

618. Comment ledit marescal du duc de Lanclastre assailly
la ville de Villopes, en Gallice, laquelle se rendy en ce
meismes jour. XXXVIII.

    Cf. Fr., livre III, ch. xxxix.

619. Du conseil que baillerent au duc de Lanclastre les
Anglois et les seigneurs qui avec lui estoient. XXXIX.

    Cf. Fr., livre III, ch. xxxix.

620. Comment les seigneurs dessus nommés se ordonnerent
pour partir de Saint Jacque, atout cent lances et deux
cens archiers. XL.

    Cf. Fr., livre III, ch. xxxix-xl.

621. Comment les chevaliers de France resconfortoient le
roy de Castille ce qu'ilz povoient. XLI.

    Cf. Fr., livre III, ch. xl.

622. Comment le roy de Grenade envoya son ambaxade
devers le roy Jehan de Castille. XLII.

    Cf. Fr., livre III, ch. xl.

623. Cy parle ung petit de la grant armee et assamblee que
le roy de France faisoit à l'Escluse pour aler en Engleterre. XLIII.

    Cf. Fr., livre III, ch. xl.

624. Comment le roy de Portingal et le duc de Lanclastre
se trouverent ensemble, et de leurs devises. XLIV.

    Cf. Fr., livre III, ch. xli.

625. Du grant disner que le duc de Lanclastre donna au roy de Portingal; et de l'acord du mariage de madame Philippe, fille au dit duc, au dit roy de Portingal. XLV.
Cf. Fr., livre III, ch. xli.

626. Comment le marescal du duc de Lanclastre vint mettre le siege devant la ville de Pont Vrede. XLVI.
Cf. Fr., livre III, ch. xli-xlii.

627. Comment ceulx de la ville de Pont Vrede se misrent en l'obbeyssance du duc de Lanclastre. XLVII.
Cf. Fr., livre III, ch. xlii.

628. Comment ceulx de la ville de Digho s'en rendirent au marescal du duc de Lanclastre. XLVIII.
Cf. Fr., livre III, ch. xlii.

629. Comment ceulx de la ville de Bayonne en la Maiolle, seant ou pays de Gallice, firent obeyssance au marescal, pour et ou nom du duc de Lanclastre. XLIX.
Cf. Fr., livre III, ch. xliii.

630. Comment les Anglois entrerent en la ville de Bayonne en la Mayole; et comment ilz prindrent le chemin vers la ville de Ribodane. L.
Cf. Fr., livre III, ch. xliii.

631. Cy fait mention du grant assault que firent les Anglois devant la ville de Ribodane en Gallice. LI.
Cf. Fr., livre III, ch. xliii.

Cy prent fin le quatriesme livre de ce tierch volume et s'ensieult le chinquiesme.

LIVRE V.

632. Cy commence le Ve livre, lequel contient en soy XLII[1] chappitres parciaux, ou premier desquelz il fait mention de la complainte que fist le roy Jehan de Castille aux chevaliers francois des Anglois qui ainsy lui destruisoient sa terre de Gallice : et du resconfort que lesdis seigneurs lui baillerent.   Chapitre I.

Cf. Fr., livre III, ch. XLIV.

633. Cy fait mention du departement que fist le roy de France, de Senlis, pour venir en Flandres : et aussy du partement du duc de Bourgongne pour venir en la compaignie du roy.   II.

Cf. Fr., livre III, ch. XLIV.

634. Comment le roy de France, avec lui ses deux oncles Bourgongne et Bourbon, et tous les autres princes, arriverent en la ville de Lille en Flandres.   III.

Cf. Fr., livre III, ch. XLIV.

635. Cy fait mention des besongnes et apparaulx qui se faisoient parmy Engleterre pour recepvoir les Francois.   IV.

Cf. Fr., livre III, ch. XLV.

636. Comment messire Simon Burlé parla à ceulx de Cantorbie, et de la responce qu'ils lui firent.   V.

Cf. Fr., livre III, ch. XLV.

1. Le manuscrit porte LXVI : nous croyons devoir corriger cette erreur.

637. Cy fait mention de la venue du roy de France à l'Escluse, pour passer en Engleterre. VI.

Cf. Fr., livre III, ch. xlv.

638. Comment le roy d'Ermenie passa en Engleterre, esperant de aucun traitiet trouver entre les deux roys de France et d'Engleterre : et de la requeste qui lui fut faite. VII.

Cf. Fr., livre III, ch. xlvi.

639. Comment le duc de Berry se mist à chemin pour venir en Flandres : et comment messire Olivier de Clichon, connestable de France, se party de Bretaigne : et de ce qui advint sur mer par fortune. VIII.

Cf. Fr., livre III, ch. xlvi.

640. Des devises que le roy de France fist à son connestable : et du commun de Bruges qui s'esmut alencontre des Francois, lequel appaisa le seigneur de Guistelle. IX.

Cf. Fr., livre III, ch. xlvi.

641. Cy parle de la venue du duc de Berry à l'Escluse. X.

Cf. Fr., livre III, ch. xlvii.

642. Comment le duc de Berry rompy l'armee qui devoit passer en Engleterre. XI.

Cf. Fr., livre III, ch. xlvii.

643. Cy parle du grant couroux que eurent les seigneurs quant ilz veyrent que l'armee estoit ainsy rompue. XII.

Cf. Fr., livre III, ch. xlviii.

644. Cy parle d'une grant feste que le roy Richard d'Engleterre fist à Londres, à laquelle furent la pluspart de la chevalerie du royaulme, et y fist le roy trois ducz. XIII.

Cf. Fr., livre III, ch. xlviii.

645. Cy fait mention de ung merveilleux et pieteux cas qui advint ou pays du Perche. XIV.

Cf. Fr., livre III, ch. xlviii-xlix.

646. Cy parle des complaintes que la dame de Karonge fist à son mary, de la violence que faite lui avoit Jaques le Gris. XV.

    Cf. Fr., livre III, ch. XLIX.

647. Du champ qui fut fait, devant le roy de France, de messire Jehan de Karonge, appellant, et de Jacques le Gris, deffendant. XVI.

    Cf. Fr., livre III, ch. XLIX.

648. Cy parle de la mort du roy Pierre d'Arragon. XVII.

    Cf. Fr., livre III, ch. L.

649. Comment, apres le trespas du roy Pierre d'Arragon, le duc de Lanclastre envoya l'evesque de Bordeaulx devers les enfans dudit roy, à Barselonne. XVIII.

    Cf. Fr., livre III, ch. L.

650. Comment aucunes gens d'armes routtiers, à cause de l'arrest fait en l'archevesque de Bordeaulx, firent guerre à ceulx de Barselonne et d'Arragon. XIX.

    Cf. Fr., livre III, ch. L.

651. Comment Rannon de Baghez, chevalier, fist par sa subtilité ruer jus ceulx de la garnison d'Alten. XX.

    Cf. Fr., livre III, ch. L.

652. Comment Jehan de Bretaigne fu mys hors de la prison où il estoit, en Engleterre. XXI.

    Cf. Fr., livre III, ch. LII.

653. Cy fait mention d'une grant taille qui fut eslevee en France pour aler en Castille, alencontre des Anglois. XXII.

    Cf. Fr., livre III, ch. LII.

654. Comment le duc de Bourbon fut esleu, de par le roy de France, souverain cappitaine pour aler en Castille. XXIII.

    Cf. Fr., livre III, ch. LIII.

655. Comment les Anglois assaillirent les Flamens, sy les desconfirent assez pres de l'Escluse. XXIV.

    Cf. Fr., livre III, ch. LIII-LIV.

656. Comment, apres ce que les Anglois eurent desconfy et prins le navire de Flandres, ilz retournerent à Londres, où ilz furent recheuz à grant joye. XXV.
Cf. Fr., livre III, ch. LIV.

657. Icy retourne à la matiere des adventures d'Espaigne. XXVI.
Cf. Fr., livre III, ch. LV.

658. Comment ceulx de la ville de Ribodane se deffendirent vaillamment contre les Anglois. XXVII.
Cf. Fr., livre III, ch. LV.

659. Des nouvelles que le roy de Castille dist à ses gens. XXVIII.
Cf. Fr., livre III, ch. LV.

660. Comment le Barroys des Barres, atout chinquante lances, se mist en garnison dedens la ville et chastel de Roye. XXIX.
Cf. Fr., livre III, ch. LV.

661. Comment la ville de Ribodane fut prinse de force par les Anglois. XXX.
Cf. Fr., livre III, ch. LV.

662. Comment les Anglois se partirent de Ribodane et s'en alerent devant Maures, en Gallice. XXXI.
Cf. Fr., livre III, ch. LV.

663. Comment ceulx de Maures se rendirent en l'obeissance du duc de Lanclastre. XXXII.
Cf. Fr., livre III, ch. LV.

664. Comment le connestable et le marescal du duc de Lanclastre, avec eulx leurs gens, retournerent devers ledit duc, leur seigneur, qui les avoit mandés. XXXIII.
Cf. Fr., livre III, ch. LVI.

665. Cy fait mention comment le roy Jehan de Portingal espousa Phelippe de Lanclastre, fille au duc Jehan de Lanclastre, sollennelement, en la cité de Port en Portingal. XXXIV.
Cf. Fr., livre III, ch. LVI.

666. Comment le duc de Lanclastre et la ducesse vindrent devant Besances; et du respit qu'ilz donnerent à ceulx de la ville.   XXXV.

Cf. Fr., livre III, ch. LVII.

667. Comment la ducesse de Lanclastre, par le commendement de son mary le duc, ala veoir sa belle fille, la royne de Portingal.   XXXVI.

Cf. Fr., livre III, ch. LVII-LVIII.

668. Comment ceulx de Besances se rendirent et firent obeissance au duc de Lanclastre.   XXXVII.

Cf. Fr., livre III, ch. LVIII.

669. Comment le duc de Lanclastre fut infourmé que grant foison francoys venoient au secours de son adversaire le roy Jehan de Castille.   XXXVIII.

Cf. Fr., livre III, ch. LVIII.

670. Comment messire Gautier de Pasacq vint devers le conte de Foys requerre passage pour aler en Espaigne, et de la responce du conte.   XXXIX.

Cf. Fr., livre III, ch. LVIII.

671. Comment messire Regnault de Roye requist à faire armes contre messire Jehan de Hollande.   XL.

Cf. Fr., livre III, ch. LIX.

672. Comment messire Jehan de Hollande, connestable de l'ost au duc de Lanclastre, et messire Regnault de Roye firent armes à Besances, devant le roy de Portingal et le duc de Lanclastre.   XLI.

Cf. Fr., livre III, ch. LIX.

673. Comment le duc de Lanclastre et le roy de Portingal conclurent ensamble de ce qu'ilz avoient affaire.   XLII.

Cf. Fr., livre III, ch. LX-LXI.

Cy fine le Ve livre de ce tierch volume, et commence le VIe.

LIVRE VI.

674. Cy commence le VIe livre de ce tierch volume, contenant en soy xv chappitres parciaux; ou premier desquelz il parle du conseil que le roy de Castille tint à ses gens sur le fait de la guerre. Chapitre I.

Cf. Fr., livre III, ch. LXI.

675. Cy fait mention de l'armee qui se mist sus en France pour aler en Engleterre, laquelle devoit conduire messire Olivier de Clichon, connestable de France. II.

Cf. Fr., livre III, ch. LXII.

676. Cy parle d'une grant mutation qui se commenca à eslever, en Engleterre, des nobles alencontre du roy. III.

Cf. Fr., livre III, ch. LXII.

677. Comment messire Olivier de Clichon, connestable de France, fut institué conducteur de une armee que les Francoys mirent sus pour aler en Engleterre. IV.

Cf. Fr., livre III, ch. LXIII-LXIV.

678. Comment le duc de Bretaigne fist prendre messire Olivier de Clichon, connestable de France. V.

Cf. Fr., livre III, ch. LXIV.

679. Comment messire Olivier de Clichon, connestable de France, fut mys à renchon et mys hors des prisons du duc de Bretaigne, par le moyen du seigneur de Laval. VI.

Cf. Fr., livre III, ch. LXIV-LXV.

680. Comment le voyage de mer fut rompus pour la prinse du connestable. VII.

    Cf. Fr., livre III, ch. lxv-lxvi.

681. Cy fait mention comment le connestable vint devers le roy, à Paris. VIII.

    Cf. Fr., livre III, ch. lxvi.

682. Comment le duc de Geldres envoya deffier le roy de France. IX.

    Cf. Fr., livre III, ch. lxvii-lxviii.

683. Comment la ville de Avrenche se rendy en l'obeyssance de monseigneur le duc de Lanclastre. X.

    Cf. Fr., livre III, ch. lxviii.

684. Comment le roy de Portingal se party du Port pour venir en Castille. XI.

    Cf. Fr., livre III, ch. lxix-lxx.

685. Comment la ville de Ferol fut prinse par les Portingallois. XII.

    Cf. Fr., livre III, ch. lxx.

686. Comment les Anglois vindrent escarmuchier aux barrieres de Noye. XIII.

    Cf. Fr., livre III, ch. lxx.

687. Comment le roy Charles de France envoya une ambaxade vers le duc de Bretaigne, pour le fait du connestable messire Olivier de Clichon. XIV.

    Cf. Fr., livre III, ch. lxxi.

688. Comment le duc de Bretaigne donna responce aux ambaxadeurs du roy Charles de France. XV.

    Cf. Fr., livre III, ch. lxxi.

    Cy fine le tierch volume des *Cronicques d'Engleterre*.

ANCHIENNES CRONICQUES D'ENGLETERRE.

QUATRIÈME PARTIE.

LIVRE PREMIER.

689. Cy commence le quart volume des Cronicques d'Engleterre, lequel, comme les precedens, contient en soy VI livres particuliers; le premier desquelz est divisé en LIV chappitres. Ou premier chappitre il parle des murmures qui, en ce tempz, s'esleverent en Engleterre. Ch. I.
 Cf. Fr., livre III, ch. LXXII.

690. Cy parle du conseil que le duc de Glocestre bailla aux communes d'Engleterre.   II.
 Cf. Fr., livre III, ch. LXXII.

691. Comment les communes d'Engleterre vindrent faire leurs complaintes au roy, et de sa responce.   III.
 Cf. Fr., livre III, ch. LXXII.

692. De la maniere des comptes qui furent rendus en Engleterre.   IV.
 Cf. Fr., livre III, ch. LXXIII.

693. Comment messire Symon Burlé fu mis prisonnier en la tour de Londres.   V.
 Cf. Fr., livre III, ch. LXXIII.

694. Cy parle de l'adventure de messire Thomas Tryves, et l'excusation de messire Guillame Helmen.   VI.
 Cf. Fr., livre III, ch. LXXIII-LXXIV.

695. Cy fait mention de la mort messire Symon Brulé et d'autres choses. VII.

Cf. Fr., livre III, ch. LXXIV.

696. Comment le duc d'Irlande fut en grant erreur devers sa femme, pour l'amour d'une damoyselle allemande. VIII.

Cf. Fr., livre III, ch. LXXV.

697. Comment les Gallois s'esmeurent, à l'incitation du duc d'Irlande, alencontre des Londriens. IX.

Cf. Fr., livre III, ch. LXXV-LXXVI.

698. Comment messire Robert Trivilien fu prins et decolé à Londres. X.

Cf. Fr., livre III, ch. LXXVI.

699. De la contenance du roy quant il oy les nouvelles de la mort de Trivilien, et de ce qu'il dist. XI.

Cf. Fr., livre III, ch. LXXVII.

700. Comment le duc d'Irlande, à xv mille hommes, s'en vint à Asquesuffort. XII.

Cf. Fr., livre III, ch. LXXVII-LXXVIII.

701. Comment le duc d'Irlande se party d'Aquesuffort, pour attendre sur les champs le duc de Glocestre et les Londriens. XIII.

Cf. Fr., livre III, ch. LXXVIII-LXXIX.

702. Cy devise comment le duc d'Irlande habandonna ses gens et s'enfuy. XIV.

Cf. Fr., livre III, ch. LXXIX.

703. Comment le duc d'Irlande s'enfuy par mer et par terre tant qu'il vint à Douvre; et comment le duc de Baviere se gouverna. XV.

Cf. Fr., livre III, ch. LXXX.

704. Comment les deux oncles du roy firent morir le petit Beauchamp et messire Nicolas Brembre, et messire Jehan Salsebry, et de l'ordonnance qui fu fait à Westmonstre. XVI.

Cf. Fr., livre III, ch. LXXX.

705. Comment les deux oncles du roy et ceux de Londres envoierent querir le roy Richard à Bristo, par l'arcevesche de Canthorbie, lequel fist tant qu'il l'amena a Londres. XVII.

Cf. Fr., livre III, ch. LXXX.

706. Du Parlement qui fut à Westmonstre, où on renouvella l'hommage du roy : et comment l'arcevesche d'Yorth y fut mandé, et de la maniere comment il s'excusa. XVIII.

Cf. Fr., livre III, ch. LXXXI.

707. Cy parle des grans souffertes, paines et travaulx que eurent le duc de Lanclastre et ses gens ou pays et royaulme de Castille. XIX.

Cf. Fr., livre III, ch. LXXXII.

708. Comment les Anglois murmurerent sur ces meschiefz qu'ilz souffroient et estoient encore en taille de souffrir plus ; et comment les deux osts se joindirent ensamble. XX.

Cf. Fr., livre III, ch. LXXXII.

709. Comment les Anglois et Portingalois, par le moyen d'un escuier de Gallisse, passerent la perilleuse riviere de Derve. XXI.

Cf. Fr., livre III, ch. LXXXII.

710. Comment, quant le roy de Castille sceut ses ennemis estre passez oultre Derve, il demanda conseil aux Francois : comment ilz lui respondirent, et comment il en fut conclud. XXII.

Cf. Fr., livre III, ch. LXXXIII.

711. Comment les hostz du roy de Portingal et du duc de Lanclastre se gouvernerent sur pays d'ennemis, des souffertes que Anglois eurent, et comment ilz en murmurerent, dont le duc fut en grant peril. XXIII.

Cf. Fr., livre III, ch. LXXXIII-LXXXIV.

712. Comment les Anglois envoierent devers le roy de Castille, adfin d'avoir saulfconduit pour passer parmy Castille pour eux retourner en Angleterre, lequel leur fut ottroyé. XXIV.

Cf. Fr., livre III, ch. LXXXIV-LXXXV.

713. Comment le roy de Portingal et le duc de Lanclastre se departirent l'un de l'aultre, eux et leurs gens, et fut leur armee du tout rompue. XXV.

Cf. Fr., livre III, ch. LXXXV.

714. Des advenues du rompement de ceste armee et de messire Jehan d'Ambrecicourt, et de messire Bouchicault. XXVI.

Cf. Fr., livre III, ch. LXXXVI.

715. Comment le duc de Bourbon vint veoir le roy de de Castille. XXVII.

Cf. Fr., livre III, ch. LXXXVII.

716. Comment le duc de Lanclastre fut adverty de la venue du duc de Bourbon. XXVIII.

Cf. Fr., livre III, ch. LXXXVII.

717. Comment le duc de Bourbon se party de Castille. XXIX.

Cf. Fr., livre III, ch. LXXXVII.

718. Comment le conte de Foix recheupt moult honnourablement le duc de Bourbon. XXX.

Cf. Fr., livre III, ch. LXXXVIII.

719. Cy devise des routtes des Francois qui venoient d'Espaigne et retournerent chascun en son pays, et des maux qu'y faisoient. XXXI.

Cf. Fr., livre III, ch. LXXXVIII.

720. Cy devise et parle comment, et par quelle incidence, le duc de Lanclastre se party de Saint Jaque et s'en ala en Portingal. XXXII.

Cf. Fr., livre III, ch. LXXXIX.

721. Comment le conte d'Estampes fut envoyé, de par le duc de Berry, devers le duc de Bretaigne pour l'appaisier et trouver aulcun bon moyen, mais riens n'y fist. **XXXIII.**

Cf. Fr., livre III, ch. cm.

722. Comment le conte d'Estampes vint vers le duc de Bretaigne, et comment il lui fist son message. **XXXIV.**

Cf. Fr., livre III, ch. cm.

723. Comment le duc de Lanclastre se party du Port, en Portingal, se entra en mer et s'en ala à Bayonne. **XXXV.**

Cf. Fr., livre III, ch. civ.

724. Cy devise comment le duc de Lanclastre et la duchesse, et leur fille, furent recheus à Bayonne, et de ce quy y fut fait. **XXXVI.**

Cf. Fr., livre III, ch. civ.

725. Comment le roy Charles de France envoya à Utrech querir le duc d'Irlande. **XXXVII.**

Cf. Fr., livre III, ch. civ.

726. Des diverses oppinions et consaulx qui furent en France touchant le voiage de Guelles, et les apparaulx du duc de Bretaigne. **XXXVIII.**

Cf. Fr., livre III, ch. cv.

727. Cy parle d'une armee de mer que le roy d'Engleterre et son conseil firent mettre sus, dont fut chief le conte d'Arondel. **XXXIX.**

Cf. Fr., livre III, ch. cv.

728. Comment les Brabenchons misrent le siege devant Graves. **XL.**

Cf. Fr., livre III, ch. cvi.

729. Des resconfors du duc de Lanclastre sur son voyage de Castille. **XLI.**

Cf. Fr., livre III, ch. cvii.

730. Comment le duc de Berry envoya requerre la fille du duc de Lanclastre pour avoir à mariage. XLII.
   Cf. Fr., livre III, ch. cvii.

731. Comment messire Helion de Lingnac se party de la Rochelle, et de la conduite du duc de Lanclastre sur la fourme du mariage de sa fille. XLIII.
   Cf. Fr., livre III, ch. cvii.

732. Comment le roy Charles de France, par le conseil de ses deux oncles, envoya le seigneur de Coucy, le sire de la Riviere et messire Jehan de Vienne par devers le duc de Bretaigne, de rechief, pour trouver aulcun traittié : et du conseil que tint priveement le dit duc sur cest estat. XLIV.
   Cf. Fr., livre III, ch. cviii.

733. Cy devise comment le duc de Bretaigne se condescendy, à la priere et conseil de ses barons, de soy humilier devers le roy de France. XLV.
   Cf. Fr., livre III, ch. cviii.

734. Cy parle comment messire Helyon de Lingnac fut envoié de par le duc de Berry à Bayonne, devers le duc de Lanclastre, pour le traittié du mariage de sa fille. XLVI.
   Cf. Fr., livre III, ch. cix.

735. Cy devise comment le roy Jehan de Castille envoya une ambassade par devers le duc de Lanclastre, à Bayonne, pour traittier du mariage de son filz, le prince de Gallice, à la fille dudit duc. XLVII.
   Cf. Fr., livre III, ch. cix.

736. Comment le duc de Bretaigne fut tant demené par doulces paroles, qu'il fut content de venir à traittier des choses advenues. XLVIII.
   Cf. Fr., livre III, ch. cx.

737. Comment le duc de Bretaigne ordonna ses besongnes pour aler à Paris ; et comment, avant lui, y arriva la royne de Sezille. XLIX.
   Cf. Fr., livre III, ch. cxi.

738. Cy parle comment le duc de Bretaigne arriva à Paris, et comment le roy s'en party aincois que tout fust conclus entreulx.   L.

Cf. Fr., livre III, ch. cxi.

739. Cy parle de l'armee de mer mise sus par le roy Richard d'Engleterre, de laquelle estoit [chief] le conte d'Arondel.   LI.

Cf. Fr., livre III, ch. cxii-cxiii.

740. Comment ceulx de la Rochelle saillirent dehors et vindrent escarmuschier le conte d'Arondel qui estoit logié aupres de Marant.   LII.

Cf. Fr., livre III, ch. cxiii.

741. Des grans maulx que firent Aymerigot Marcel et aultres cappitaines tenant le party des Anglois.   LIII.

Cf. Fr., livre III, ch. cxiii-cxiv.

Froissart ayant dit à la fin de ce chapitre : « Nous nous souffrirons à parler du siege de Ventadour.... » Wavrin ajoute :

Pour ce que moy, acteur de ces Croniques d'Engleterre, ne veul pas prendre ne recoeillier au long les choses advenues en pluseurs lieux et divers, fors tant seulement des guerres de France, d'Engleterre, de Bretaigne, de Castille, de Portingal, ou les Anglois, veul laissier du duc de Gherles[1], excepté en brief seulement, pour ce qu'il estoit prochain parent[2] au roy d'Engleterre et à ses oncles, et sur lesquelz il se fondoit, et esperoit avoir secours et aide d'eulx, se aulcun besoing lui sourvenoit ; mais pour lors avoit

1. Guillaume I, duc de Gueldre, succéda à son père en 1393. Mort le 16 février 1402 (*Art de vérifier les dates*, III, 180).

2. Il était neveu d'Édouard III et cousin de Richard II. Renaud II, duc de Gueldre, épousa, en 1332, Léonore, sœur d'Édouard III (*Art de vérifier les dates*, III, 175-177).

en Engleterre sy grant troubles, que n'y povoient entendre, et, d'aultre part, sentoient le jenne duc de Gherles tant vaillant et hardy que en son fait ilz ne mettoient nulle doubte que bien ne venist à chief de sa besongne et emprinse, comme il fist : car les Brabencons, à grant puissance, par le commandement de leur dame la contesse de Brabant¹, pour certaine querelle qu'elle disoit avoir sur le duc de Gherles, envoya, par sa chevalerie et communaultez de son pays de Brabant, avec ceux des bonnes villes de son pays, mettre le siege devant la bonne ville de Grave, et là, le duc de Gherles, atout une poignié de gens, leur vint courre sus sy subittement, qu'il les eut en desroy et leur fist prendre le fuytte, où il en y eult grant foison de mors et de pris, et tous des plus grans seigneurs de Brabant : ne jamais de plus honteuse chose on ne oy parler que de celle desconfiture², qui tourna sur les Brabencons.

De celle desconfiture la duchesse de Brabant fut moult dolente : et, pour avoir secours, envoya par devers le duc Phelippe de Bourgongne, qui avoit espousee la fille de sa fille³, qui avoit esté fille au conte Loys de Flandres⁴, par laquelle, apres la mort de la

1. Jeanne, comtesse de Brabant, mariée : 1°, en 1334, à Guillaume, comte de Hollande et de Hainaut; 2°, en 1347, à Wenceslas, duc de Luxembourg. Veuve le 7 décembre 1383. Morte en 1406 (*Art de vérifier les dates*, III, 107).

2. Les Brabançons, au nombre de quarante mille, attaquèrent la ville de Grave, en 1388 (*Art de vérifier les dates*, III, 180).

3. Wavrin fait erreur, c'est *sa sœur* qu'il veut dire. Marguerite de Brabant, sœur de Jeanne, avait épousé, en 1347, Louis III de Male, comte de Flandre (*Art de vérifier les dates*, III, 107).

4. Marguerite, comtesse de Flandre, fille de Louis III, comte de Flandre, et de Marguerite de Brabant. Mariée 1°, en 1369, à Philippe Ier,

duchesse, devoit ressortir à la ditte duchesse de Bourgoingne, et, pour ceste cause, le duc Phelippe avoit bien cause licite et raisonnable de y tenir la main, affin d'abbatre l'orgueil de ce duc de Gherles, lequel, nouvellement, avoit envoié deffier le jeune roy Charles de France [1], qui le prind moult mal en gré, et en eult moult grant despit, et tant en prind la chose à ceur, que, devant tous autres affaires, il emprind le voiage pour aler en Guerles, en intention de y destruire et mettre en subjection ce duc, qui ainsy l'avoit deffié : et delaissa, pour ceste cause, de prendre vengence du duc de Bretaigne [2] pour la prinse de messire Olivier de Clichon [3], son connestable, nonobstant que avant son departement, par le conseil de ses oncles, les choses furent mises en assez bon terme, comme en Froissart pourez veoir tout au long.

742. Comment l'accord fut trouvé entre le roy de France et le duc de Gherles, et d'autres choses, avec la conclusion de ce premier livre.   LIV.

Cf. Fr., livre III, ch. cxiv-cxviii.

Cy fine le premier livre.

dit de Rouvre, dernier duc de la branche des anciens ducs de Bourgogne; 2°, en 1361, à Philippe le Hardi, duc de Bourgogne. Morte le 20 mars 1404 (Anselme, I, 240, 549).

1. Charles VI.
2. Jean IV, duc de Bretagne. Mort le 2 novembre 1399 (Anselme, I, 452).
3. Olivier, seigneur de Clisson, créé connétable de France le 28 novembre 1380. Mort le 23 avril 1407 (Anselme, VI, 201).

LIVRE II.

743. Cy commence le IIe livre, qui contient en soy xxxix chappittres : et fait le premier d'iceux mention des besongnes qui, pour ce temps, advindrent entre Engleterre et Escoce ; et comment tous barons d'Escoce conclurent ensamble que, atout puissance, ilz feroient une course en Engleterre.   Chapitre I.

    Cf. Fr., livre III, ch. cxix.

744. Comment les seigneurs d'Engleterre des frontieres, c'est asscavoir le conte de Northombreland et aultres, furent advertis de la venue des Escocois, et d'un escuier Anglois qu'ilz y envoient pour scavoir le convine des Escots.   II.

    Cf. Fr., livre III, ch. cxix.

745. Comment les Escots firent moult grant joye de l'escuier Anglois qu'ilz avoient prins, et de leur conclusion.   III.

    Cf. Fr., livre III, ch. cxx.

746. Comment les Escots entrerent ou pays de Northombrelant, où ilz firent moult de dommage aux Anglois. IV.

    Cf. Fr., livre III, ch. cxx.

747. Comment les Escocois se logerent devant Neufchastel sur Thin, et de ce qui leur advint.   V.

    Cf. Fr., livre III, ch. cxx.

748. Comment les Anglois se departirent de Neufchastel

sur Thin et poursievirent les Escots, et les trouverent.   VI.

Cf. Fr., livre III, ch. cxxi.

749. Comment, quant les Anglois vindrent ferir sur le logis des Escots, ilz furent villainement recheus.   VII.

Cf. Fr., livre III, ch. cxxi.

750. Encores de la grant bataille des Anglois et des Escocois.   VIII.

Cf. Fr., livre III, ch. cxxii.

751. Comment Raoul de Persy, Anglois, fu prins des Escocois.   IX.

Cf. Fr., livre III, ch. cxxii.

752. Comment le jeune conte de Douglas fut abatus et navrez à mort, et comment sa banniere fut relevee.   X.

Cf. Fr., livre III, ch. cxxii.

753. Comment les Anglois furent desconfis et mis en chasse, et la pluspart d'eulx mors ou prins.   XI.

Cf. Fr., livre III, ch. cxxiii.

754. Comment l'evesche de Durem se party de Neufchastel sur Thin pour poursieuvyr les Escots.   XII.

Cf. Fr., livre III, ch. cxxiii.

755. Cy devise d'une adventure quy advint à ung chevallier d'Engleterre, nommé messire Mahieu Rademon, et à ung d'Escoche, nommé messire Jaques de Lindessee.   XIII.

Cf. Fr., livre III, ch. cxxiv.

756. Cy devise d'une autre adventure qui advint au dit chevallier d'Escoche.   XIV.

Cf. Fr., livre III, ch. cxxiv.

757. Comment messire Mahieu Rademon alla veoir l'evesque de Durem : et de la conclusion des deux prisonniers.   XV.

Cf. Fr., livre III, ch. cxxiv.

758. Comment l'evesque de Durem se party la seconde fois de la ville de Neufchastel sur Thin pour aller combatre les Escochois. XVI.
Cf. Fr., livre III, ch. cxxiv.

759. Comment l'evesque de Durem s'en retourna sans riens exploitier, par le conseil de ceulz de sa compaignie. XVII.
Cf. Fr., livre III, ch. cxxiv.

760. Cy parle du partement des Escochois d'Engleterre, et comment ilz firent ensepvelir le conte de Douglas. XVIII.
Cf. Fr., livre III, ch. cxxv.

761. Comment le conte d'Arondel, par fortune de mer, arriva à la Palice, pres de la Rocelle; et la cause de son departement. XIX.
Cf. Fr., livre III, ch. cxxix.

762. Cy devise du mariage de la fille du duc de Lanclastre au filz du roy de Castille : et de aucuns Allemans quy couplerent sur le logis du roy de France. XX.
Cf. Fr., livre III, ch. cxxix-cxxx.

763. Cy parle du siege de Ventadour, dont Geffroy Teste Noire estoit capittaine. XXI.
Cf. Fr., livre III, ch. cxxxii.

764. Comment l'amiral de France arriva en Castille, et de la responce qu'il eult. XXII.
Cf. Fr., livre III, ch. cxxxiv.

765. Cy devise comment le conte d'Arondel arriva en Northmandie, où il fist de grans dommages. XXIII.
Cf. Fr., livre III, ch. cxxxiv-cxxxv.

766. Comment la ducesse de Lanclastre, par l'ordonnance du duc son mary, emmena sa fille en Castille. XXIV.
Cf. Fr., livre III, ch. cxxxvi.

767. Comment la ducesse de Lanclastre se parti du roy de Castille, et comment elle fist aporter le corpz de son pere à Sebille. XXV.
Cf. Fr., livre III, ch. cxxxvi-cxxxvii.

768. Du retour du duc de Lanclastre en Engleterre. XXVI.

Le retour du duc de Lancastre dans sa patrie est passé sous silence par Froissart, chez qui ce prince, que l'on a laissé à Bordeaux (liv. III, ch. cxxxvi), se retrouve un peu plus loin (liv. IV, ch. xiv) résidant à Londres, sans que le moindre mot ait été dit, soit de son départ de France, soit de son arrivée en Angleterre. Le chapitre de Wavrin, qui semble manquer aux chroniques de Froissart, contient le détail du voyage du duc de Lancastre.

Assez tost apres que le mariage fut fait du filz[1] au roy de Castille à la fille du duc de Lanclastre[2], la ducesse, qui pour lors se tenoit dedens la ville de Medine de Campe, fut mandee du duc son mary : si s'en alla à Sebille, où elle prinst congié au roy de Castille, à son beau filz et à sa fille ; puis s'en retourna à Bayonne, où le duc son mary l'atendoit pour s'en retourner en Angleterre[3], ainsi que mandé luy estoit par le roy Richard[4] et ses deux oncles, le duc d'York[5], et le duc de Clocestre[6], à scavoir que, sans plus sejourner, il s'en retournast. Si se mist en mer et vint de Bayonne à

---

1. Henri, prince des Asturies, fils de Jean Ier, roi de Castille, succéda à son père en octobre 1390. Marié, en 1388, à Catherine, fille de Jean de Gand, duc de Lancastre, et de Constance, fille de don Pèdre, roi de Castille (Dugdale, II, 114-119 ; Anselme, I, 590).

2. Jean de Gand, duc de Lancastre, marié : 1° à Blanche de Lancastre, fille de Henry, duc de Lancastre ; 2° à Constance, fille de don Pèdre, roi de Castille ; 3° à Catherine Swinford. Mort en 1399 (Dugdale, II, 114, 119).

3. Il arriva en Angleterre en novembre 1389 (Dugdale, II, 118).

4. Richard II monta sur le trône le 22 juin 1377. Mort le 29 septembre 1399 (Harris Nicolas, 320).

5. Edmond de Langele, comte de Cambridge, créé duc d'York en août 1385. Mort le 1er août 1401 (Dugdale, II, 154, 155).

6. Thomas de Wodstoke, comte de Buckingham. Créé duc de Glocester en novembre 1385. Mort assassiné en septembre 1398 (Dugdale, II, 169-171).

Bordeaux, où il fut environ quinze jours, puis monta sur le navire qu'il avoit illec fait apareillier ; si s'esquipa en mer, où il eut vent à souhait, par quoi il fut en pou de jours à Hantonne, où il descendy, avec lui la ducesse sa femme. Quant là se furent rafreschis seullement deux jours, ilz s'en departirent et vindrent à Londres, où ilz furent recheuz du roy, de la royne[1] et des oncles du Roy moult grandement. Si leur compta le duc de ses nouvelles, et de ce quy advenu luy estoit ou pays de Gallice, et des mariages de ses deux filles, lesqueles il avoit alyees et donnees pour espouses, l'une[2] au roy Jehan de Portugal, et l'autre au filz du roy Jehan de Castille, prince de Gallice, laquele aliance pleut pour lors assez bien au roy, à ses oncles et au conseil. Et atant metterons fin à ces histores, si toucherons en brief de l'entree que la royne de France, Yzabel de Baviere[3], fist à Paris, et aussi du retour que fist le seigneur de Chastelmorant d'Engleterre en France, lequel raporta au roy Charles et à son conseil la chartre de treves entre France et Engleterre, à durer trois ans.

769. Comment la royne de France Yzabel de Baviere vint à Paris : et comment le seigneur de Chastelmorant retourna d'Engleterre.   XXVII.

Cf. Fr., livre IV, ch. ɪ, ɪɪ, ɪv et v.

770. Comment les joustes de Saint Inglebert et les fais

---

1. Isabel de France, fille de Charles VI. Morte le 13 septembre 1409 (Anselme, I, 114).
2. Philippe, fille de Blanche de Lancastre (Dugdale, II, 114).
3. Isabel de Bavière, mariée à Charles VI, le 17 juillet 1385. Morte en septembre 1435 (Anselme, I, 112).

[1389-91] QUATRIÈME PARTIE, LIVRE II, xxvii-xxxvi. 161

d'armes qui furent emprins par trois chevalliers de France en la marche de Callaiz, c'est ascavoir messire Regnault de Roye, messire Bouchicaut, le jenne, et le seigneur de Sempi, se acheverent. XXVIII.
Cf. Fr., livre IV, ch. vi.

771. Des joustes de Saint Inglebert. XXIX.
Cf. Fr., livre IV, ch. xii.

772. Comment les Genevois vindrent au roy de France : et comment plusieurs chevalliers Francois et Anglois y alerent soubz la conduite du duc de Bourbon. XXX.
Cf. Fr., livre IV, ch. xiii-xv.

773. Comment unes joustes furent establies à Londres, en Engleterre, et publiees en plusieurs lieux de cha la mer. XXXI.
Cf. Fr., livre IV, ch. xvi.

774. Comment le siege fut levé devant la forte ville d'Auffrique. XXXII.
Cf. Fr., livre IV, ch. xvii.

775. Des chevalliers Anglois qui furent envoiez en France, de par le roy Richard, sur fourme de Paix. XXXIII.
Cf. Fr., livre IV, ch. xviii.

776. Cy parle de la mort du roy Jehan de Castille, et du couronnement du roy Henry, son filz. XXXIV.
Cf. Fr., livre IV, ch. xix-xx.

777. Comment messire Pierre de Craon eschey en l'indignation du roy de France et du duc de Thouraine, son frere ; et comment il fut recueilly du duc de Bretaigne. XXXV.
Cf. Fr., livre IV, ch. xxi-xxiv.

778. De la grant assemblee qui se fist à Amiens du roi de France et de ses oncles, et des oncles du roy d'Engleterre, sur fourme de Paix. XXXVI.
Cf. Fr., livre IV, ch. xxvii.

779. Cy parle, en brief, comment messire Pierre de Craon fist battre messire Olivier de Clichon, dont le roi et ses consaulz furent moult courouchiés. XXXVII.

Cf. Fr., livre IV, ch. xxviii.

780. De l'armee que fist le roi de France, en intencion d'aler en Bretaigne : et comment le roy devint mallade, parquoy le voyage se brisa. XXXVIII.

Cf. Fr., livre IV, ch. xxix.

781. Comment les treves furent ralongiés entre France et Engleterre : et comment le roy de France revint en santé. XXXIX.

Cf. Fr., livre IV, ch. xxxi.

Cy prent fin, doncques, le IIe livre de ce quart volume, et s'ensieult le troisiesme.

LIVRE III.

782. Cy commence le IIIe livre qui contient en soy xxvii chappittres : le premier desquelz traitte la fourme de la paix qui fu pourparlee et ottroyee entre les deux roys de France et d'Engleterre par le moyen des iiii oncles des deux roys.   Chapitre I.

    Cf. Fr., livre IV, ch. xxxv.

783. Cy parle comment les Parlemens furent prez d'estre rompus en deux manieres.   II.

    Cf. Fr., livre IV, ch. xxxv.

784. De la mort du Pape Clement d'Avignon et de l'election du Pape Benedic.   III.

    Cf. Fr., livre IV, ch. xxxvi.

785. Comment le roy d'Engleterre et son conseil donnerent au duc de Lanclastre, pour lui et ses hoirs, perpetuellement, la duchié d'Acquitaine et toutes les terres et seneschaussiés appendans à icelle : et comment le roy s'ordonna et fist ses pourveances pour aler en Irlande, et le duc de Lanclastre pour aler en Acquitaine.   IV.

    Cf. Fr., livre IV, ch. xxxviii.

786. Du trespas de la royne Anne d'Engleterre, fille au roy de Boesme et empereur d'Allemaigne.   V.

    Cf. Fr., livre IV, ch. xxxix.

787. Comment, apres le retour du roy Richard du pays d'Irlande, où il avoit conquis grant pays, et amené et pris quatre roys prisonniers, lesquelz il avoit conquis, il trouva aucuns seigneurs d'Aquitaine, lesquelz cy apres vous orrez nommer, et ce pourquoy ilz estoient venus.
VI.

Cf. Fr., livre IV, ch. xl.

788. Du reffus que ceux d'Acquittaine firent au duc de Lanclastre, et comment ilz envoierent en Engleterre pour remonstrer au roy et à son conseil la volenté de tout le pays. VII.

Cf. Fr., livre IV, ch. xli.

789. Comment la verité de ce voyage d'Irlande fu sceue par ung nommé Henry Cristede. VIII.

Cf. Fr., livre IV, ch. xlii.

790. De l'ambassade que le roy d'Engleterre envoya devers le roy de France pour traittier du mariage de dame Ysabel, aysnee fille de France, et de l'amiable responce qui leur fu faitte. IX.

Cf. Fr., livre IV, ch. xliii.

791. D'un escuier nommé l'Ermitte. Comment il fut envoyé de France en Engleterre, devers le roy et ses oncles. X.

Cf. Fr., livre IV, ch. xliii-xliv.

792. Cy fait mention du retour du duc de Lanclastre et de Robert l'Ermitte, et de pluiseurs autres besongnes. XI.

Cf. Fr., livre IV, ch. xliv.

793. Cy parle, en brief, comment le seigneur de la Riviere et messire Jehan Le Merchier furent mis hors de prison, et d'autres advenues. XII.

Cf. Fr., livre IV, ch. xlv-xlviii.

794. Comment la conclusion fu prinse à Paris du mariage du roy d'Engleterre à madame Ysabel, ainsnee fille au roy de France, et comment, aussy, le duc de Lanclastre se remaria. XIII.

Cf. Fr., livre IV, ch. l.

795. Comment Jehan de Bourgoigne, conte de Charollois, fist ung voiage en la sainte terre de Promission. XIV.

    Cf. Fr., livre IV, ch. l.

796. Comment le duc de Gueldres, par ses parolles, destourba le conte Derby de aller en Frise. XV.

    Cf. Fr., livre IV, ch. l.

797. Comment le conte de Saint Pol alla en Engleterre, et de ce qu'il y fist. XVI.

    Cf. Fr., livre IV, ch. l.

798. Cy parle du duc Aubert de Baviere et de son filz, le conte Guillamme d'Ostrevan. XVII.

    Cf. Fr., livre IV, ch. l.

799. Cy fait mention comment la dite armee que fist le duc Aubert en Frise luy pourfita pou. XVIII.

    Cf. Fr., livre IV, ch. l.

800. Comment le roy de France livra Yzabel, sa fille, au roy d'Engleterre, entre Ardre et Callaix, et des ordonnances qui là furent. XIX.

    Cf. Fr., livre IV, ch. li.

Nous trouvons dans Wavrin, qui reproduit presque mot pour mot le texte du chapitre correspondant de Froissart, un passage qui ne se lit point chez ce dernier. Il s'agit de l'entrevue des deux rois de France et d'Angleterre qui, après le vin et les épices, *parlementerent ensemble.*

Et là fut fait traitié entreulz [1], par condicion que la ville et chastel de Brest seroient rendus au duc de Bretaigne, et Chierebourg au roy de Navarre [2], parmy paiant au roy Richard d'Engleterre une moult grant

---

1. Charles VI, mort en 1422, et Richard II. L'entrevue eut lieu, entre Ardres et Calais, le 25 octobre 1396 (Anselme, I, 111).

2. Charles III, dit le Noble, couronné à Pampelune le 15 février 1389. Mort le 8 septembre 1425 (Anselme, I, 287).

somme de deniers que le roy Edouard, son taïon, avoit presté aux dessus nommez, le roy de Navarre et le duc de Bretaigne, à quy lesdites places estoient : pour laquele rendition desdites places plusieurs seigneurs d'Engleterre furent tres mal contentz, especialement le duc de Lanclastre, et plus cellui de Clocestre, comme plus amplement porrez oyr en ceste histore.

801. Cy dist, en brief, comment les Francois qui estoient à siege devant Nicopoly furent tous mors ou prins, et le siege levé par Lamorath Baquin. XX.
    Cf. Fr., livre IV, ch. LII-LIII.

802. Comment le duc de Clocestre soubtilloit et queroit manieres diverses pour grever le roy d'Engleterre, son nepveu: d'un disner que le dit roy fist, et de ce quy y advint. XXI.
    Cf. Fr., livre IV, ch. LVI; et Chr. de Richard II, p. 2-3.

Les quatorze premières lignes seulement de ce chapitre sont semblables au texte de Froissart. Wavrin copie le reste dans une *Chronique de Richard II*, imprimée par M. Buchon dans le XVe volume des *Chroniques de Froissart*. Il existe plusieurs manuscrits de cette Chronique de Richard II ; M. Buchon a relevé la plupart des additions ou variantes qui les font différer entre eux. Nous nous en tenons à son texte pour le comparer à celui de notre historien.

803. Cy fait mention comment le duc de Clocestre persevera en son propos de la destruction de son nepveu le roy Richard. XXII.
    Cf. Fr., livre IV, ch. LVI.

804. Comment les Londriens furent de l'acord au duc de Lanclastre, et de autres choses. XXIII.
    Cf. Fr., livre IV, ch. LVI-LVII.

805. Cy fait mention de la conspiration que firent le duc de Clocestre, et plusieurs autres princes d'Engleterre, à

l'encontre du roy Richard leur souverain seigneur.
XXIV.
Cf. Chr. de Richard II, p. 5-8.

806. Comment le duc de Clocestre fut prins du conte Mareschal, par le commandement du roy. XXV.
Cf. Chr. de Richard II, p. 8-10 ; et Fr., livre IV, ch. LVII.

Wavrin fond ensemble, dans son récit, la narration de la chronique de Richard II et celle de Froissart.

807. De Jehan de Bourgoigne, conte de Nevers, et de ceulz qui furent prins avec luy par les Turcs. XXVI.
Cf. Fr., livre IV, ch. LVIII-LX.

808. De la mort du duc de Clocestre et du conte d'Arondel ; et comment les autres oncles du roy Richard, et les Londriens, s'en contenterent. XXVII.
Cf. Fr., livre IV, ch. LXI.

Atant prent fin le IIIe livre de ce quart volume, et s'ensieult le quatriesme.

LIVRE IV.

809. Cy commence le quatriesme livre de ce present volume qui contient en soy xxxiiii chappittres : le premier desquelz fait mention de la grant assemblee qui fu faitte en la ville de Rains, tant de l'Empire d'Allemaigne comme du royaume de France, sur l'estat et union de l'Eglise. Chapitre I.

    Cf. Fr., livre IV, ch. lxii.

810. Comment le duc de Bourgongne ne fut pas à ces ordonnances; de l'allee de l'evesque de Cambray à Romme, et de ce qu'il y besongna. II.

    Cf. Fr., livre IV, ch. lxii.

811. Comment le conte Mareschal appella de gage à oultrance le conte Derby, filz du duc de Lanclastre, en la presence du roy et de tout son conseil, dont depuis vindrent pluiseurs maux en Engleterre. III.

    Cf. Fr., livre IV, ch. lxiii.

812. Comment le duc de Lanclastre se gouverna durans ces appeaux d'armes. IV.

    Cf. Fr., livre IV, ch. lxiii.

813. De la responce que fist le roy Richard à ses gens sur le fait de ces armes. V.

    Cf. Fr., livre IV, ch. lxiii.

814. Comment le roy Richard d'Engleterre rendy sa sen-

tence par laquelle il bany hors du royaume d'Engleterre le conte Derby, à terme, et le conte Mareschal, à tousjours. VI.

Cf. Fr., livre IV, ch. LXIV; et Chr. de Richard II, p. 12-13.

815. Cy devise comment le conte Derby et le conte Mareschal entrerent es lices pour combatre, mais il n'y eult riens fait. VII.

Cf. Chr. de Richard II, p. 14-18; et Fr., livre IV, ch. LXIV.

816. Comment le conte Derby et le conte Mareschal se partirent d'Engleterre et de la ville de Londres, le conte Derby pour venir en France, et le conte Mareschal pour aller en Allemaigne. VIII.

Cf. Fr., livre IV, ch. LXV.

817. Comment messire Guillamme, conte d'Ostrevan, envoya devers le conte Derby ses messages : et comment le dit conte Derby s'en vint à Paris, et comment il fut receus. IX.

Cf. Fr., livre IV, ch. LXVI.

818. Cy devise ung pou d'une assamblee qui se fist à Rains de l'empereur d'Allemaigne et du roy de France, pour mettre union en sainte Eglise. X.

Cf. Fr., livre IV, ch. LXVII.

819. De la response que le duc de Lanclastre fist au chevalier du conte Derby : et comment le dit duc de Lanclastre morut. XI.

Cf. Fr., livre IV, ch. LXVIII.

820. Du traittié de mariage encommencié entre le conte Derby et Marie, la fille au duc de Berry; et comment le roy Richard le fist empeschier par le conte de Saslebry. XII.

Cf. Fr., livre IV, ch. LXIX.

821. Comment le conte Derby se complaindy à ses chevaliers, qui le resconforterent : et de ce qui advint en En-

gleterre, quant il fut seu la verité de l'ambassade que avoit fait en France le conte de Saslebry. XIII.

Cf. Fr., livre IV, ch. lxix.

822. Cy parle comment le roy d'Engleterre se porta, apres le mandement fait pour aller sur les marces d'Irlande : et pour quel cause le conte de Northomberland et son filz furent bannis. XIV.

Cf. Fr., livre IV, ch. xx.

823. Du ressours des nouvelles qui ja longuement avoyent couru en Engleterre, et de la conclusion des Londriens. XV.

Cf. Fr., livre IV, ch. lxx.

824. Comment l'arcevesche de Canthorbye fut envoyez en France, devers le conte Derby, de par les Londriens et aulcuns grans consaux d'Engleterre, pour faire revenir le dit conte en son pays. XVI.

Cf. Fr., livre IV, ch. lxxi.

825. Comment le conte Derby prind congié du roy de France, et s'en vint en Bretaigne devers le duc, son cousin. XVII.

Cf. Fr., livre IV, ch. lxxii.

826. Comment le conte Derby arriva de Bretaigne en Engleterre. XVIII.

Cf. Fr., livre IV, ch. lxxiii ; et Chr. de R., p. 24.

827. Des apparaux de guerre qui se firent au contraire du dit conte Derby, duc de Lanclastre, à l'esmouvement du duc d'Yorth. XIX.

Cf. Chr. de R., p. 24-25.

828. Comment le duc d'Yorth et le marquis d'Excestre, atout leur host, tirerent devers le duc de Lanclastre ; et comment la pluspart de l'armee du roy Richard le habandonnerent en une nuyt, et que le dit roy devint. XX.

Cf. Chr. de R., p. 25-26, et Variantes, p. 67-69.

829. Comment le conte de Hostidonne ala devers le duc de Lanclastre, qui avoit envoyé le conte de Northomberland devers le roy Richard, et des ordonnances qui coururent entre les parties.   XXI.

Cf. Chr. de R. (Variantes), p. 69-71.

830. Comment, par les envelopemens des bourdes et le faux serment du conte de Northombreland, le roy Richard se mist à chemin pour aler à Fluich.   XXII.

Cf. Chr. de R. (Variantes), p. 71-72.

831. De la prinse du roy Richard, et comment lui et ses compaignons furent enfermez ou chastel de Fluich.   XXIII.

Cf. Fr., livre IV, ch. LXXIII ; et Chr. de R. (Variantes), p. 72-73.

832. Des piteuses lamentations que fist le roy Richard en la prison.   XXIV.

Cf. Chr. de R. (Variantes), p. 73-75.

833. Comment le conte de Northombreland retourna devers le duc de Lanclastre, auquel il conta de ses nouvelles : et comment le duc vint devers le roy Richard au chastel de Fluich.   XXV.

Cf. Chr. de R. (Variantes), p. 75-77 ; et Fr., livre IV, ch. LXXV.

Après avoir dit, ainsi qu'il est raconté dans la *Chronique de Richard II*, que le comte de Northumberland vint annoncer au duc de Lancastre l'emprisonnement du roi Richard au château de Flinth, Wavrin ajoute :

Or doncques, ung pou apres ces nouvelles, le duc de Lanclastre[1] envoya querir le comte de Hostidonne[2]

---

[1]. Henri de Lancastre, depuis Henri IV, usurpa le trône de Richard II. Couronné le 13 octobre 1399. Mort le 20 mars 1413 (Holinshed, II, 507-541).

[2]. Jean de Holland, comte de Huntington ; marié à Elisabeth, fille de Jean de Gand, duc de Lancastre. Ayant conspiré pour détrôner Henri IV, son beau frère, il fut décapité le 15 janvier 1400 (Holinsehd, II, 516). Dugdale (II, 78-79) met le jour *saint Maurice*, qui serait le 21 septembre 1399.

auquel, quant il fut venu, lui dist : « Beau frere, il seroit bon que retournissiez à Calais, le gouvernement de laquelle ne vous sera point osté, se aultre chose ne scavons estre en vous que ne sachons pour le present. Et là vous commettons estre, jusques à ce que nous arons besongniet avec monseigneur le Roy sur les materes dont vous et moy fusmes hier advisés. Et gardez, sus vostre vie, que nulz de la party de France n'y laissiez entrer ne parler à nulz, par lettres ne aultrement, jusques ad ce que le vous fachons scavoir. »

Le comte de Hostidonne, sans faire semblant de tristesse, print congiet du duc; car bien cognoissoit les choses ou party qu'elles estoient. Sy se party de sa belle ville d'Oxcestre, chevaulcha tant, que, sans aler voir sa femme, il vint à Douvres, où il se mist en mer et vint à Calais; mais sachiez que la doleur et tristesse estoit sy grand en luy, qu'il n'est nul qui ne le entendist dire : laquelle doleance et desplaisir il lui convint souffrir, car aultre chose n'en povoit avoir pour le le present : sy fut force de dissimuler.

834. Comment le roy et les siens chevaulcerent vers Londres avec le duc de Lanclastre et son armee, qui les fist mettre en prison estroitte.   XXVI.

 Cf. Chr. de R. (Variantes), p. 77-78 ; et Fr., livre IV, ch. LXXVI.

835. De l'estat de la royne d'Engleterre, et comment on lui bailla nouvelles gens : et comment le roy fut amenez dedens la tour de Londres.   XXVII.

 Cf. Fr., livre IV, ch. LXXVI; et Chr. de R. (Variantes), p. 78-79.

836. Comment le duc de Lanclastre, luy vi^e, ala en la tour de Londres parler au roy Richard, et de leurs devises.
            XXVIII.

 Cf. Fr., livre IV, ch. LXXVI; et Chr. de R., p. 27-30.

837. Comment le Parlement se tint ou palaix de Westmouster, pour la prinse du roy Richard ; et de ce qu'il y fut besongnié le premier jour. XXIX.

    Cf. Chr. de R., p. 30-31.

838. Comment le duc de Lanclastre revint, le lendemain, en Parlement : et de la sentence qui fu donnee sur le roy Richard, leur souverain seigneur, lui absent. XXX.

    Cf. Chr. de R., p. 31-33.

839. Cy fait mention de la tierche journee du Parlement et de ce quy y fut fait. XXXI.

    Cf. Fr., livre IV, ch. LXXVI.

840. Comment les ordonnances et les jugemens de ceste tierce journee furent acomplies rigoreusement. XXXII.

    Cf. Fr., livre IV, ch. LXXVI.

841. Comment le roy resigna sa couronne et son royaume en la main du conte Derby, duc de Lanclastre. XXXIII.

    Cf. Fr., livre IV, ch. LXXVII.

842. La maniere de la resignation du royaume d'Engleterre, par Richard de Bordeaux, à Henry de Lanclastre. XXXIV.

    Cf. Fr., livre IV, ch. LXXVII.

    Cy fine le quatriesme livre.

LIVRE V.

843. Cy commence le Ve Livre de ce present volume qui contient xiiii chappitres, dont le premier desquelz parle du couronnement de Henry de Lancastre, qui se fist du consentement du commun d'Engleterre, et de la maniere de la feste.   Chapitre I.
   Cf. Fr., livre IV, ch. LXXVIII.

844. Comment le conte de Hostidonne s'acointa du roy Henry, et fist la paix du conte de Saslebry.   II.
   Cf. Fr., livre IV, ch. LXXVIII.

845. Comment les nouvelles de la prinse du roy Richard furent sceues en France, par la venue de la dame de Coucy; et comment le roy en fut courrouchiez.   III.
   Cf. Fr., livre IV, ch. LXXIX.

846. Comment les Londriens eurent nouvelles des murmures aux Bordelois et Baionnois, et comment ilz pourveirent de remede.   IV.
   Cf. Fr., livre IV, ch. LXXIX.

847. Comment le roy de France envoia en Engleterre messire Charles de Labrech et messire Charles de Hangiers.   V.
   Cf. Fr., livre IV, ch. LXXIX.

848. Comment aulcuns seigneurs d'Engleterre misrent sus une armee pour destruire le roy Henry et delivrer le roy Richard.   VI.
   Cf. Fr., livre IV, ch. LXXX.

849. Comment le roy Richard fut mis hors du chastel de
   Londres et menez à Pontfret. VII.
   Cf. Chr. de R., p. 36.

Wavrin et l'auteur de la *Chronique de Richard II* ne s'accordent point sur la cause qui amena la translation de Richard à Pontfreit. Une conspiration faite en faveur de ce dernier détermina, selon Wavrin, Henri de Lancastre à prescrire cette mutation.

850. Comment le roy Henry assembla ses gens d'armes
   pour prevenir à l'emprinse de ses ennemis. VIII.
   Cf. Fr., livre IV, ch. LXXX.

851. Comment les seigneurs conjurez se maintindrent,
   doubtant d'estre acusez et descouvers. IX.
   Cf. Fr., livre IV, ch. LXXX ; et Chr. de R., p. 45-46.

852. De la grant occision fait à Succestre. Comment aulcuns des seigneurs se saulverent, et aucuns furent villainement mis à mort. X.
   Cf. Chr. de R., p. 46-49.

853. De l'ordonnance du roy Henry, quant il fut parti de
   Londres pour aller contre ses ennemis. XI.
   Cf. Chr. de R., p. 42-43.

854. La maniere de la mort du roy Richard. XII.
   Cf. Fr., livre IV, ch. LXXXII ; et Chr. de R., p. 49-53.

855. Comment le conte de Hostidonne, frere du roy Richard,
   fut prins et mis piteusement à mort. XIII.
   Cf. Chr. de R., p. 56-60 ; et Fr., livre IV, ch. LXXXII.

856. Comment le roy de France se maintint, quant il sceut
   la mort du roy Richard ; et comment il envoia ambaxadeurs en Engleterre, devers les consaulz, pour ravoir la royne sa fille. XIV.
   Cf. Monstrelet, t. I, ch. IV.

Cy prent fin le V⁰ livre de ce quart volume, et s'ensieult le VI⁰ et darrenier.

LIVRE VI.

857. Cy commeuce le VI⁰ et darrenier livre de ce quart volume, lequel contient en soy xxxi chappitres : ou premier il traite la cause pourquoy la discention s'esmeut entre le roy Henry et les seigneurs de Persy¹, apres la mort du roy Richard.   Chap. I.

Apres la mort du roy Richard, et que messire Thomas de Persy², alors connestable d'Engleterre, eut, par l'ordonnance du roy Henry, ramené par decha la mer la royne Yzabel, vesve de feu le roy Richard, et ycelle rendu es mains des seigneurs de France, comme cy dessus est contenu, icellui messire Thomas, retourné en Engleterre devers ledit roy Henry, nouvelles vindrent comment le conte de Douglas³, escochois, adcompaignié de grant peuple, estoit entré en Engleterre, où il faisoit de grans dommages : pour-

---

1. Monstrelet (I, chap. vii) parle très brièvement de cette dissension.
2. Thomas Percy, comte de Worcester, amiral, mort le 23 juillet 1403 (Dugdale, I, 285-286; et Carte, II, 659).
3. Archambaut IV, comte de Douglas, créé duc de Touraine par Charles VII. Il prêta serment de fidélité à ce prince le 19 avril 1423, avant Pâques (Rapin Thoyras, IV, 197; Du Tillet, II, 235). Tué à la bataille de Verneuil, donnée le 17 août 1424 (Monstrelet, V, chap. xix; *The Peerage of Scotland*, by Robert Douglas, p. 186).

quoy le roy ordonna audit de Persy, son connestable[1], grant armee pour remedier auz entreprinses dudit conte de Douglas; lequel connestable, aiant ceste charge, fist tel dilligence de poursievir ses annemis, qu'il les trouva et leur livra battaille[2]; dont il demoura victorien. Si prinst ledit conte de Douglas prisonnier[3], et l'emmena en son pays, où il le commist soubz bonnes gardes.

Quant le roy Henry sceut que le conte de Douglas estoit prisonnier, et que ses gens avoient guaignié la battaille, il envoia devers ledit messire Thomas[4] de Persy ung sien poursievant lui signifier que il luy envoiast le conte de Douglas en la ville de Londres[5]. A quoy ledit de Persy respondy que le conte de Douglas estoit son prisonnier, non pas du roy, et que point ne lui envoieroit, mais il yroit dedens brief jour devers luy pour faire son excusation.

Le roy, sachant ceste responce, fut moult troublé :

1. Henri Percy, comte de Northumberland, connétable d'Angleterre, mort le 28 février 1408 (Dugdale I, 276, 278; Carte, II, 669). Il était frère aîné de Thomas auquel Wavrin donne, par erreur, le titre de connétable.

2. Le 14 septembre 1402, à Homeldon-Hill (Lingard, II, 388), près Wollever, sur les frontières du Northumberland (Carte, II, 655). Wooler est situé sur un bras de la rivière le Till, dans le comté de Northumberland. Le comte avait avec lui son fils Henri, surnommé Hotspur.

3. Ce seigneur fut pris, non par Thomas Percy, mais par Henri Hotspur, son neveu (Carte, II, 658).

4. Thomas n'avait pas assisté à cette bataille; notre chroniqueur le confond sans cesse avec son frère ou son neveu. Le manuscrit de la Bibliothèque impériale, fonds Sorbonne, n° 432, porte *Henry*. C'est ce dernier nom qu'il faut lire partout ou Wavrin nomme *Thomas*.

5. Le roi fit défense au comte de Northumberland, à son fils et aux autres grands seigneurs, de disposer des prisonniers écossais, se réservant ce droit. Ses lettres sont datées du 22 septembre 1402 (Rymer, IV, partie I, 35-36).

si pensa bien qu'il s'en vengeroit dudit de Persy, mettant en oubly les bons services par luy recheuz dudit de Persy, ses parens et alyez : car, comme il a esté dit cy dessus [1], le conte de Northumberland, pere dudit messire Thomas, avec l'ayde de ses enfans et alyez, avoit esté cause principal de la destitution du roy Richard, et de l'augmentation et gloire du roy Henry, soubz certaines promesses, que ce roy Henry lui avoit faites, qu'il les devoit pourveoir et advanchier de grans offices ou roiaulme, dont il ne fist riens.

Ledit messire Thomas[2] de Persy, environ vi jours apres le partement du poursievant, s'en vint à Londres devers le roi ; lequel, quant il lui cuida faire la reverence et soy excuser, luy demanda, tres felonneusement, s'il luy avoit amené le conte de Douglas ; à quoy messire Thomas respondy que non, et qu'il estoit son prisonnier, en son pays : à laquele parolle le roy se couroucha et donna audit de Persy ung grant soufflet, lequel recheu par messire Thomas, se party de là, sans congié prendre, monta à cheval, et retourna en sa maison. Et de ceste villonnie se complaindy à son pere, [le conte de Northumberland], et à son frère, messire Jehan de Persy[3], et messire Henry[4] de Persy, conte d'Excestre, son oncle, et à ses autres amis, eulz priant qu'ilz le voulsissent aidier à vengier : lesquelz, tous ensamble, luy promisrent ayde et confort, disant que, comme ilz avoient esté cause de

1. Voyez ci-dessus, n° 830.
2. Le manuscrit ci-dessus mentionné met *Henry*.
3. Ralph (et non Jean) Percy était frère de Henri Hotspur. (Dugdale, I, 278).
4. « Thomas, comte d'Orsestre (Worcester.) » (Ms. fonds Sorbonne, n° 432).

eslever le roy Henry, ils renderoient paine de le priver et debouter du roiaulme.

858. Comment le roy Henry d'Engleterre desconfiz en battaille les seigneurs de Persy et leurs alyez. II.

Ceste conclusion prinse entre ceulz de Persy, ilz manderent tous leurs amis et alyez, par tous lieux où ilz cuidoient estre amez, pour les servir à leur besoing; puis s'en allerent ou pays de Galles, sans monstrer samblant de ce qu'ilz pensoient; et là, trouverent aucuns grans seigneurs du pays, lesquelz ilz scavoient estre de la partie du roy Richard, pour le tempz qu'il estoit en vie, et que tres fort avoient prins en hayne le roy Henry, disant à yceulz seigneurs que, se ilz voulloient, leur aideroient à boutter hors de Galles tous ceulz quy estoient es chasteaulz et villes de par ledit roy Henry, et à remettre leur droit heritier de la princhaulté de Galles en possession, et les autres seigneurs en leurs patrimones, lesquelz en avoient jadis esté deboutez par le roy Edouard II [1] de ce nom, qui les avoit desheritez, et apliquié le pays de Galles à la couronne d'Engleterre.

Ces seigneurs de Galles, oians ces Persias ainsi parler, furent moult joieux; car, à la verité dire, oncques les Gallois n'amerent naturelement les Anglois; car ilz se dient entreulz estre plus nobles de progeniture que les Anglois, pour ce qu'ilz sont issus et extrais des anchiens Bretons, lesquelz jadis tindrent toute la grant Bretaigne que maintenant occupent les Anglois; laquele, comme en ceste histoire est cy devant

1. Édouard I, et non Édouard II. Voy. Carte, II, 195.

contenu ou premier volume, ung grant prince, nommé Englist, concquesta sur les Bretons, si le repeupla de diverses nations : c'est à scavoir de Saxons, d'Allemans, Flamens, Picars, Northmans et autres peuples. Si fut le pays nommé Engleterre, pour Englist, lequel nom luy a duré jusques aujourd'huy.

Or donc, pour retourner à nostre propos, ceulz de Galles, moult joieuz de l'aliance faite et enconvenenchié au conte de Northumberland, et aux seigneurs de Persy, requirent que de ceste aliance lettres feussent faites, escriptes et scellees des seaulz des deux parties. Et, avec ce, pour plus fermement entretenir celle alyance, jurerent et promisrent, sur le *corpus Domini*, d'icelles convenences entretenir jusques à mort souffrir.

Les choses ainsi passees, chascun, de sa partie, manda gens, amis et alyez endroit soy. Et les seigneurs de la princhauté de Galles assemblerent leur povoir, prindrent jour, lieu et place pour eulz tous assambler en ung ost, adfin d'entrer en pays.

Le conte de Northumberland[1], messire Thomas de Persy et messire Henry tyrerent en leur marche, et envoierent en Escoche devers le conte de Douglas, pour cause duquel, comme oy avez, estoit venu ce maltalent, quy pareillement manda tous ses amis, lesquelz vindrent en grant nombre ; car lesdis seigneurs de Persy l'avoient delivré de prison, quitant sa raenchon pour estre de luy aydiés. Si s'assamblerent finablement tous ces seigneurs ou pays de Northumberland, où ilz se trouverent bien xxiv m. archiers de bonne

1. Il resta malade à Berwick et n'assista pas à la bataille dont il va être question (Carte, II, 658).

estoffe, et deux mille lanches, qui tousjours multi-
plioient et croissoient : lesquelz, tous ensamble et en
tres bonne ordonnance, entrerent en pays, où ilz commencerent à bouter les feux et mettre à l'espee tous
ceulz qu'ilz scavoient estre à eulz contraires, quy de
ce ne se donnoient garde ; car leur entreprinse fut si
subite, et tenue si secrete, que, se le roy Henry n'y
eust eu aulcuns amis couvers quy l'en advertirent secretement, la chose feust mal allee pour luy, et n'y
eust peu ou sceu mettre remede, que il n'eust esté
du tout deffait et debouté de son roiaulme, ou esté
prins ou mort. Mais tantost que yceulz seigneurs de
Persy, Gallois et Escochois, tous ensamble se furent
jointz et entrez en pays, messages vindrent à Londres, de tous costez, et raconterent au roy Henry les
grans maulz et dommages que jà avoient fait, et con-
tinuoient de faire les dis seigneurs de Persy et leurs
alyez.

Alors le roy Henry, moult troublé de ceste adventure, manda ses consaulz, ouquel comparurent tous
les ducz, contes, barons, evesques, abbez et prelatz
quy à Londres estoient ; lesquelz, tous ensamble, d'une
voix commune, dirent au roy : « Sire, longz consaulz
n'ont cy mestier, mais convient de fait pourveir à la
chose plus necessaire. Mandez et faites publier de
toutes pars que chascun se mette sus en armes, et
viengnent par devers vous, et, vous mesmes, tyrez auz
champs, adfin que chascun vous ensieve. Si, comman-
dez à tous connestables et maressaulx qu'ilz entendent
de ces nouvelles faire publier dilligamment, par toutes
les villes et citez de vostre roiaulme, que chascun,
endroit soy, vous sieve garny de vivres et artillerie,

comme en tel cas apartient, et que jour et nuit vous sievent et viengnent où vous serez.

Ce conseil tenu ainsi comme il fut dit et exécuté, le roy Henry, et les princes quy avec luy estoient, se preparerent et misrent en armes. Si se party le roy et eulz, les Londriens en sa compaignie; puis, quant le roy se trouva aux champz, il fist son ordonnance d'avant garde, battaille et arriere garde, lesqueles il bailla à conduire à ceulz qu'il scavoit estre à ce [propices et dignes de] ce faire. Luy en personne conduisi la battaille, le duc d'Yorc, son oncle [1], avec luy, et le jenne duc de Clocestre [2], le conte d'Arondel [3], le conte de Rosteland [4] et plusieurs autres grans seigneurs. En l'avant garde estoient le conte de Warewic [5], le conte d'Excestre [6], le conte de Sombreset [7], le seigneur de Ros [8] et plusieurs autres haulz barons; et en l'arriere garde estoit le jenne duc de Sudrien, avec luy plusieurs sages et notables chevalliers. Puis, quant

1. Le duc d'York n'assista pas non plus à cette bataille : il était mort dès le 1er août 1402. Voy. ci-dessus, p. 159, note 5, où, par erreur, nous avons mis 1401.

2. Humphrey, le plus jeune des fils de Henri IV. Il ne fut créé duc de Glocester que la première année du règne de Henri V. Mort le 28 février 1447 (Dugdale, III, 198-199).

3. Thomas, comte d'Arundel, mort le 13 octobre 1415 (Dugdale, I, 320-321).

4. Edouard, comte de Rutland, fils du duc d'York, tué en 1415 à la bataille d'Azincourt (Dugdale, II, 156-157).

5. Richard Beauchamp, comte de Warvick, né le 28 janvier 1381; mort à Rouen, le 30 avril 1439 (Dugdale, I, 242-247).

6. Thomas Beaufort ne fut créé *duc* d'Excester que la quatrième année du règne de Henri V. Mort le 27 décembre 1426 (Dugdale, II, 125-126).

7. John Beaufort, comte de Somerset, mort en 1410 (Dugdale, II, 121-122).

8. William Ros de Hamlake, mort le 1er septembre 1414 (Dugdale, I, 551-552).

tous furent assemblez, ilz se nombrerent bien à xxvi m. archiers et trois mille hommes d'armes; mais enfin furent plus de lx m. hommes.

Lors le roy Henry, se voiant estre prest et si puissant, commanda auz maressaulz de son ost et à son connestable qu'ilz se feissent aprester pour marchier, comme ilz firent. Si eut, à ceste heure, illec, si grant bruit et noise des trompettes, clarons et hannissemens de chevaulz, que grant horreur estoit à oyr, car les montaignes en retentissoient par tel fachon que on n'eust oy Dieu tonner. Tant estoient les chemins couvers de gens, chariotz et chevaulz, que, plus de deux lieues loingz, on oioit le bruit et tombissement : tant que c'estoit chose espouventable.

Finablement, tant exploiterent, le roy et son armée, de chevaulchier, que ilz aprocherent leurs annemis à demye journee pres [l'un de l'autre].

Quant les seigneurs de Persy sceurent la venue du roy Henry estre si prochaine, ilz ordonnerent leur bataille; puis, quant ilz furent aprestez, marcherent avant pour rencontrer leurs annemis. Si adviserent place la plus propice et plus advantageuse pour eulz qu'ilz peurent : ce fut aupres de Chyrosbury[1] où ilz conclurrent atendre leurs adversaires, comme ilz firent.

Quant tous furent prestz et ordonnez pour combatre, le conte de Northumbreland[2], messire Thomas de Persy et messire Henry, allerent de battaille à autre

---

1. A Hartlefield, environ une lieue de Shrewsbury (Carte, II, 659).
2. Le comte de Northumberland ne faisait point partie de l'expédition, comme nous l'avons dit ci-dessus, p. 180, note 1.

pour leurs gens enhorter à bien faire, en leur faisant plusieurs belles remonstrances, en ceste maniere : « Seigneurs, se à vous ne tient, aujourd'huy l'anchien nom britonicque que jadis eurent vos predicesseurs, sera par vous recouvré et remis sus, et en seront boutez dehors celle mauldite nation Englisse et Henry de Lanclastre, quy de nouvel a usurpé ce noble roiaulme et fait morir le roy Richard, avec maint vaillant chevallier, dont c'est grant pitié et dommage. »

Ainsi, comme vous pouvez oyr, admonnesterent leurs gens au bien faire ceulx de Persy, et telement les encoragerent, qu'il n'y avoit cellui qui n'eust le corage si haultain que advis leur estoit que nulz, fors Dieu, ne les povoit nuyre ; et, à la verité, comme j'ay esté informé par gens notables, quy disoient avoir veu chevalliers et gens d'auctorité qui ceste chose certiffioient avoir veue, ce fut la besongne non pareille qu'on ait oy en histoire.

Or doncques le roy Henry, qui, la nuit par devant, avoit envoié ses espies et coureurs pour scavoir le convenant de ses annemis, lesquelz coureurs, à part, luy dirent et raporterent que pour certain ilz l'atendoient de pié coy en une moult belle plaine, mais la voye à y entrer estoit moult difficile pour luy et ses gens, et tres advantageuse pour ses annemis, quy estoient en nombre plus de III^{xx} mille, où estoient grant foison Escochois et Gallois. Lequel raport oiant, le roy Henry, sans plus guere tarder, commanda que chascun se meist à chemin par ordonnance de battaille, comme ilz firent, jusques à ce que ilz furent à une lieue pres de leurs annemis, où ilz se logerent celle nuit, jusques au point du jour, que le roy Henry fist chanter la messe, armez de toutes pieches : puis, la messe oye, prinst une souppe en vin, monta à cheval, si ordonna ses battailles et les admonnesta de bien combatre, allant de rencq en rencq, disant, pour eulz encoragier, comment justement, à bonne cause et pour le commun pourfit de tout le roiaulme, il emprendoit ceste querelle, laquele il tenoit juste et lealle, et que chascun se disposast pour deffendre son principal droit. Puis fist desploier ses banieres; à scavoir, la baniere Saint George et la baniere Saint Edouard, puis sa baniere esquartelee de France et d'Engleterre : puis commanda à son connestable que, en l'honneur de Dieu et de Saint George, il fesist marcher son advantgarde : si en fut fait, ainsi qu'il l'avoit commandé.

Et de l'autre part, les seigneurs de Persy, advertis de la venue de leurs annemis, firent marchier leur advant garde, laquele conduisoit le conte de Douglas. puis, quant ilz se furent choisis de loingz, les archiers descendirent à pié, gectant ung grant et horrible cry, qui fut à oyr espouventable; puis le grant pas commencerent de marchier, en belle ordonnance, l'un contre l'autre, et les archiers de tyrer si dru et si espes, qu'il estoit advis auz regardans que ce feust une espesse nuee; car le solleil, quy lors estoit bel et cler, à ceste heure en perdy sa lueur, tant estoit le trait espes : et ad ce aidoit aussi la pouldre quy volloit contremont, avec l'allaine des hommes qui se commenchoient à eschauffer, tant que l'air en estoit tout obscurcy. Apres que le trait fut failly, ilz misrent les mains auz espees et haches, dont ilz commencerent à eulz entre occire; et les conducteurs des avant gardes ferirent chevaulz des esporons, et, les lances baissiés, s'entreferirent les ungz les autres, et là, s'entre occioient hommes et chevaulz, telement que pitié estoit à les veoir. Nul n'espargnoit son compaignon, ne misericorde n'y avoit lieu : chascun ne tendoit que à eschaper et soy mettre au dessus de sa partie ; ne là n'avoit amy ne parent, ains pensoient tous pour eulz mesmes. Telement et en tele egalité d'aigreur se combatirent, qu'il fut longue espace avant que l'en sceust extimer à quy en demourroit la journee et victore ; mais enfin, par la vaillance du conte de Douglas et ses compaignons, l'avant garde du roy fut ruee jus et tant que, à grant paine, les contes de Rosteland et de Warwic peurent avoir loisir, lieu ne espace d'eulz retraire vers la bataille du roy, qui venoit, chevaulchant le grant pas, pour secourir son advantgarde, qu'il veoit bransler et desconfir.

D'autre part, venoient le conte de Northumberland et les autres Persy, joieux et resbaudis de l'aparant de leur victore. Si assamblerent les battailles, où les cris et noises se multiplierent de tous lez ; trompettes et clarons menerent si grant bruit que merveilles, et c'estoit grant horreur à oyr les lamentacions des navrez quy finoient leurs jours miserablement entre les piedz des chevaulz. Là y eut si grant occision d'hommes, dont les corps gisoient sans ame, que la pareille ne fut veue de longtempz en Engleterre, et ceulz quy vivans estoient, mettoient paine, de tout leur povoir, à l'un l'autre occire ; sicque horrible et espouventable chose estoit à veoir, ne il n'y avoit si hardy, quy ne fremist de hide et paour ; car, comme j'ay oy raconter par bouche et par escript, on ne treuve en nul livre de ceste cronicque, depuis la concqueste du duc Guillaume, [que] il eust ou roiaulme d'Angleterre une sy horrible bataille[1] ne tant de sang crestien respandu comme en ceste dont nous parlons, qui fut chose pitoiable; [car la bataille dura longuement avant ce que on seust perchevoir à quy Dieu ottroieroit la victoire], car chascune des parties contendoit et desiroit fort à vaincre ses annemis.

Le roy Henry, à quy la chose touchoit plus que à nul autre, troublé du deffait de son advantgarde, qui estoit ainsi perdue, commenca, à haulte voix, de admonnester ses gens au bien faire, puis se fery en la bataille, où il fist mainte belle apartise d'armes, tant que, des deux costez, il fut tenu le plus vaillant chevallier; et fut raporté pour certain que, ce jour, de sa propre main, il occist xxx hommes de ses annemis: et, à verité dire, par le sens, vaillance et bonne conduite de luy, fut la bataille guaignié et les annemis desconfis. Mais, anchois, fut il trois fois porté par terre du conte de Douglas, et à le rescourre y eut maint homme mort et rué jus, quy oncques ne se releverent. Si est à croire que les seigneurs de Persy, qui, nagueres, avoient eu la premiere victore, furent moult esbahy; car se ilz eussent poursievy leur premiere fortune, ilz estoient au dessus de leur emprinse, de laquele les Anglois avoient fort fremy, et à grant paine les avoit le roy Henry fait marchier avant, pour la desconfiture de l'avant garde.

Finablement, le roy obtint la victore, et mist ses annemis en fuite et plaine desconfiture. Si y furent

1. Cette bataille se donna le 21 juillet 1403 (Carte, II, 659).

prins le conte de Douglas[1], messire Thomas de Persy, conte de Northumbelland[2], et messire Henry, son nepveu, auquel le roy fist prestement copper la teste. Et si y furent prins, pareillement, plusieurs estranges chevalliers et escuiers d'Escoce et de Galles, dont les aulcuns furent decollez, et les autres mis à raenchon.

Apres ceste desconfiture, le roy Henry regracia Nostre Seigneur de sa bonne adventure, puis se party du champ, à grant joye et leesse; mais, premierement, ordonna de l'enterrement des mors et visitacion des navrez; et, ce fait, envoia gens d'armes et archiers en Galles, pour assegier une ville qui se tenoit pour ceulz de Persy; laquele fut tantost prinse et remise en son obeissance. Lesqueles choses ainsi faites et achevees, et qu'il eut mis son roiaulme en bon estat, et pugny les rebelles, il se mist à chemin pour venir à Londres, où il donna congié à toutes manieres de gens d'armes, adfin que le pays ne feust foullé ne mengié, et ne retint avec luy que les princes et son estat.

Quant le roy aprocha Londres à une bonne lieue Englesse, le maisre dudit Londres et aucuns des plus notables de la ville luy vindrent au devant; si le bienvingnerent, puis il entra dedens la cité, où les rues estoient encourtinees en son passage. Evesques, abbez et prelatz d'eglise luy vindrent au devant, à maniere de procession, chantans *Te Deum laudamus*, et le peuple, à voix haultaine, alloit criant : « Bien viengne

1. Le roi lui rendit la liberté à cause de sa vaillance (Holinshed, II, 523). Il était encore prisonnier le 8 mars 1405 (Rymer, IV, première partie, 78).
2. Comte de Worcester. Voy. ci-dessus, p. 176, note 2.

le noble roy Henry, et Dieu beneye monseigneur le prince son filz[1]!» Puis, quant il vint devant le portail de l'eglise Saint Pol, il mist pié à terre, entra en l'eglise, et là fist son oraison, bien et devotement; puis, quant il eut fait son offrande, se party, et monta sur la barge quy luy estoit apareillié. Si s'en alla descendre au havre de Westmoustre, où il tint moult belle court et honnourable, où souvent luy venoient ambaxades de divers princes, lesqueles il recepvoit honnourablement et les faisoit festoier par ses gens, comme en tel cas apartient de faire; et, au partir, leur faisoit de beaux riches presens.

La renommee de luy, de son sens et de sa prudence s'estendoit en plusieurs pays et diverses regions; il maintenoit et amoit justice sur toutes riens, et, avec ce, estoit moult bel prince, sachant et eloquent, courtois, vaillant et hardi aux armes : et, au brief dire, estoit raemply de toutes vertus autant que paravant son tempz eussent esté nulz de ses predicesseurs, desquelz, quant à present, lairons un peu de parler, tant que heure soit d'y retourner.

859. S'ensieult la copie de la lettre que Loys, duc d'Orliens, frere germain du roi Charles de France, envoia au roy Henry d'Engleterre pour faire armes.   III.

   Cf. Monst., t. I, ch. ix.

860. La responce que fist le roy Henry auz lettres du duc d'Orliens.   IV.

   Cf. Monst., t. I, ch. ix.

---

1. Henri V, né en 1388, couronné le 9 avril 1413; marié à Catherine, fille de Charles VI; mort, au bois de Vincennes, le 31 août 1422 (*Art de vérifier les dates*, I, 814).

861. La copie de la lettre d'aliance que le duc d'Orliens avoit faite au roy Henry d'Engleterre, pour le tempz qu'il estoit en France. V.

Cf. Monst., t. I, ch. ix.

862. Seconde lettre en responce que fist le duc d'Orliens au roy Henry d'Engleterre. VI.

Cf. Monst., t. I, ch. ix.

863. La seconde lettre et darraine responce que fist le roy Henry au duc d'Orliens. VII.

Cf. Monst., t. I, ch. ix.

864. Comment le conte Waleran de Saint Pol envoia ses lettres de deffiance au roy Henry d'Engleterre. VIII.

Cf. Monst., t. I, ch. x.

865. Comment messire Jaques de Bourbon, conte de la Marche, alla, à puissance de gens d'armes, par mer, en Engleterre, et de ce quy luy en advint. IX.

Cf. Monst., t. I, ch. xi.

866. Comment l'admiral de Bretaigne et autres seigneurs desconfirent les Anglois sur mer. X.

Cf. Monst., t. I, ch. xi *bis*, et xiv.

867. Comment le marissal de France et le maistre des arballestiers allerent en Engleterre en l'ayde de ceulz de Galles. XI.

Cf. Monst., t. I, ch. xv.

868. De la mort du duc Phelippe de Bourgoigne : et comment le conte de Saint Pol alla, à grant puissance, en l'isle de Wic pour faire la guerre au roy d'Engleterre, où il fist peu de son pourfit. XII.

Cf. Monst., t. I, ch. xviii-xix.

869. Comment le conte de Saint Pol mena son armee devant le chastel de Mercq, et fut desconfy par les Anglois de la garnison de Callaix. XIII.

Cf. Monst., t. I, ch. xxiv.

870. Comment le conte de Saint Pol fist grans amas de gens d'armes pour venir, de rechief, guerroier les Anglois sur les frontieres de Callaix, et ailleurs.   XIV.

Cf. Monst., t. I, ch. xxiv.

871. Comment le duc Jehan de Bourgoigne eut le gouvernement de Picardie. De l'ambaxade d'Engleterre; et de l'estat messire Clugnet de Brabant.   XV.

Cf. Monst., t. I, ch. xxvi et xxvi *bis*.

872. Comment le duc d'Orlyens assega les villes de Blaines et de Burgie.   XVI.

Cf. Monst., t. I, ch. xxviii.

873. Comment le duc Jehan de Bourgoigne traita tant, devers le roy de France et son grant conseil, qu'il eut licence d'assegier Callaix.   XVII.

Cf. Monst., t. I, ch. xxix.

874. Comment les Lyegois se rebellerent contre Jehan de Baviere, leur evesque, et la cause pourquoy.   XVIII.

Cf. Monst., t. I, ch. xxxi.

875. Comment Loys, duc d'Orlyens, fut piteusement occis au commandement du duc Jehan de Bourgoingne.   XIX.

Cf. Monst., t. I, ch. xxxvi.

Le récit du meurtre du duc d'Orléans, tracé d'après Monstrelet, est précédé d'une récapitulation des griefs qui portèrent le duc de Bourgogne à faire assassiner son cousin. Le motif qui, selon Wavrin, mit Raoulet d'Auquetonville au nombre des assassins fut le désir de se venger du duc d'Orléans qui, non content de lui avoir enlevé sa femme, lui fit ôter l'office de général de Normendie. Voici le texte de Wavrin :

Et la cause si fut, pour ce que lors on disoit communement que ce duc d'Orlyens[1] tenoit la femme du

1. Louis de France, duc d'Orléans, fils de Charles V, assassiné le 23 novembre 1407 (Anselme, I, 205-206).

dit Rollet, en faisant d'ycelle sa voulenté. Et pour ce que ledit Rollet s'en estoit aucunement aparçeu et en avoit parlé, fist tant ledit duc, par devers le Roy et son conseil, que cette office de general fut donnee à un autre personne. Dequoy ledit Rollet prinst en soy ung moult grant desplaisir, et non sans cause.

876. Des treves acordees, à durer III ans, entre les deux royz et roialmes de France et d'Engleterre. XX.

Assez tost apres ces choses advenues, le roy Charles de France[1] eut conseil d'envoier aucuns seigneurs et prelatz en Engleterre devers le roy Henry[2] pour obtenir unes treves[3] entre les deux roiaulmes, à durer trois ans, lesqueles furent acordees, quoy que feust, puis s'en retournerent les ambaxadeurs en France.

Le roy Henry d'Engleterre, qui estoit sage et congnoissant en toutes choses, assambla en ce tempz grant conseil en son pallaix de Wesmoustre, ouquel furent plusieurs archevesques et evesques, ducz, contes, barons et chevalliers, qui retournerent maint article touchant les nouvelles advenues de France. Si leur fut bien advis que pour la mort du duc d'Orlyens se causeroient de grans destructions entre les Francois, les ungz contre les autres, à scavoir pour les deux parties, Bourgoigne et Orlyens. Si fist lors le roy Henry deffence à tous ceulz qui hantoient l'excercite des armes, tenans son parti, tant es frontieres de Cal-

1. Charles VI.
2. Henri IV.
3. Elles sont datées du 10 juin 1408. Le roi de France les ratifia le 5 octobre suivant (Rymer, t. IV, partie I, 133).

laix comme en Guienne, en Bordelois et autrepart,
à tous ses capittaines que du debat desdites deux parties nulz d'iceulz ne se meslast, ne n'alast ayder ou
favorisier l'une ou l'autre, en quelque maniere que ce
feust, soubz encourre son indignation, et que assez
gens estoient les Francois, pour l'un l'autre destruire,
sans ce que on les aydast; et que, tout à tempz, porroit
on recouvrer de les guerroier, et qu'on atendist pour
veoir à quel fin la chose volroit tourner. A ceste conclusion s'acorderent assez bien tous ceulz d'Engleterre : si se reposerent un petit, en escoutant comment
les besongnes se porteroient. Durant lequel temps
qu'ilz avoient treves auz Francois, vindrent à Londres, devers le roy Henry, aulcuns deputez de par le
conseil de la cité de Lyege luy faire requeste d'avoir
certain nombre d'archiers pour les aidier contre Jehan
de Baviere, quy se disoit estre leur evesque[1].

Quant le roy oy les Lyegois ainsi parler et à lui
raconter la cause de leur guerre, il luy sambla, et
vray estoit, que bien y povoit envoier pour servir les
Lyegois aucun petit nombre de sauldars archiers, avec
eulz ung gentil homme pour les conduire, tous auz despens desdis Lyegois; lesquelz, avant qu'ilz partissent
d'Engleterre, furent payez pour trois mois de bel or et
bon argent. Si en y avoit assez quy eussent bien voulu
que le plaisir du roy eust esté de les laissier aller au
service des Lyegois, pour le bon payement qu'ilz

[1]. Jean de Bavière, élu évêque de Liége le 14 novembre 1389, à
peine âgé de dix-sept ans; il prit possession du siége, par commissaire,
le 9 mai 1390, et fit son entrée publique à Liége, le 10 juillet suivant.
Mort empoisonné le 6 janvier 1424 (Voy. *Histoire et chronicque de Liége*,
fol. 149 verso, Bibl. imp., ms. n° 8380^3; et Loyens, 102 et suiv.). Il
avait épousé Elisabeth de Gorlitz.

veoient et le gras pays qu'ilz scavoient estre en Lyege : mais le roy n'en voult congier que deux cens, si convint que les autres demouraissent. Les Lyegois, doncques, aians l'ottroy du roy de deux cens archiers, luy demanderent congié. Si se partirent de Londres avec les deux cens archiers, et chevaulcherent jusques à Sanduich, où ilz monterent sur mer et tant nagerent qu'ilz furent entrez ou Rin : et exploiterent telement que, sans nul encombrier, ilz vindrent en la cité de Lyege, où ilz furent joieusement recheus.

877. Comment Jehan de Baviere, assegié à Utreth par les Lyegois, envoia devers le duc de Bourgoingne, son beau frere, pour avoir secours. XXI.
Cf. Monst., t. II, ch. L.

878. Du grant conseil que le roy de France tint à Paris, pour avoir advis comment on procederoit contre le duc de Bourgoingne, touchant la mort du duc d'Orlyens. XXII.
Cf. Monst., t. II, ch. LI.

879. D'aulcunes choses qui advindrent en l'an mil IIII^c IX. XXIII.
Cf. Monst., t. II, ch. LIV, LV, LX, LXII.

880. Cy parle d'un conseil que le roy Charles tint à Paris, où il fut deliberé de faire guerre au roy Henry d'Engleterre. XXIV.
Cf. Monst., t. II, ch. LXV, LXVIII, LXXII, LXXIV.

881. Comment le duc de Bourgoigne prinst la ville et le pont de Saint Clou, où estoient en garnison les Orlyennois. XXV.
Cf. Monst., t. II, ch. LXXXVI-LXXXVII.

882. Comment le duc de Bourgoigne envoia ses ambaxades en Engleterre : et de la delivrance du seigneur de Croy et des enfans de la ducesse de Bourbon. XXVI.
Cf. Monst., t. II, ch. XCII.

883. Comment les ducs de Berry et d'Orlyens, et autres de leur alyances, envoierent devers le roy Henry d'Engleterre leurs ambaxadeurs, et de ce qui en advint. XXVII.
Cf. Monst., t. II, ch. xcIII-xcv.

884. Comment le roy de France se parti de Paris pour aller assegier Bourges. De la prinse de Boulinghuem : et des lettres du roy d'Engleterre. XXVIII.
Cf. Monst., t. II, ch. xcvI-xcvII.

885. Comment le roy Charles oy certaines nouvelles que ses adversaires estoient alyez au roy d'Engleterre, et du connestable de France quy alla en Boullenois. XXIX.
Cf. Monst., t. II, ch. xcvIII-cIV, et t. III, ch. cvIII *bis*-cxIII.

886. S'ensieut la copie de la lettre d'aliance que firent le roy d'Engleterre et ses enfans, d'une part, et les ducz de Berry, Bourbon, Orlyens et leurs alyez. XXX.
Cf. Monst., t. II, ch. cv.

887. Cy fait mencion de la mort de ce roy Henry d'Engleterre, quart de ce nom. XXXI.
Cf. Monst., t. II, ch. cvIII.

Les deux chroniqueurs, dont le récit est presque partout semblable, diffèrent seulement sur le lieu de la sépulture du roi Henri IV, que Monstrelet dit enterré à Westminster. Voici la version, plus exacte, de Wavrin :

Puis fut mené (*le corps*) par ung batel sur la riviere de Thamise jusques à Gravesende[1], et là fut porté sur une litiere à Cantorbie[2], où il fut mis en une moult riche sepulture de letton, pres de la fiertre Saint Thomas. Et de l'autre costé gist le noble prince de Galles,

---

1. Gravesend, dans le comté de Kent, à sept lieues de Londres, sur un terrain élevé, à la droite de la Tamise.
2. Cantorbery.

son oncle, quy fut pere au roy Richard, duquel il avoit usurpé le rengne, ainsi qu'il a esté cy dessus narré.

Et atant fine le quart volume de ces cronicques d'Engleterre. Si commencerons le V° au couronnement du roy Henry, son filz, V° de ce nom, en poursievant jusques à l'an LXXII, que rengne triumphamment Edouard le Debonnaire.

Explicit.

ANCHIENNES CRONICQUES D'ENGLETERRE.

CINQUIÈME PARTIE

LIVRE PREMIER.

888. Cy commence le Ve volume des Chronicques d'Engleterre, lequel contient en soy VI livres particuliers, chascun garni de chapittres parciaulx, dont le premier contient XXXIIII[1] chapittres : ou premier desquelz il parle du couronnement du roy Henry, V^e de ce nom, et de son ambaxade qu'il envoia en Constance.   Chap. I.

    Cf. Monst., t. II, ch. CVIII, et t. III, ch. CXXXVIII.

889. Comment le roy Henry d'Engleterre envoya son ambaxade devers le roy Charles de France.   II.

    Cf. Monst., t. III, ch. CXL, CXLI, CXLV.

Le roi d'Angleterre ayant assemblé son conseil pour délibérer sur les affaires du royaume, la guerre contre la France y fut décidée, disent Monstrelet et Wavrin ; mais, ajoute ce dernier,

Avant ce qu'ilz feussent venus ou assamblez, le roy Henry, quy estoit le plus vertueuz et prudent de tous les princes crestiens regnans en son temps, adfin de acquiter et deschargier l'ame de son feu pere, fist faire ung charriot couvert de noir, puis envoia querir le

---

1. Le manuscrit porte LXIII.

corps mort du roy Richard que le roy Henry son pere avoit [fait] enterrer en une petite eglise assez pres de Pontfret. Si le fist amener à Londres, adcompaignié d'evesques, abbez, chevaliers et escuiers, atout grant foison torses allummees, et passerent parmy Londres jusques à l'eglise de Saint Pol, où, celle propre nuit, reposa jusques à lendemain qu'il fut mené à Westmoustre : et là, en grant sollempnité, apres son service adcomply, fut mis en son sarcus qu'il avoit fait faire pour luy et la royne, sa premiere femme, [qui], en son vivant, avoit esté fille du roy de Behaigne[1].

890. D'une grant armee que fist le roy d'Engleterre en intencion de passer en France; et de l'ambaxade que le roy des Francois envoia en Engleterre.   III.

Cf. Monst., t. III, ch. CXLV.

891. De la replique de l'archevesque de Bourges; et des lettres que le roy d'Engleterre envoia au roy de France.   IV.

Cf. Monst., t. III, ch. CXLV-CXLVII.

892. Comment le roy d'Engleterre faisant son assemblee à Hantonne, aulcuns princes machinerent contre luy, dont il prinst vengance. De la prinse de Harfleu, et d'autres besongnes.   V.

Cf. Mémoires de Saint-Remy, t. VII, ch. LV-LVI.

893. Du grant mendement que fist le roy de France parmy son royaulme pour obvier auz entreprinses du roy d'Engleterre, son adversaire.   VI.

Cf. Monst., t. III, ch. CL.

894. Comment le roy d'Engleterre entra à Harfleu : com-

---

1. Anne de Luxembourg, fille de Charles IV, empereur et roi de Bohême. Morte en 1394 (Moréri, I, 64).

ment il alla vers Callaiz, et de ce quy luy advint en
chemin.   VII.

    Cf. Saint-Remy, t. VII, ch. lvii-lix; et Monst., t. III, ch. cli.

Wavrin emprunte tour à tour le récit de ces deux chroniqueurs ;
il ajoute cependant à la narration du premier les noms de *messire
Guichart Daulphin*[1] et du *mareschal de Bouchicault*[2], qui gar-
daient, avec d'autres seigneurs et six mille hommes, le passage de
la Blanche-Tache.

895. Comment les Francois conclurent de combatre le roy
    d'Engleterre ; et comment le roy de France envoia de-
    vers le conte de Charolois, seul filz du duc Jehan de
    Bourgoigne, adfin qu'il feust à la journee.   VIII.

    Cf. Monst., t. III, ch. clii.

896. Comment le roy d'Engleterre se gouverna depuis qu'il
    fut passé la riviere de Somme, et comment il vint logier
    à Maisoncelles, aupres d'Azincourt.   IX.

    Cf. Monst., t. III, ch. clii; et Saint-Remy, t. VII, ch. lx.

897. Comment le connestable de France et les princes fran-
    cois ordonnerent leurs battailles le vendredy au matin.
                                                           X.

    Cf. Saint-Remy, t. VIII, ch. lxi-lxii.

898. Comment le roy d'Engleterre commença de marchier
    avant ; et du parlement quy se fist entre les deux ostz
    avant qu'ilz assamblassent.   XI.

    Cf. Saint-Remy, t. VIII, ch. lxii.

Avant la bataille d'Azincourt il y eut des propositions de paix
entre les Français et les Anglais ; mais ils ne purent s'entendre et

---

    1. Guichard Dauphin, II du nom, seigneur de Jaligny et de la Ferté-
Chauderon, en Nivernois, gouverneur du Dauphiné, conseiller et chambellan du Roi, souverain maître de son Hôtel, tué à la bataille d'Azincourt (Anselme, VIII, 346).

    2. Jean le Meingre, II du nom, dit Boucicault, commandait l'avant-
garde de l'armée française à la bataille d'Azincourt, et il fut fait prisonnier. Mort en Angleterre en 1421 (Anselme, VI, 762).

sè préparèrent alors au combat. Wavrin, qui copie fidèlement Saint-Remy dans la relation qu'il donne de cette journée, ajoute le passage suivant :

Or est vray que aulcuns de par de cha ont mis hors à scavoir que le roy d'Engleterre offry auz Francois que, se ilz voulloient laissier passer paisiblement luy et son ost jusques à Callayx, et livrer vivres en les paiant, par raison, courtoisement, qu'il renderoit la ville de Harfleu avec les dommages et interestz que fais avoit au moyen de ladite conqueste et voiage ; mais, desplaise à ceulz quy le recordent, ce fut chose controuvee ; car oncques le roy d'Engleterre ne se restraigny lors oultre la demande devant ditte.

899. De la mortele bataille d'Azincourt, où le roy d'Engleterre desconfy les Francois. XII.
    Cf. Saint-Remy, t. VIII, ch. LXII-LXIII; et Monst., t. III, ch. CLIII.

900. Comment le roy Henry vint à Callaix, et, de là, passa en Engleterre, où il fut recheu à grant leesse. XIII.
    Cf. Saint-Remy, t. VIII, ch. LXIII-LXIV.

901. Cy fait mention des ducz, contes, barons et chevalliers, et nobles quy morurent à la bataille d'Azincourt, et de ceulz quy y furent prisonniers. XIV.
    Cf. Saint-Remy, t. VIII, ch. LXIV-LXV.

Après avoir donné la liste des noms de ceux qui moururent à Azincourt, Wavrin, qui jusque-là copie exactement Saint-Remy, ajoute :

Tant de nobles hommes et gentilz escuiers y morurent que pitié estoit, *comme je, acteur de ceste euvre, vey à mes yeux*, avec ce que j'en ay enquis aux officiers d'armes et autres, estans es deux ostz, que j'ay bien esté adverty de la verité de tout ce quy là fut fait du party des Anglois comme des Francois : et mesmement en fus largement infourmé par messire Hues de Lannoy[1] et Guilbert, son frere[2], lequel messire Hues y fut prins prisonnier, mais il eschappa la nuytié.

Nous ferons remarquer que Saint-Remy annonce, comme le fait Wavrin, qu'il tient des sires Hues et Guilbert de Lannoy les particularités relatives à cette bataille.

902. Du grant dueil quy fut parmy le roiaulme de France, especiallement à la court du roy, pour la perte d'Azincourt : et comment le roy des Rommains vint en France et passa en Engleterre.   XV.

Cf. Saint-Remy, t. VIII, ch. LXVI et LXIX.

903. Comment l'Empereur se party d'Engleterre sans riens besongner touchant la foy de France.   XVI.

Cf. Saint-Remy, t. VIII, ch. LXIX.

904. Comment le roy d'Engleterre envoya le duc de Clarence, son frere, atout une puissant armee, pour lever le siege de devant Harfleu.   XVII.

Cf. Saint-Remy, t. VIII, ch. LXX-LXXI.

905. Comment le conte Durset, à quatre mille combatans, alla courre devant Rouen et ou pays de Chaux, et de ce qu'il luy en advint.   XVIII.

Cf. Monst., t. III, ch. CLXXI.

906. Comment le roy d'Engleterre, atout grant puissance de gens d'armes, vint prendre terre à Toucque, en

---

1. Hugues de Lannoy, seigneur de Sante, chevalier, conseiller et chambellan de Charles VI et du duc de Bourgogne, maître des arbalestriers du roi en 1421. Mort le 1er mai 1456, âgé de soixante et douze ans (Anselme, VIII, 72).

2. Guillebert ou Gilbert de Lannoy, seigneur de Villerval. Mort le 22 avril 1462 (Anselme, VIII, 77).

Nortmandie, où on lui rendy, à sa venue, le chastel par traitié. XIX.

Cf. Saint-Remy, t. VIII, ch. xc; Monst., t. IV, ch. clxxix.

Au nombre des seigneurs qui accompagnèrent le roi d'Angleterre, Wavrin comprend les comtes de Northumberland[1], d'Arundel[2], et messire Jean, fils du seigneur de Cornouailles[3], dont les noms manquent à la liste donnée par Saint-Remy.

907. Cy fait mencion du grand exploit que fist lors le roy d'Engleterre ou pays de Northmandie. XX.

Cf. Monst., t. IV, ch. cxciv, cxcv, cxcix, clxxxix.

908. Comment le roy de France envoia une grosse garnison à Rouen, pour garder la ville contre les Anglois. XXI.

Cf. Monst., t. IV, ch. cci, cxcix.

909. Comment le roy d'Engleterre mist le siege devant la bonne ville de Rouen. XXII.

Cf. Monst., t. IV, ch. ccii, ccvi; et Saint-Remy, t. VIII, ch. xci.

910. Des choses quy se firent et advindrent devant le siege de Rouen. XXIII.

Cf. Monst., t. IV, ch. ccvii.

911. De la maniere comment la bonne ville de Rouen se rendy au roy d'Engleterre. XXIV.

Cf. Monst., ch. ccviii-ccix.

912. D'un parlement quy fut tenu entre les deux roys de France et d'Engleterre et leurs consaulx. XXV.

Cf. Monst., t. IV, ch. ccx-ccxiii.

913. Comment le Dauphin et le duc de Bourgoigne s'as-

---

1. Henri Percy, comte de Northumberland, fils de Hotspur, tué à la bataille de Saint-Alban, en 1455 (Dugdale, I, 280-281).

2. John Filz-Alan, comte d'Arundel. Mort le 29 avril 1431 (Dugdale, I, 321-322).

3. John de Cornwalls, depuis lord Stanhope. Mort le 1er décembre 1443, ne laissant pour héritiers que deux fils bâtards : l'un nommé John, l'autre Thomas (Dugdale, III, 212-213).

samblerent, sur fourme de paix, aupres de Melun, et prindrent jour d'ycelle paix conclure à Monstreau où fault Yonne. XXVI.

    Cf. Monst., t. IV, ch. ccxiii-ccxv.

914. Comment la ville de Ponthoise fut prinse par les Anglois. XXVII.

    Cf. Monst., t. IV, ch. ccxvi.

915. Comment le roy d'Engleterre envoia son frere, le duc de Clarence, assegier la ville de Gisors, quy se rendy en l'obeissance du roy d'Engleterre. XXVIII.

    Cf. Monst., t. IV, ch. ccxvii.

916. Comment le Chastel Gaillart et la Roche Guyon furent rendus au roy d'Engleterre : et de la piteuse et trahiteuse mort du duc Jehan de Bourgoigne. XXIX.

    Cf. Monst., t. IV, ch. ccxviii-ccxxiii; et Saint-Remy, t. VIII, ch. xcvii.

Lorsque la nouvelle de l'assassinat du duc de Bourgogne parvint jusqu'à la cour, elle en fut toute troublée, disent Saint-Remy et Wavrin; ce dernier ajoute :

D'autrepart, quant le roy d'Engleterre fut de ce adverty, à scavoir ung jour apres la chose advenue : « Grant dommage, dist-il, est du duc de Bourgoigne[1]; il fut bon et leal chevallier, et prince d'honneur; mais, par sa mort, à l'ayde de Dieu et de Saint George, sommes au dessus de nostre desir. Si aurons, malgré tous Francois, dame Katherine[2], que tant avons desiree. »

917. Comment le duc Phelippe de Bourgoigne envoia son

---

1. Jean, duc de Bourgogne, surnommé *Sans peur*. Assassiné sur le pont de Montereau, le 10 septembre 1419 (Anselme, I, 239).

2. Catherine de France, fille de Charles VI; mariée à Henri V, roi d'Angleterre. Morte en 1438 (Anselme, I, 115).

ambaxade devers le roy d'Engleterre : et comment il s'emploia à la vengance de la mort du duc son pere. XXX.

<small>Cf. Monst., t. IV, ch. ccxxiv-ccxxv; et Saint-Remy, t. VIII, ch. xcviii.</small>

918. Comment François, Anglois et Bourguignons commencerent à guerroyer les Dauphinois. XXXI.

<small>Cf. Monst., t. IV, ch. ccxxvii-ccxxviii.</small>

919. De la venue du duc de Bourgoigne à Troyes, et de ce que les Anglois y firent. XXXII.

<small>Cf. Monst., t. IV, ch. ccxxix-ccxxx.</small>

920. Comment le Daulphin envoia grosses garnisons par toutes les bonnes villes et chasteaux tenans son party. XXXIII.

<small>Cf. Monst., t. IV, ch. ccxxx-ccxxxii.</small>

921. De la venue du roy d'Engleterre à Troies, et du mariage de lui et de madame Katherine de France. XXXIV.

<small>Cf. Monst., t. IV, ch. ccxxxiii.</small>

Cy prent fin le premier livre de ce chinquiesme volume.

LIVRE II.

922. Cy commence le IIe livre, lequel contient xxx chappittres. Ou premier il est dist comme les rois de France et d'Engleterre, apres cest acord fait, se joindirent ensamble, avec eulz le duc de Bourgoigne, tant pour reconquerir le royaulme, comme pour vengier la mort du duc Jehan.   Chapitre I.

    Cf. Monst., t. IV, ch. ccxxxiv-ccxxxv.

923. D'une grant armee quy se fist en Behaigne sur les Praguois, que pour lors on disoit les Houlz.   II.

    Cf. Saint-Remy, t. VIII, ch. cm.

Wavrin, qui fit partie de cette expédition, copie néanmoins mot pour mot Saint-Remy, en intercalant dans le récit les passages que nous imprimons en caractères italiques.

En 1420 le pape ordonna une croisade contre les Pragois « de laquelle estoient conducteurs, avec grant foison princes d'Allemagne, l'evesque de Coullongne [1], l'archevesque de Treves [2], l'evesque de

---

    1. Thierri II de Meurs, *archevêque* de Cologne, prit la croix en 1422 pour aller faire la guerre aux Hussites en Bohême, mais il ne rapporta de cette expédition que la honte d'avoir été battu et mis en fuite (*Art de vérifier les dates*, III, 278).

    2. Otton de Jiegenhayn, archevêque de Trèves. En 1420, ayant pris les armes contre les Hussites, à la prière du pape Martin V, il partit avec

Lyege¹, l'evesque de Maience², le duc Loys en Baviere³, *duc de Heldeberg*, le marquis de Nuisse⁴, et autres, lesquelz tous ensamble estoient XLII, que ducz, que comtes ou marquis. *Et moy, acteur de ceste euvre, estoie en ceste armee avec* les Savoiens, desquelz estoit chief le seigneur Days⁵, avec luy le seigneur de Varenbon⁶, le seigneur de Grollee⁷, *Pierre de Menton*⁸, mes-

une armée considérable pour la Bohême, où il se joignit au duc de Saxe qui commandait ses troupes, et au marquis de Brandebourg, ayant celles de Franconie sous ses ordres. Ces trois princes marchèrent de concert pour faire le siége de Meyssen; mais une irruption subite des ennemis jeta une telle épouvante dans le camp, qu'ils prirent honteusement la fuite. Ayant rassemblé de nouvelles forces pour réparer cet échec, ils en essuyèrent un second, non moins ignominieux, dans le cours de la même année (ID., *ib.*, p. 305).

1. Jean VII de Heinsberg, évêque de Liége. Il reçut à Liége, le 23 juin 1421, le cardinal Branda, légat du saint-siége, qui venait pour y prêcher la croisade contre les Hussites. L'évêque prit la croix le 1ᵉʳ août et se mit en route, le même jour, pour la Bohême, avec la fleur de la noblesse du pays. Cette expédition fut de trois mois, sans aucun avantage marqué (ID., *ib.*, 152).

2. Conrad III, *archevêque* de Mayence (ID., *ib.*, 245). Nous ne voyons nulle autre part qu'il ait été à cette guerre.

3. Monstrelet (ch. ccxxxv) le désigne ainsi : *Le comte Louis du Rhin.* Louis III, dit le Barbu, fils aîné de Robert III, succéda en 1410 à l'Electorat. Il présida, en 1415, à la condamnation de Jean Hus, et, en 1416, à celle de Jérôme de Prague. Mort, à *Heidelberg*, le 29 décembre 1436 (*Art de vérifier les dates*, III, 324).

4. Frédéric le Belliqueux, marquis de Misnie, battit les Hussites à Brixen, en 1421. Sigismond, pour le récompenser, lui accorda l'électorat de Saxe le 6 juin 1423. Mort le 4 janvier 1428 (ID., *ib.*, 414).

5. Humbert de Seyssel, seigneur d'Aix (Guichenon, *Histoire de Savoie*, I, 462).

6. François de La Palu, chevalier de l'Ordre du collier de Savoie, seigneur de Varembon, fit son testament le 6 novembre 1456 et mourut cette même année (Guichenon, *Histoire de Bresse et de Bugey*, etc., suite de la IIᵉ partie, p. 292-295).

7. Antoine, seigneur de Grolée, chevalier de l'Ordre du collier de Savoie, assista aux réunions dudit Ordre tenues de 1410 à 1434 (Guichenon, ID., *ib.*, suite de la IIIᵉ partie, p. 114).

8. Pierre de Menthon, chevalier, seigneur de Montrolier, assistait aux

sire *Amé de Challan*[1], *Jehan de Compois*[2], et pluiseurs autres desoubz : et, en la compaignie du duc de Heldeberg, *venismes par Neremberg et par Aigre*[3], qui est la premiere ville de Behaigne, où nous trouvasmes grant foison des Princes atendans. Puis passames la forest, et lors entra toute la puissance ou plain pays *de* Behaigne, quy moult est bel et plentureuz de tous biens, plain de villes, villages et chasteaulx. Si y mettoit on tout à destruction, par feu et par espee, hommes, femmes et enfans, *sans en prendre quelque mercy*. Et, à la verité, comme pluiseurs notables personnes racontoient, *et aussi selon ce que je povoie veoir et ymaginer, quant nous venismes* en une grant plaine, assez pres de la ville de Souch[4], où on mist le siege, la puissance des gens armez à cheval fut exstimee à cent et chinquante mille personnes, sans les gens de pyé, chartons, marchans, vivendiers, *gens de mestiers et pyons*, quy furent bien exstimez à LX^m. Laquele puissante armee fut à siege environ ung mois devant ceste ville ; mais une envye et convoitise se bouta et esleva entre les princes : parquoy ceste belle armee se rompy

---

funérailles de Philippe de Savoie, en 1452, et portait le timbre des armes de ce prince (Guichenon, Id., *ib.*, suite de la IIe partie, p. 256).

1. Amé de Chalant, chevalier, seigneur de Varey, fut un des députés envoyés par Louis de Savoie, prince d'Achaye, pour conclure la paix entre lui et le marquis de Montferrant, en 1410. Il fit son testament le 10 décembre 1476 (Guichenon, Id., *ib.*, suite de la IIIe partie, p. 74).

2. Jean de Compeys, seigneur de Gruffy (Guichenon, *Histoire de Savoie*, I, 464). Il fut un des ambassadeurs du duc de Savoie, Amé VII, qui, en 1432, allèrent demander en mariage, pour Louis, depuis duc de Savoie, Anne de Lusignan. Ils l'amenèrent à Chambéry, où les noces furent célébrées en 1433 (Guichenon, *Hist. de Bresse et de Bugey*, partie I, p. 82).

3. Eger, Egra.

4. Schlau?

soubittement, sans gueres prouffiter, *et aussi, la nuit avant le partement, vindrent en l'ost nouvelles de par l'Empereur, lequel mandoit aux princes que ce n'estoit pas bien son plaisir qu'ilz estoient là ainsy venus, et que plus avant ne procedassent ou allassent avant en cest exploit, et luy sembloit bien qu'ilz avoient grant tort, veu que assez scavoient comment le royaulme d'Angle ou Behaigne estoit sien. Pourquoy ilz furent tant plus presls de partir*, et telement que, à les veoir partir de leur siege, sembloit qu'ilz feussent chassiés de leurs annemis. En celle armee estoit le cardinal d'Escestre[1], qui estoit d'Engleterre, quy disoit par grant desplaisir, voiant ce desroy, que s'il eust eu, ce jour, x^m archiers d'Engleterre, il euist, tout aise, rué jus toutes les compaignies qui là estoient : et vray disoit, car l'un n'atendoit l'autre. *Si fut bien merveille que mal n'en advint, comme il eust fait se les annemis eussent esté gens d'emprinse.* Ainsi, comme vous oez, se departi ceste grosse armee, sans gueres prouffiter : desqueles choses me passe, atant, pour rentrer en ma matere. »

924. Comment les roys de France et d'Engleterre, et le duc de Bourgoigne, assegerent la bonne ville de Melun.   III.

Cf. Monst., t. IV, ch. ccxxxvi.

925. Cy apres fait mencion de pluiseurs places qui se rendirent, durant le siege de Melun, aux roys de France et d'Engleterre, et de la venue du roy d'Escoce.   IV.

Cf. Monst., t. IV, ch. ccxxxvii-ccxxxviii.

1. Henri Beaufort, évêque, puis cardinal de *Winchester*, frère de Henri IV (Rapin Thoyras, IV, 188, 240, 523).

Wavrin commence son chapitre par le récit d'un fait omis par Monstrelet. Le voici :

En ce mesmes tempz, le (roi) estant devant Melun, le roy d'Escoche[1] fut amené d'Engleterre en France devers le roy Henry, où il fut honnourablement recheu des deux roys de France et d'Engleterre, et du duc de Bourgoigne. Icellui roy d'Escoche, dont à present faisons mencion, estoit prisonnier du roy Henry; et la maniere de sa prinse, je le vous diray comme j'ay esté depuis informé par deux chevalliers notables, natifz du royaulme d'Engleterre, lesquelz me raconterent que le roy David d'Escoche avoit un filz, nommé James, lequel grandement desiroit de faire le saint voyage de Jherusalem; si fut conseillié, pour seurement adcomplir son desirier, qu'il avoit besoing d'avoir ung sauf conduit du roy Henry, lequel il obtint pour luy, xxe de gentilz hommes, puis fist ses aprestes et prinst congié du roy son pere. Si s'en vint en Engleterre, où il fut honnourablement festoié et grandement recheu du duc de Clocestre, frere du roy,

1. Jacques I, fils de Robert III, fut envoyé en France par son père, afin de lui éviter le sort de son frère aîné qui venait d'être la victime de l'ambition de son oncle, le duc d'Albanie. Ce prince, voulant s'emparer de la couronne d'Écosse, commençait, pour aplanir les difficultés, par se défaire de ses neveux. Le roi d'Écosse, trop faible pour oser venger la mort de son fils, mais voulant préserver Jacques du même sort, envoya ce jeune prince en France. Le vaisseau ayant relâché sur les côtes d'Angleterre, Jacques y fut retenu prisonnier par Henri IV (1406) et enfermé à la tour de Londres où il resta dix-sept ans (Rapin Thoyras, IV, 53). Il ne passa en France qu'après s'être engagé envers Henri V de demeurer avec lui jusqu'à la fin de la guerre, le but du roi d'Angleterre étant de faire intervenir l'autorité de Jacques (alors roi d'Écosse), pour obliger les Écossais, qui servaient le dauphin contre Henri V, à retourner dans leurs pays. Cette convention porte la date du 31 mai 1421 (Rymer, IV, partie IV, p. 107).

et des autres grans seigneurs, dames et damoiselles. Or advint que, luy ancores illec sejournant, il fut adverty d'une griefve malladie prinse au roy son pere, de laquele il morut, dont il fut grandement doullent, quant il en sceut la verité par les princes et grans seigneurs du royaulme d'Escoche quy luy nuncherent, comme au seul filz et heritier de la couronne, en luy signifiant qu'il venist prendre la possession de ses terres et seigneuries. Le duc de Clocestre, adverty de la mort du roy d'Escoche, le fist dilligamment scavoir au roy Henry, son frere; lequel luy manda qu'on detenist ledit James, en prenant sa foy, et luy amenast on devant la ville de Melun où il se tenoit : disant qu'il n'avoit point donné saulfconduit au roy d'Escoche, mais au filz du roy d'Escoche, lequel estoit des lors tenu pour roy d'Escoche, par la mort du roy David son pere. Finablement, il demoura prisonnier et fut mené en France devers le roy Henry au siege devant Melun.

926. Comment la ville et chastel de Melun furent rendus en l'obeissance des roys de France et d'Engleterre, et d'autres matieres. V.

Cf. Monst., t. IV, ch. ccxxxix.

927. Comment les roys et roynes de France et d'Engleterre, avec eulz le duc de Bourgoigne, entrerent dedens Paris à grant sollempnité. VI.

Cf. Monst., t. IV, ch. ccxl.

928. Des haulz et somptueux estas que tindrent les deux roys par ung jour de Noel, chascun en leurs hotelz à Paris, especialement le roy d'Engleterre. VII.

Cf. Monst., t. IV, ch. ccxli-ccxlii.

929. Comment le roy Henry, la royne sa femme et le roy d'Escoche passerent en Engleterre, où ilz furent recheus en tres grant honneur et reverence. VIII.

Cf. Monst., t. IV, ch. CCXLIII-CCXLIV.

930. Comment le Dauphin fut banny de France, et comment le seigneur de Lilladam fut emprisonné en la Bastille Saint Anthoine à Paris. IX.

Cf. Monst., t. IV, ch. CCXLVII.

931. De la battaille de Baugy, en Angiers, ou les Anglois furent desconfis, et le duc de Clarence mort : et comment le conte de Salisbery y sourvint, qui reboutta les Dauphinois. X.

Cf. Monst., t. IV, ch. CCXLVIII.

932. Comment les Daulphinois assegerent Alenchon : et du conte de Salisbery quy le cuida lever. XI.

Cf. Monst., t. IV, ch. CCXLIX.

933. Comment le roy d'Engleterre passa la mer à grant puissance de gens d'armes et de trait : et comment le Daulphin assega la ville de Chartres. XII.

Cf. Monst., t. IV, ch. CCLI.

934. Comment le roy d'Engleterre se party de Callaix pour aller lever le siege de devant la cité de Chartres. XIII.

Cf. Monst., t. IV, ch. CCLII.

935. Cy fait mention comment le duc de Bourgoigne mist le siege devant Saint Riquier. XIV.

Cf. Monst., t. IV, ch. CCLIII-CCLV.

936. Comment le duc de Bourgoigne victoria et desconfy les Daulphinois. XV.

Cf. Monst., t. IV, ch. CCLVI.

937. Cy fait mencion de ceulz quy demourerent, ce jour, avec le duc de Bourgoigne : et de ceulz quy le laisserent et s'enfuyrent. XVI.

Cf. Monst., t. IV, ch. CCLVII.

938. Comment le roy d'Engleterre prinst la ville de Dreues : comment, atoute sa puissance, il poursievy le Daulphin pour le combattre; et comment il mist le siege devant la ville et marchié de Meaulx. XVII.

Cf. Monst., t. IV, ch. cclix-cclx.

939. Cy fait mencion d'un rencontre où les Anglois eurent la victore alencontre de messire Jaques de Harcourt. V III.

Cf. Monst., t. IV, ch. cclxii-cclxiii.

940. Comment le roy d'Engleterre oy nouvelles que la royne sa femme estoit acouchyé d'un beau filz, et de la venue messire Jean de Luxembourg et de Artus de Bretaigne, conte de Richemont. XIX.

Cf. Monst., t. IV, ch. cclxiv.

941. Comment le seigneur d'Offemont vint pour cuidier entrer dedens Meaulz; mais il fut prins et menez au roy, quy estoit logié en l'abbaye de Saint Pharon. XX.

Cf. Monst., t. IV, ch. cclxv.

942. Comment, durant le siege de Meaulx, messire Jehan de Luxembourg prinst pluiseurs chasteaulx et forteresses tenans la partie du Daulphin. XXI.

Cf. Monst., t. IV, ch. cclxvi-cclxvii.

943. Comment messire Jehan de Luxembourg prinst Araines. XXII.

Cf. Monst., t. IV, ch. cclxviii.

944. Comment ceulx du marchié de Meaulz se rendirent au roy d'Engleterre; et du marchié ou traitié qu'ilz eurent. XXIII.

Cf. Monst., t. IV, ch. cclxix.

945. Comment, apres la prinse de Meaulz, pluiseurs villes, chasteaux et fors se rendirent et misrent en l'obeissance des roys de France et d'Engleterre. XXIV.

Cf. Monst., t. IV, ch. cclxx.

946. Comment la royne d'Engleterre vint à Paris où elle fut recheue du roi de France, son pere, de la royne, sa mere, et du roy, son mary, moult joyeusement. XXV.

Cf. Monst., t. IV, ch. CCLXXI.

947. Comment les villes de Gamaches et de Compiengne, avec pluiseurs autres villes, chasteaulz et forteresses furent rendues aux rois de France et d'Engleterre. XXVI.

Cf. Monst., t. IV, ch. CCLXXII.

948. Comment le roy Henry s'en retourna hastivement à Paris. De la prinse de Saint Digier, en Parthois, et d'autres matieres. XXVII.

Cf. Monst., t. IV, ch. CCLXXIII.

949. Comment le duc de Thouraine, Daulphin, atout grant puissance de gens d'armes, alla mettre le siege devant la ville de Coyne, et de ce qu'il en advint. XXVIII.

Cf. Monst., t. IV, ch. CCLXXIV.

950. Cy fait mencion de la mort du roy Henry d'Engleterre. XXIX.

Cf. Monst., t. IV, ch. CCLXXIV.

951. Cy fait mention du trespas de madame Michielle de France, femme au duc Phelippe de Bourgoigne, et de la mort du roy Charles, son pere. XXX.

Cf. Monst., t. IV, ch. CCLXXV-CCLXXVI.

Cy fine le second livre de ce V^e volume, et s'ensieult le tiers.

LIVRE III.

952. Cy commence le III₀ Livre, lequel contient en soy chinquante et ung chapittres. Ou premier, il declaire comment les nouvelles du trespas du roy Charles le Bien Amé furent portees au duc de Thouraine, Daulphin, son seul filz.   Chapitre I.
   Cf. Monst., t. V, ch. i-ii.

953. Comment les Parisiens envoierent leur ambaxade en Engleterre devers le jeune roy Henry et son conseil. II.
   Cf. Monst., t. V, ch. iii.

Au nombre des ambassadeurs envoyés en Angleterre par les Parisiens, Wavrin mentionne Guillaume Sauguin [1], dont le nom est omis par Monstrelet.

954. La prinse du pont de Meulen par les Francois.   III.
   Cf. Monst., t. V, ch. iii.

955. Comment le duc de Bethfort, regent de France, mist le siege devant le pont de Meulent.   IV.
   Cf. Monst., t. V, ch. iii-iv.

---

1. Guillaume Sanguin, conseiller et maître d'hôtel de Philippe, duc de Bourgogne. « Il est rapporté, dans un registre de la chambre cotté +, que l'on lui payeroit la somme de quinze mille vint francs, deux sols, six deniers, à lui deue par monseigneur le duc, à trois termes, par les maîtres des monnoyes, de quatre mois en quatre mois, sans préjudice de ses pretentions sur le pris des monnoyes, au temps qu'il presta laditte somme. 23 mai 1422. » (La Barre, II, 222 et 223, note.)

[1423] CINQUIÈME PARTIE, LIVRE III, I-XI. 215

956. Comment les assegiés du pont de Meulen firent leur traitié au duc de Bethfort, regent de France. V.
Cf. Monst., t. V, ch. v.

957. Comment pluiseurs forteresses furent rendues en la main du duc de Bethfort, regent, par le moyen du traitié cy dessus declaré. VI.
Cf. Monst., t. V, ch. v-vi.

958. Comment le duc de Clocestre, frere du duc de Bethfort, regent, prinst en mariage la ducesse Jaqueline de Baviere, contesse de Henault. VII.
Cf. Monst., t. V, ch. v-vi.

959. Comment le seigneur de la Poulle et sire Thomas Bouttry assamblerent, en Northmandie, grant nombre d'Anglois, pour faire une course. VIII.
Cf. Monst., t. V, ch. vi.

960. Comment les alyances furent faites en la cité d'Amiens entre les ducz de Bethfort, de Bourgoigne et de Bretaigne. IX.
Cf. Monst., t. V, ch. vii.

961. Comment le duc de Bethfort alla à Troyes, en Champaigne, espouser Anne, seur au duc de Bourgoigne[1]. X.
Cf. Monst., t. V, ch. vii et ix.

962. Comment ceulz de Rouen et de Caulz allèrent soubdainement assegier Noyelle sur la mer[2]. XI.

En ceste meisme annee, par ung mouvement soubdain, ceulz de Rouen et du pays de Caulz se misrent

1. Wavrin parlant, dans ce chapitre, de la prise de la forteresse d'Orsay, y signale la présence du comte de Salisbury, non mentionnée par Monstrelet.
2. Ce chapitre concerne et le siége de Noyelles et celui du Crotoy. Wavrin copie à peu près Monstrelet (V, chap. ix) dans le récit très-succinct du premier de ces siéges; quant au second, il donne des détails omis par ce chroniqueur.

* Thomas de Montacute, comte de Salisbury, tué au siége d'Orléans en 1428 (Dugdale, I, 651-653).

ensamble : cest à scavoir tous les Anglois avec les communaultez du pays d'entour Rouen et d'autre part, dont estoit chief le bailly de Caulz ; et povoient estre les Anglois environ viii^{cs} bons combatans, sans les communes : lesquelz furent menez passer parmy Abbeville, et là, passez l'eaue en tres bonne ordonnance, vindrent mettre leur siege devant le chastel de Noyelle sus la mer, apartenant à messire Jaques de Harcourt[1]. Lesquelz assegiez, non ayans esperance d'avoir secours, firent le plutost qu'ilz peurent traictié avec les Anglois, et rendirent la place moyennant d'avoir leurs corpz et biens saulves. Alors messire Jaques de Harcourt, sachant la prinse de Noyelle par les Anglois, luy estant à ceste heure au Crotoy, manda hastivement ses gens qui estoient à Rue ; lesquelz vindrent en delaissant la ville esgaree, sans queleconcque ordonnance, et habandonnee auz annemis, sans queleconcque provision. Laquelle despartie sachant les Anglois, sans faire long sejour vindrent à Rue hastivement, où ilz firent moult de maulz, et traveillerent largement les povres gens quy y estoient demourez. Si misrent dedens la ville de Rue une forte garnison, pour obvier et resister alencontre de ceulz que messire Jaques de Harcourt avoit laissiez au Crotoy ; et fut ladicte ville de Rue par les Anglois tres bien avitaillié et pourveue de tous habillemens de guerre. Puis encommencerent Anglois et Francois de courre, chascun jour, l'un sur l'autre, ou maintes saillies et escarmouches entre ceulz de Rue et du Cro-

---

[1]. Jacques de Harcourt, chevalier, baron de Montgommery. Mort en 1423. (Monstrelet, V, chap. xii.) C'est à tort que le P. Anselme (V, 137), sur la foi de Berry (375), le fait mourir en 1428.

toy; ouquel lieu du Crotoy messire Jaques de Harcourt se vint logier pour le deffendre et garder comme il y estoit; car il tenoit la ville à sienne. Ces deux garnisons de Noyelle et de Rue ainsi assises, le bailly de Caulz s'en retourna à Rouen, ouquel lieu luy venu, avec messire Raoul le Bouttillier[1], ilz eurent ensamble pluiseurs consaulz sur le faict de la forteresse du Crotoy: et sambloit au bailly de Caulz qu'il estoit heure de le concquerre mieulz que oncques mais, pource que, pour ce tempz, le roy Charles[2] estoit bien loingz de là, parquoy il lui seroit difficille baillier secours, ayde ne comfort à messire Jacques de Harcourt. Adonc messire Raoul Bouttillier oyant ainsi parler le bailly de Caulz, il luy sambla, aux raisons qu'il remonstroit, estre verité ce qu'il disoit. Si conclurent d'aller hastivement, eulz deux ensamble, devers monseigneur le Regent[3], estant à Paris, pour conclurre par son advis de celle besongne, comme ilz firent tres dilligamment. Lesquelz venus à Paris, et la chose mise en termes devant le Regent, et ceulz du grant conseil du roy de France et d'Engleterre[4], la matiere fut

---

1. Raoul Bouteiller, chevalier, bachelier, chambellan du régent, duc de Bedfort. Il était capitaine d'Arques en 1424 (Bibl. imp., mss. n° 9436[6], fol. 141); qualifié *seigneur de Sudeley*, trésorier d'Angleterre, en novembre 1445; grand sénéchal de l'hôtel du roi en juillet 1449. (Rymer, V, partie I, 150, 152; partie II, 10.)

2. Charles VII, fils de Charles VI et d'Isabelle de Bavière, né le 22 février 1402; marié à Marie d'Anjou en 1422. Mort le 22 juillet 1461. (Anselme, I, 115.)

3. Jean de Lancastre, duc de Bedford, nommé régent du royaume de France à la mort de son frère Henri V. Mort à Rouen le 14 septembre 1435 (Dugdale, III, 200-202), ou le 14 décembre. (*Art de vérifier les dates*, I, 815.)

4. Henri VI, fils de Henri V et de Catherine de France, né le 6 dé-

debatue et pourparlee. Finablement, fut il conclu que devant la ville et chastel du Crotoy le siege seroit mis[1], et en fut par le duc de Bethfort, regent, baillié la charge à messire Raoul le Boutillier. Si lui fut delivré argent, gens et artillerie, avec vivres et toutes choses necessaires à ceste emprinse furnir. Puis se party de Paris et s'en alla en Northmandie, où il fist grans amas de gens d'armes. Et, droit environ la Saint Jan, vint assegier par mer et par terre la ville et chastel du Crotoy, où, à tres grant dilligence, en briefz jours, ferma son ost et environna la place tout entour; si se loga, luy et ses gens, tres advantageusement au grant dommage de ceulz de la ville et du chastel. Alors messire Jaques de Harcourt, se voyant ainsi enclos moult rigoreusement, se prepara et mist en ordre deffensible, pour garder de villonnie son corpz, sa ville, son chastel et ses subgetz; si fist aprester pluiseurs canons et autres engiens de guerre pour soy deffendre et grever ses annemis; adfin que, par force de trait à pouldre et gros arballestres, il leur deffendist à faire leurs aproches et que de plus prez ne peussent aprochier la muraille. Nonobstant toutes ces choses, messire Raoul, à tres grant dilligence, fist ses aproches et fortiffia son logis tout atour, au mieulz qu'il peult.

Pluiseurs saillies et escarmouches se firent, durant le siege, entre les assegiés et les assegans, et mettoit

---

cembre 1421; couronné à Londres, le 6 novembre 1429; sacré à Paris, comme roi de France, le 17 décembre 1431. (*Art de vérifier les dates*, I, 817.) Mort le 23 mai 1471. (Holinshed, II, 690.)

1. « Environ la saint Jean Baptiste (24 juin 1423) fut assiegée, par mer et par terre, la ville et forteresse du Crotoy, par les Anglois. » (Monstrelet, V, chap. IX.)

chascun paine, en son endroit, de comfondre son annemy : maintes belles apartises y furent faites en armes, des deux parties. Duquel siege estant ainsi devant le Crotoy, furent moult joyeux ceulz du pays d'environ, esperans estre vengiés et affrancis des grans et inhumains maulz que leur soulloient faire les assegiés journelement, et pour le grant desir qu'ilz avoient d'en estre delivrés. Tout le comfort, ayde et secours qu'ilz povoient ilz faisoient auz Anglois tenans ce siege, tant en vivres comme en autres choses à eulz necessaires. Messire Jaques de Harcourt, qui dedens la place estoit, voiant la grant dilligence que faisoit le dit messire Raoul Boutillier de le nuire et grever, considerant que impossible luy seroit, à longueur de tempz, tenir la place alencontre des Anglois, ses annemis, sans avoir secours, se conclud de faire une saillie, adfin de mettre hors deux de ses gens, et yceulz envoyer conter son cas au roy Charles de France. Et ainsi en fist; car, environ l'heure de mienuit, il mist dehors chinquante compaignons de guerre, apers et habilles, entre lesquelz estoient deux gentilz hommes de son hostel, à quy il bailla lettres de credence contenans la necessité en quoy il estoit, requerant au roy de avoir secours. Or advint que celle nuit estoit moult obscure et thenebreuse, et plouvoit un pou; si saillirent yceulz compaignons dehors, tout de pié, excepté les deux quy debvoient aller pour querir le secours, qui estoient de cheval; lesquelz, quant ilz se trouverent auz champz avec les autres, eulz qui scavoient le pays et les chemins advantageux, se tyrerent à part arriere des autres, et tout coyement passerent par l'un des deboutz des logis auz Anglois; puis, quant ilz se trouverent au large, ferirent chevaulz des esporons, et, sans tenir voie ne sentier, cheminerent jusques au cler jour : et tant firent par leur dilligence et soubtillité, que, sans nul encombrier, ilz arriverent en la cité de Bourges en Berry, où ilz trouverent le roy Charles devers lequel ilz estoient envoiez de par messire Jaques de Harcourt. Si luy baillerent leurs lettres de credence et exposerent au Roy, bien au long, la charge qu'ilz avoient de leur maistre, tout par la maniere que enjoinct et commandé leur estoit de dire au Roy et à son conseil. Sur ces lettres et requestes que faisoient lesdis escuyers, tint le Roy parlement avec ses plus principaulz conseilliers, adfin d'avoir advis qu'il avoit sur ce à faire, et en conclurre pour le mieulx. Mais, en ceste instant, sourvindrent moult d'autres pesans besongnes quy grandement touchoient, et plus requeroient deliberation que la matiere dudit messire Jaques de Harcourt; pourquoy gueres n'en fut touchié, sinon que dit fut ausdis escuyers qu'ilz s'en retournassent arriere devers messire Jaques de Harcourt, leur maistre, si luy dissent que brief auroit secours. Pour laquele fois les dis escuyers ne peurent avoir autre apointement, si s'en retournerent atout ceste responce.

Or vous lairons ung petit ester[1] desdiz messages, et vous dirons de ce que firent ceulz quy, avec eulz, estoient yssus du Crotoy; lesquelz, quant ilz sceurent de verité leurs deux compaignons estre passez saulvement sans quelque encombrier, ilz se ferirent sur

---

1. *Laisser ester* une chose, la quitter pour parler d'autre chose. (Roquefort.)

ceulx quy pour celle nuit, faisoient le guet auprez de l'artillerie ; et là, firent ung grant effroy, en criant : « Nostre Dame Saint Denis ! Harcourt à la rescousse ! » Si encommencerent de copper cordes et trefs, et faire tresbuschier tentes et pavillons, et occir et detrenchier ceulz qu'ilz povoient aconsievir[1] : mais gueres n'y prouffiterent ou arresterent ; car l'ost s'estourmy[2] et accoururent les plutost prestz celle part, moult hastivement. Si leur fut force de tantost eulz retraire et rentrer dedens le Crotoy, en grant haste ; mais quant laians furent rentrez et ilz sceurent leurs messages estre passez sans nul danger, du demourant ne challut gueres : si se fortiffierent et tindrent au mieulx qu'ilz peurent, en esperance d'avoir brief secours[3]. Et pareillement messire Raoul le Boutillier, et les Anglois quy avec luy estoient, s'efforchoient chascun jour de les grever et leur porter dommage, adfin d'iceulz mettre en l'obeisance du roy de France et d'Engleterre. Si vous lairons le parler d'eulz pour une espace, tant que heure soit d'y retourner, et dirons par quel accident le roy Charles ne polt secourir ceulz du Crotoy ; car autres plus grans affaires, et quy de plus prez touchoient, luy sourvindrent ; parquoy il fut constraint de pourveyr auz choses plus necessaires premiers.

963. Comment le bastard de la Baume, Savoien, quy tout son tempz avoit tenu le party du duc de Bourgoigne se tourna Francois, et pluiseurs autres compaignons de guerre avec luy.   XII.

1. *Acconsieure*, atteindre, rejoindre. (Roquefort.)
2. *Estormir*, alarmer, émouvoir, troubler. (Roquefort.)
3. On parlementa, vers la fin d'octobre 1423, et l'on promit de se rendre le 3 mars suivant. (Monstrelet, V, chap. xii.)

En cest an et tempore que le siege estoit devant la ville et chastel du Crotoy, advint que le bastard de la Baume[1], Savoien, qui tout son tempz avoit tenu la

[1]. Guillaume, bâtard de la Baume, seigneur de la Charme, marié à Gillette de Dortans, laquelle était veuve de lui en 1430. (Anselme, VII, 44.) Il aurait été tué, selon Saint-Remy (VIII, 233), à la bataille de Cravent, donnée en juillet 1423 : « Le bastard de la *Baulme* et autres plusieurs dauphinois furent occhis en ceste bataille. » L'édition de ce chroniqueur publiée par M. Buchon, porte : « le bastard de la *Baulue* » ; mais c'est une faute que nous avons rectifiée d'après le manuscrit de la Bibliothèque impériale n° 9869[5] qui lui a servi de leçon. Holinshed (II, 587) fait, cependant, apparaître ce seigneur sur le théâtre de la guerre, six mois environ après la susdite bataille. Il raconte que le bâtard de la Baulme, avec d'autres capitaines français, faisant une excursion dans le Maconnais, rencontrèrent Mathieu Gough, Anglais, et sa troupe, qui de leur côté couraient aussi le pays. Un engagement s'ensuivit, où les Français eurent le dessous : tous furent tués ou faits prisonniers. Le bâtard de la Baulme, bien monté, chercha vainement à fuir : poursuivi par Mathieu Gough, il tomba en la puissance de son ennemi. Cette action fut beaucoup louée par le comte de Salisbury, auquel Mathieu présenta son prisonnier : ce seigneur non-seulement lui paya la rançon du bâtard, mais il lui fit présent d'un superbe cheval.

Le document qui va suivre prouve que le fait rapporté ci-dessus est conforme à la vérité : c'est une lettre du capitaine de Saint-Brie adressée aux autorités de la ville de Noyers.

« Mes tres chers seigneurs, je me recommande à vous, et vous plaise savoir que les ennemis de mon tres redoubté seigneur, monsieur le duc de Bourgogne, sont sur les champs au nombre de vi ou viii^c hommes d'armes pour venir contre le pays de mon dit seigneur et de ses alliez es parties de par delà, et bouter tout à feu et à flame, comme il a esté sceu par la voix d'un grant seigneur...., et aussi ont esté sceues les dites nouvelles par *la bouche du traiste bastard de la Baulme*, lequel est bien pugni, loué en soit nostre Seigneur Jesuschrist que je certiffie *qu'il est en la tour de Saizy en deux paires de fer*, en la main des Angloiz. Si veuillez avoir vostre bon advis sur ce, et estre sur vostre garde.... Escript à grant haste, à Saint Brie, le xve jour de février (1423, v. s.). Vostre capitaine de Saint Brie. » (Salazar, IV, Preuves, xxxviii.) Il paraît que le susdit bâtard parvint à sortir de prison ; car on le revoit en 1426 dans le parti de Charles VII. « Les troupes du roy Charles ne faisoient que reculer la paix, en donnant sans cesse de nouveaux mécontentements au duc de Bourgogne. Thibaut de Termes, Denis de Chally et le *bâtard de*

partye de Bourgoigne et estoit bien amé de tous les favourans à ycelluy party; car messire Glaude de Chastelus[1] et le Veau de Bar[2], quy estoient deux chevalliers bien renommez, soustenoient et entretenoient ycellui bastard, pour sa vaillance; mesmement luy bailloient souvent la conduite de leurs gens, par la grant comfidence qu'ilz avoient en luy. En tel maniere que, s'il eust bien [voulu], il les eust peu prendre prisonniers et emmener avec luy où mieulx leur eust pleu, et, avec ce, atribuer à luy les places de leurs residences, comme celluy qui estoit cru partout; et tres souvent se tenoit avec eulz en tel maniere que s'il eust esté leur filz, tant le creoient et amoient. Le plus du tempz, se tenoit en Ausserrois, sur les frontieres des annemis du roy de France et d'Engleterre et du duc de Bourgoigne; mais, en ce tempz, furent unes treves prinses et accordees entre les parties, par le consentement du duc de Bethfort, regent, et

---

la Baume ayant amassé 4 à 500 hommes, s'emparèrent de Mailly-le-Châtel dans l'Auxerrois, dont Jean de Digoine et le sire de Chastelus avoient la garde. » L'imprudente démarche du bâtard fut blâmée par son parti, et Charles VII fit offrir la restitution de la place et un nouveau traité de trêve au duc de Bourgogne. (ID., pages 116, 117.) En 1405, 1414 et 1418 il figurait dans des montres en qualité d'écuyer. (Bibl. imp., mss.; *Fonds de la Villevieille, Montres* de 1358 à 1439.)

1. Claude de Beauvoir, seigneur de Chastelus, chambellan du duc de Bourgogne, créé maréchal de France le 2 juin 1418, fut démis de cette charge le 22 janvier 1421. Mort le 12 mars 1453. (Anselme, VII, 1.)

2. Guy de Bar, nommé aussi le *Veau* par Monstrelet (IV, chap. XII) et le *Beau* par l'auteur du journal d'un bourgeois de Paris (XV, 252), chevalier, seigneur de Praelle. Il obtint l'office de bailli d'Auxois le 22 avril (après Pâques) 1411, et fut remplacé dans ces fonctions, par Jean de Cussigny, le 8 juillet 1418. (La Barre, II, 163.) Nommé garde de la prévôté de Paris le 29 juin 1418 (Bibl. imp., mss., *Fonds Gaignières* n° 771, fol. 81). Vivait encore en 1431 (La Barre, II, 214.)

du duc Phelippe de Bourgoigne, à la requeste du roy Charles. Durant lesqueles ledit bastard de la Baume, qui ne desiroit que les armes, luy estant assez pres de Vezelay et du Vaulz, de Mailly le Chastel, ouquel quartier avoit aussi des places francoises esqueles avoit divers cappitaines gascons et autres. Parquoy, en ces treves, sur certaines asseurances qu'ilz faisoient les ungz avec les autres, lesdis cappitaines se trouvoient souvent ensamble avec ce bastard de la Baume; si firent tant par devers luy que, tout secretement, le menerent à Bourges devers le roy Charles, quy le recheut moult lyement et luy fist aulcuns dons, avec grans promesses, moiennant qu'il voulsist tenir son party, en lui faisant serment de le loyaulment servir envers et contre tous, renonchant totalement au service du duc de Bourgoigne; promettant de le guerroyer doresenavant et tous ceulz tenans son party; et de ce faire fist le serment, dont le roy Charles et ceulz de sa partie furent moult joyeulz.

Aprez ce serment fait, ycelluy bastard de la Baume se party du roy Charles, et s'en retourna sur les frontieres d'Ausserois, où il avoit laissié ses gens; ouquel lieu luy venu secretement, manda les cappitaines de celle frontiere tenans le party du roy Charles, lesquelz l'avoient autreffois provoquié et voullu atraire au service d'ycellui roy. Et quant ilz furent tous venus à son mand, il leur declara sa voullenté, disant comment il avoit desja fait serment au Roy et qu'il se voulloit monstrer desirant de le servir. Adont dist le bastard aux capittaines : « Seigneurs, adfin que vous sachiés la cause pourquoy je vous ay mandez, je vous descouvrirai ycy mon corage que j'ay de tenir le party du roy Charles, pour lequel experimenter, vous esclarchirai une entreprinse que j'ay sur la main, laquele m'est venue ceste nuit audevant d'entreprendre sur le party du duc de Bourgoigne. Si est la chose necessaire d'estre tenue secrete; car se gueres atendoie de l'executer, jamais n'y pourroie parvenir. Si est tempz et heure propice de y besongnier, avant qu'il viengne à congnoissance de moy estre tourné de la partie du roy de France et delaissié celle du duc de Bourgoigne : c'est adfin que je face chose vaillable et de grant entreprinse à l'honneur et prouffit du roy et de sa querelle. J'ay advisé que la ville de Crevent[1], qui nous est assez prochaine, puissons prendre et mectre en l'obeissance du roy, nostre sire; et adfin que la chose ne soit sceue, il nous convient hastivement, atout ce que finer porrons de gens d'armes et de trait, transporter devant la ville de Crevant, l'entree de laquele ne nous sera pas refusee ; car moy et mes gens, quy sommes congneuz, nous metterons devant, et tout premierement envoieray trois de mes gentilz hommes devant la porte signifier ma venue à ceulz de layans, disant que celle nuit ay intencion et voullenté d'entrer en la ville, pour ce que je suis adverty que aulcuns cappitaines francois se sont mis sus pour faire une course devant la bonne ville d'Ansoirre[2], et ce, pour obvier au dangier quy par ce pourroit advenir, se garde n'y estoit prins. »

Les capitaines tenans le party du roy Charles, oyans ledit bastard ainsi parler, luy loerent grandement ceste

1. Cravant.
2. Auxerre.

son emprinse; mais ses gens, comme ceulz quy tout leur tempz avoient tenu le party de Bourgoigne, en furent moult doullentz et courouchiés, et voullentiers s'en feussent departis, se ilz eussent ozé; mais tant cremoient la fureur dudit bastard, que oncques ne l'ozerent laissier ou habandonner, et, mesmement, pour ce que les tenans le party du roy Charles estoient de beaucoup plus grant nombre que eulz : si leur convint souffrir et estre, par samblant, contentz d'eulz incliner à la voullenté de leur capittaine, sans en ce monstrer quelque maniere de refus. Si s'armerent et ordonnerent pour aller avec leur dit maistre, quant il volroit partir avec les Francois.

964. Comment le bastard de la Baume, atout environ vIII^{cz} combatans, prinst la ville de Crevent; et comment elle fut reprinse sur luy par le seigneur de Chastelus. XIII.

Quant le bastard de la Baume eut auz dis Francois exposé sa voullenté, et tout au long declaré comment il avoit intencion de faire, ilz en furent moult joyeulz, car il les soulloit plus grever seul que tous ceulz de ladite marche. Ceste conclusion prinse, en la maniere que cy dessus avez oy, luy, atout ses gens et aulcuns desdis cappitaines tenans le party du roy Charles, se deslogerent de Mailly le Chastel. Si povoient estre environ vIII cens combatans, tous gens de frontiere; lesquelz tous ensamble se misrent à chemin, tyrant vers Crevant. Et quant ilz parvindrent jusques à une lieue prez, le bastard, ainsi comme paravant avoit deliberé de faire, envoia trois ou quatre gentilz hommes de sa compaignie devant, jusques à Crevant, pour à ceulz de la ville nunchier sa venue, et la cause qui le mouvoit de là venir à ceste heure, tout par la maniere qu'il estoit ainchois conclu, ainqui que vous avez oy ou chapittre precedent. Comme il fut dit, il fut fait; car yceulz gentilz hommes, là venus, firent leur message à ceulz de la ville, ainsi qu'ilz estoient chargiés; lesquelz tres voullentiers les escouterent, puis respondirent que le bastard feust le bien venu et tous ceulz de sa compaignie. Ilz n'eurent gueres parlementé quant le bastard et sa routte arriverent devant la porte, laquele incontinent fut ouverte. Si entrerent dedens la ville sans nul contredit : si s'aprocherent tost aprez les capittaines francois, pour aussi entrer dedens. Mais quant ceulz de la ville percheurent lesdis Francois, en si grant nombre, aprochier leurs barrieres, ilz commencerent de cryer alarme : et, droit en cel instant, ledit bastard de la Baume et ses gens, sachans l'apointement devant dit, adfin de furnir leur emprinse, se vindrent saisir de la porte et du pont, en cryant : « Vive le Roy, ville guaigniee! »

Les bourgois et manans de la ville, parchevant qu'ilz estoient trahis et decheus, au plus coyement qu'ilz peurent se retyrerent en leurs hostelz, moult doullentz et courouchiés de leur malle fortune, dont gueres ne challoit audit bastard, ne à ceulz de son armee; ains, quant ilz furent entrez dedens la ville, couroient chà et là, fourragant les meilleures maisons et prenant des plus notables prisonniers; lesquelz ilz menerent en une tour quarree, par laquele on povoit bien saillir auz champz; car c'estoit comme le donjon et maistresse tour de la ville. Et la premiere chose qu'ilz firent, eulz entrez dedens la ville, fut de prendre saisine de ladite tour, comme ceulz quy bien scavoient que, sans ycelle tour avoir, ne povoit on totalement maistrier la ville. En une fosse moult parfonde, quy estoit dedens celle tour, misrent ilz tous leurs prisonniers; laquele tour fut baillié en garde à trois gentilz compaignons de guerre, et tous les autres se logerent parmy la ville au mieulz qu'ilz peurent, en faisant moult de destorcions auz bourgois et manans, et à leurs femmes de grans oultrages, et à leurs filles, qui estoit chose pitoiable et dure à souffrir; mais autre chose n'en povoient faire.

Layans estoient avec ledit bastard de la Baume trois gentilz hommes, dont les deux estoient du pays de Rochelois, et le tierc du pays de Gatinois; lesquelz, tout leur tampz, avoient servy le seigneur de Chastelus, qui les avoit bailliés audit bastard de la Baume. Ceulz cy, voians ledit bastard estre tourné de la partie francoise, furent moult doullentz et tristes de ce que ainsi se trouvoient decheus; si conclurent ensamble, secretement, de ceste advenue hastivement faire scavoir audit seigneur de Chastelus, leur maistre, avec le desir qu'ilz avoient du recouvrement et reprinse de ladite ville de Crevent. Si esleurent l'un d'eulz, nommé Collechon de Thir, auquel ilz chargerent expressement que, tost et sans delay, se transportast devers le seigneur de Chastelus luy dire et exposer la maniere de la prinse de Crevent; et que, s'il avoit voullenté de le recouvrer, qu'il assamblast puissance de gens d'armes; et que, à ung jour qu'ilz mandoient audit seigneur de Chastelus, il feust au chastel du Vaulz, lequel pour lors tenoit ledit seigneur de Chastelus, seant à deux lieues prez de Crevent; et que, tantost qu'ilz seroient venus, ilz feissent aulcun signe par feu; et que, quant ilz auroient ce fait, eussent leur regard sur la ville de Crevent; puis, prestement qu'ilz parcheveroient ung signe qu'ilz baillerent, s'aprochassent vers la grosse tour de ladite ville de Crevent, qui leur seroit ouverte. Icelluy Collechon de Thir, aiant oy la conclusion et voullenté de ses compaignons, trouva ses manieres secretes de soy partir hors de Crevent; et tant il se exploita que, sans quelque fortune avoir, vint à Chastelus, où il trouva le seigneur dudit lieu. Ouquel lieu estoient, en celle propre nuit, arrivez deux gentilz capittaines bourguignons, qui jà estoient advertis de la prinse de ladite ville de Crevent par le moyen du bastard de la Baume, qui s'estoit tourné francois, dont l'un desdis capittaines estoit le Veau de Bar, et l'autre, le seigneur de Varembon[1]; lesquelz tous trois ensamble se devisoient de ceste matiere droit à l'heure que ledit Collechon de Thir entra layans, et sallua lesdis seigneurs, qui luy firent tres bonne chiere. Lors messire Glaude de Chastelus, à quy l'escuyer estoit, lui demanda de ses nouvelles, et il raconta illec, tout au long, la prinse de la ville de Crevent; et sy exposa son message tout ainsi que par ses compaignons luy avoit esté chargié, en declarant la maniere comment ladite ville pourroit estre recouvree, selon que cy dessus avez oy.

1. Il était capitaine de Pontoise, en 1436, lorsque les Anglais surprirent cette ville. « Les seigneurs de l'Isle-Adam, de Varembon et de Rostellain s'y porterent laschement, dit Berry (394) : car sitost que les guets et les gens de la ville crierent à l'arme, ledit *seigneur de Warembon*, qui estoit capitaine, et ledit de Rostellain.... et leurs gens d'armes, en sortirent et s'enfuirent, en abandonnant ladite ville, sans y faire aucune residence ny resistance. » Voy. ci-dessus, p. 206, note 6.

965. Comment le seigneur de Chastelus, le Veau de Bar et le seigneur de Varenbon assamblerent puissance de gens d'armes, et recouvrerent la ville de Crevant sur le bastard de la Baume. XIV.

Quant le seigneur de Chastelus et les deux autres dessus nommez entendirent ledit Collechon de Thir, et qu'ilz l'eurent bien examiné, ilz furent moult joieulz de ce qu'il leur disoit. Si escripvirent lettres partout où ilz pensoient recouvrer ayde hastivement, et tant firent qu'ilz eurent, en assez peu de tempz, de v à vi^c combatans de bonne estoffe, expers et habilles en fait de guerre. Si assignerent leur assamblee auprez d'Antillon [1]; puis, quant ilz furent prestz, à estandars desploiez se misrent à chemin, tyrant vers le Vaulz, où ilz arriverent ainsi comme à heure de mienuit, le plus secretement qu'ilz peurent, où ilz repeurent eulz et leurs chevaux, et reposerent jusques prez du jour, aiant adnonchié leur venue à leurs adherens de Crevent; et firent aussi aulcun monter en hault sur le sommet d'une escharguette[2], dont on povoit clerement choisir[3] la grosse tour de Crevent; et, pareillement, ceulz quy en ladite tour estoient les povoient bien parchevoir en ladite escharguette. Quant il fut environ vii heures du matin, ledit seigneur de Chastelus, voyant le tempz bel et cler, car c'estoit ou mois de juillet, fist faire le signe de sa venue auz compai-

1. Avallon.
2. Tour ou petit bâtiment construit sur le sommet des châteaux et forteresses, où se plaçaient les sentinelles pour observer ce qui se passait au dehors.
3. *Choisir, coisir*, appercevoir. (Roquefort.)

gnons dudit Collechon de Thir estans en la ville de Crevent, qui, daventure, ceste nuit, avoient fait le guet, et n'estoient ancores descendus à ceste heure de la muraille. Lequel signe à eulz fait aparcheu, tout par la maniere que ordonné l'avoient audit Collechon, ilz en furent moult joieux : si penserent un peu eulz deux ensamble, puis conclurent de trouver maniere d'entrer en la tour.

L'un de ces compaignons avoit nom Jaques de Catry, dit le Velu, et l'autre Estienne Deville, dit Sauve le Demourant, lesquelz lors descendirent de la muraille : et, au descendre qu'ilz firent, ledit Saulve le Demourant s'escrya auz compaignons de la tour, et leur dist qu'il venroit disner avec eulz, car il estoit samedy, si leur aporteroit une tarte, la meilleure que jamais ilz mengaissent : à quoy les compaignons de la tour respondirent que bien feust il venu. Puis vindrent en leur logis, où ilz firent faire à l'ostesse une tarte la meilleure dont ilz se peurent adviser; et, quant il fut environ x heures, le Velu et Sauve le Demourant vindrent, atout leur tarte, vers la tour quy estoit fermée, si buscherent à l'huys en nommant leurs noms; et, alors, l'un des trois compaignons qui avoient ladite tour en garde se leva de la table, où jà estoient assis au mengier; si leur vint ouvrir l'huis, et Saulve le Demourant, en portant la tarte, entra dedens, disant : « Dieu gard la compaignie ! » Si la mist sur la table. Avec eulz estoient deux fillettes, leurs amies : puis Saulve le Demourant, attendant le Velu, qui ancores n'estoit entré dedens, regarda une hache qui auprez de là estoit apuyee, laquele il prinst en sa main. Si vint devant la table, pammoiant ladite hache et regardant les compaignons l'un assis au bout et les deux l'un devant l'autre : puis dist : « D'entre vous trois en a il nul qui sache faire les trois copz de la hache? » lesquelz luy respondirent qu'il leur monstrat, s'il les scavoit faire. Lors ledit Saulve le Demourant, qui estoit ung compaignon tres expert et habille en armes, en pammoiant la hache, le haulcha contremont : sy en fery cellui qui estoit assis au plus prez de lui ung si grant cop sur la teste qu'il lui abatty la cervelle sur le pavement, et l'autre, de la pointe de la hache, fery tant ruddement qu'il l'abatty jus de la selle sur quoy il seoit, et l'autre qui estoit assis au coing de la table poulsa du debout d'embas de la hache en la poitrine si ferme qu'il l'estendy tout plat sur le pavis, les piedz contremont, par tel force qu'il fut plus de deux heures sans parler. Lors le Velu, qui escoutoit le convenant au pié de la montee par où on montoit amont sur la tour, voiant que tempz estoit, monta en hault et mist hors une enseigne blance, puis fist une grande fummee au sommet de la tour, adfin que messire Glaude de Chastelus et ceulz de sa compaignie parcheussent qu'il estoit de faire, comme ilz firent; car tantost et sans delay, autant que chevaulz peurent galloper, se misrent à chemin vers Crevent. Et d'autrepart, Saulve le Demourant, en poursievant son entreprinse, encommenca de ferir sur les deux amies des compaignons mors; lesqueles luy donnerent moult à faire, et commencerent à crier moult hault, en le esgratinant parmy le visage; mais du bois de la hace leur donna tant de copz, disant que se toutes coyes ne se taisoient, il les occiroit, qu'elles s'apaiserent aulcunement. Le Velu, qui avoit esté amont sur la tour,

faire, comme dit est, le signe au secours qui leur
devoit venir, où il avoit tousjours l'ueil, laissant son
compaignon Saulve le Demourant besongnier en bas,
en gectant son regard vers le Vaulz vey eslever une
moult grant pouldriere, parquoy il congneut que les
Bourguignons venoient. Si descendy aval, où il trouva
son compaignon fort lassé et esgratiné le visage et les
mains, voiant aussi les deux hommes mors auprez de
luy, et l'autre quy ne valloit gueres mieulz, dont il
fut grandement esmerveillié, et luy demanda s'il estoit
navré; lequel luy respondy que non, disant qu'il de-
vallast en bas, en ung parfont cellier quy estoit desoubz eulz, si meist au delivre tous les prisonniers qu'il
y trouveroit, les amenant amont, et ainsi le fist; puis
tyra la plancette aprez luy. Tost aprez, les compaignons, regardans vers la ville, percheurent le bastard
de la Baume, atout grant foison de gens d'armes et de
trait, les aprochier et amener devant eulz canons, veuguelaires et courtauz. Si aportoient les gens d'armes,
chascun, huys ou fenestre pour lui targier, et commencerent prestement de livrer à la tour ung grant
assault; mais le Velu, Sauve le Demourant, et ceulz
que de prison avoient delivrez, se deffendirent au
mieulz qu'ilz peurent. Si prindrent les deux hommes
mors, lesquelz ilz gecterent dehors sur les assaillans,
parmy les fenestres de la tour; mais les Francois les
assaillirent si vivement, que, se leur secours feust de
gueres atargié, force eust esté d'eulz rendre en la
mercy de leurs annemis; et eulz, quy estoient de grant
courage, sachans leur ayde aprochier, monstroient
que bien peu les doubtoient; car vigoreusement se
deffendoient. Au plus pesant de l'assault, le Velu, qui

souvent avoit l'œil auz champz, choisy les trois estandars quy moult se hastoient de venir et estoient jà bien pretz. Pourquoy luy et trois des prisonniers descendirent à cop en bas, et avallerent le pont : si ouvrirent la porte des champs, de quoy les Francois estans dedens la ville furent advertis par la guette estant sur la porte, qui, en tres grant effroy, commenca de cryer alarme ; et, d'autrepart, les Bourguignons se hasterent d'aprochier. Si trouverent, à leur venue, le pont avallé et la porte toute ample ouverte : si entrerent dedens la tour, puis monterent amont, et choisirent les Francois qui de grant courage l'assailloient par embas. Lors les Bourguignons, voians ceste maniere de faire de leurs annemis, moult hastivement descendirent de la tour et vindrent en la basse court, pardevant laquele y avoit ung grant pallis de bois : si ouvrirent la porte quy sailloit en la ville, puis issirent contre les Francois, en cryant : « Nostre-Dame, Bourgoigne ! » les lances baissiés, et se ferirent entreulx par si grant fiereté que, par vive force d'armes, les firent sortir arriere et perdre place. Et adont aulcuns des Bourguignons, environ cent d'une compaignie, tost et hastivement coururent à la porte du Pont, qu'ilz trouverent ouverte : si se ferirent dedens où ilz en occirent et navrerent aulcuns, et le demourant s'enfuyrent en la ville. Puis, quant ceulz Bourguignons eurent concquis ladite porte du Pont, ilz le garderent tant que leurs gens furent assamblez ; et, ce fait, entrerent tous ensamble dedens la rue, en cryant haultement : « Nostre-Dame, Bourgoigne ! » Si demenerent si grant bruit, à l'entrer dedens, de trompettes et de clarons, que le bastard de la Baume et ses compaignons, qui ancores se combatoient, voians que par force ne pourroient tenir la ville, monterent sur leurs chevaulx mieulx que ceulx qui eurent le loisir de ce faire : si s'en coururent vers les vignes, à la porte d'amont, sans conroy ne ordonnance, laquele porte ilz guaignerent; et quant dehors la porte se trouverent, ceulz quy avoient leurs chevaulx s'esquiperent; mais ceulz qui les leurs ne peurent recouvrer furent en dangier : toutesfois s'en saulverent aulcuns le mieulx qu'ilz peurent, endementiers que les Bourguignons couroient de toutes pars, au long de la ville, où ilz occioient et prendoient prisonniers ceulz quy n'avoient pas eu loisir ou heur d'eulz povoir sauver. Lors furent les Bourguignons, ainsi comme vous oez, dutout maistres de la ville[1]. Or vous laisserons ung petit ester de ceulx

---

1. Un seul chroniqueur (Berry, 369) parle de cette prise de Crevant, en ces termes : le connétable d'Écosse et autres seigneurs se disposaient à passer la rivière à Gien-sur-Loire; « là où vinrent nouvelles audit connestable qu'aucuns des serviteurs et coureurs du *bastard de la Baume, qui avoit esté Bourguignon,* avoient mis dedans la ville de Crevant le sire de Chastelus, messire Jean de Digone, messire Guy de Bar et plusieurs autres, à un matin, lesquels avoient pris les gens d'armes qui estoient dedans ladite ville pour le Roy, et les avoient mis, liez et garrotez de fers, en fosses. Ces nouvelles estans sceues, le connestable d'Escosse en approcha, parce qu'on luy fit entendre que la tour tenoit encore pour les François, mais il fut deceu : car dès qu'ils eurent pris ladite ville, icelle tour fut aussi par eux prise et gagnee. Donc incontinent, par ledit donné à entendre, s'en vint de belle tire, ledit connestable, mettre le siege devant ladite ville de Crevant : il y fut fort longuement, pour ce qu'il voyoit que ladite ville estoit foible, et envoya, cependant, plusieurs fois devers le Roy, afin qu'on luy envoyast des canons et des bombardes, dont on ne fit rien, pour ce que l'on luy avoit commandé qu'il s'en allast en Champagne. Et toutesfois contre les ordres qu'il avoit, il partit de ladite ville de Gien, pour aller mettre le siege à Crevant; ce qui ne luy avoit pas esté ny enchargé ny commandé. Le Roy ouyt nouvelles que les Anglois et les Bourguignons venoient pour faire lever ce siege : cela fit qu'il envoya pour les reconforter le seigneur de Severac, mareschal de

quy layans demourerent; si vous racomterons des François quy s'en partirent, et que devint le bastard de la Baume.

966. Comment le bastard de la Baume et ses complices, aprez la perte de Crevent, le nuncherent au roy Charles; et du siege quy y fut mis. XV.

Quant le bastard de la Baume et ceulz quy s'estoient sauvez avec luy hors de la ville de Crevent, par la maniere narree au chapittre precedent, se veyrent au delivre de leurs corps, tres grandement troublez de la perte qu'ilz avoient fait, ne cesserent de chevaulchier dilligamment, tant qu'ilz se trouverent hors des marches de la frontiere tenant la partie de Bourgoigne. Si passa la riviere de Loirre et exploita telement ledit bastard, et sa routte, qu'ilz vindrent à Bourges, en

France, avec quatre cent hommes d'armes, espagnols et routiers. Les nouvelles vinrent donc en l'hostel du Roy, des frontieres de devers le Mans, que les Anglois alloient pour faire lever ledit siege de devant Crevant. Si vinrent au secours des François et Escossois, le comte de Ventadour, le sire de Fontaine, le sire de Bellay et le sire de Gamaches. Ceux de dedans la place commençoient à mourir de faim, et desja mangeoient leurs chevaux. Si vinrent le comte de Salisbery et le comte de Suffolc, Anglois, messire Jean de Thoulongeon, mareschal de Bourgongne, les sire de Villeby et de Scales et plusieurs autres grands seigneurs des pays de Bourgongne : et approcherent lesdits Anglois et Bourguignons devant ladite ville, du costé de Gastinois, et gagnerent la riviere d'Yonne, et frapperent sur les François, tellement qu'ils gagnerent la journee : là furent pris ledit connestable d'Escosse, le comte de Ventadour, le sire de Bellay, le sire de Gamaches et plusieurs autres; et y demeurerent morts, le sire de Fontaine, messire Guillaume de Hamilton, et plusieurs autres, jusques au nombre de huit cent à mille combatans. Le mareschal de Severac et messire Richard de Leire, et plusieurs autres capitaines françois, escossois et espagnols, s'enfuirent, et laisserent les autres vaillans mourir. »

Berry, où estoit le roy Charles, auquel il raconta de ses nouvelles et ce quy lui estoit advenu à Crevent, où il avoit esté trahy par trois de ses compaignons, esquelz il avoit grant comfidence. Adont le roy, et tous ses barons et capittaines, oians ces nouvelles raconter en furent moult desplaisans. Si demanda le roy au bastard quelz gens et quelz capittaines ilz estoient à ce faire. Et le bastard respondy : « Sire, le seigneur de Chastelus, le Veau de Bar et le seigneur de Varenbon, atout environ viii^{cz} combatans, tous gens d'eslite. Mais, Sire, dist le bastard, se vous estiés conseilliés de voulloir recouvrer ceste place, legierement le polriés reconcquerre ; car layans n'a bledz ne farines, chars, ne autres vivres dont ilz se peussent substenter ou alimenter ung mois entier, se là en dedens, n'estoient secourus, ce que je ne doubte pas ; car laians sont les principaulz capittaines des frontieres, lesquelz ont comme tous leurs gens avec eulz. Et aussi, anchois que le marissal de Bourgoigne[1] et les seigneurs du pays se feussent assemblez, vous auriés la ville et tous ceulz quy dedens sont : et, d'autre part, le duc de Bourgoigne est en son pays de Flandres, et les Anglois sont sur les marches de Northmandie et autre part, où ilz ont assez à faire, et mesmes grant partie d'eulz sont presentement au siege devant le Crotoy, qui est une ville moult forte et bien tenable. Parquoy messire Jaques de Harcourt porra bien atendre

---

1. Jean de Toulongeon, chevalier banneret, seigneur de Sencey, conseiller et chambellan de Charles VI et du duc Jean (La Barre, II, 106), fut fait maréchal de Bourgonge en 1422. Mort le 9 ou 10 juillet 1427 (ID., *ib.*, 202). Monstrelet (III, ch. cxxviii) le nomme le *borgne* de Toulongeon.

une espace jusques à ce que ayez recouvré cette ville de Crevent, par laquele avoir de vostre partie polriés legierement ratraire Ansoirre, voire toutes les villes et chasteaux quy sont jusques vers Digon en Bourgoigne. Si metterez toute la marche en vostre obeissance, sans nul contredit, et donrez tant à faire auz Bourguignons qu'ilz ne scauront de quel pié danser. »

Quant le roy Charles et son conseil eurent bien entendu ledit bastard de la Baume ainsi parler, le roy commanca un peu à penser; puis fist retraire ledit bastard et demanda à ses conseilliers leurs opinions et advis sur la proposition d'ycellui bastard; et là estoient, à ceste heure, la pluspart de tous ses capittaines, au moins des principaux, surquoy, aprez grans debas, tout consideré, conclurent ensamble deliberéement que, à tres grant puissance de gens, hastivement on yroit poser et mettre le siege devant la ville de Crevent. Aprez ceste conclusion prinse des Francois en la chambre du roy Charles, et qu'ilz eurent deliberé quel nombre de gens yroient, et quelz capittaines les conduiroient, et que on eut fait chargier vivres et artillerie, ceulz quy à ce faire furent establis prindrent congié du roy Charles. Si s'en departirent pour aller furnir leur voyage : de laquele compaignie fut souverain capittaine et conducteur le connestable d'Escoche[1], tres vaillant chevallier

---

1. Jean Stuart, connétable de l'armée d'Écosse (Du Tillet, II, 234), mort à la bataille de Rouvray, le 13 février 1428 (v. s.). (Monstrelet, V, chap. LVI). Rapin-Thoyras (IV, 190) dit que les Français lui donnèrent le titre de connétable d'Écosse, mais qu'on ne voit pas qu'il soit qualifié de même par les historiens de sa nation. Il conjecture de là que l'erreur des Français est provenue de leur ignorance de la langue angloise ou écossoise, dans lesquelles le titre de connétable se peut donner à tout chef qui commande un corps de troupes, sans que pour cela il soit connétable du royaume.

et expert en armes, avec lui le conte de Ventadour[1] et pluiseurs autres capitaines de ce party; lesquelz tous ensamble, en tres belle ordonnance, droit ou mois de juillet, passerent la riviere de Loirre; puis aprez, dedens peu de jours, arriverent devant la ville de Crevent, où ilz misrent le siege tout entour. Mais, avant ce qu'ilz peussent estre tous assegiés et mis en ordre, ceulz de dedens saillirent pluiseurs fois, où maintes belles apartises d'armes furent faites; se toutes lesqueles voulloie raconter, tant des assegiés comme des assegans, trop y pourroie mettre. Mais, pour venir au fait d'ycelle besongne, la ville fut de si prez assegié, que par quelconque maniere nul n'y povoit entrer ne en issir, se ce n'estoit par escarmuchier auz portes et barrières; et ancores, quant là venoit que ceulz de la ville voulloient saillir, c'estoit à moult grant dangier, pour la force du trait des archiers qui estoient si espez que, sans grant dommage de leurs gens, ne povoient bonnement faire chose qui gueres leur prouffitast. Et si estoient leurs tours et murailles telement traveilliés des bombardes et canons, qu'ilz avoient beaucop à faire à y pourveir et remedier alencontre. Et ancores y ayoit chose quy pis leur faisoit, car laians vivres leur commencoient à faillir; tant qu'en fin furent telement oppressez de famine qu'ilz mengoient leurs chevaulz et saignoient pour avoir du sang. Layans n'avoit chat, ne chien, ratte, ne soris que tout ne mangassent.

La necessité que les assegiés de Crevent avoient fut bien sceue en Bourgoigne, par pages et varletz qu'ilz

---

1. Le comte de Ventadour tué à la bataille de Verneuil. (Anselme, IV, 29.)

mettoient dehors, quant ilz veoient leur point de ce faire ; et est bien à entendre que, se brief ilz n'eussent esté secourus, qu'ilz ne povoient plus longuement durer alencontre de celle grant puissance qui devant eulz estoit logié, et les euist convenu estre tous mors et peris du tout, du moins eulz rendre simplement à la voullenté et arbitraige de leurs annemis.

967. Comment les Anglois et les Bourguignons s'assamblerent à Aussoirre pour secourir la ville de Crevent [1]. XVI.

Tantost furent portees les nouvelles en Flandres, en Bourgoigne et en Artois, du siege que les Francois avoient mis et tenoient devant Crevent; et bien estoit renommee du grant dangier et necessité en quoy ilz estoient oppressez. Le duc de Bethfort, regent de France, quy en ces jours estoit à Paris tres desplaisant de ces nouvelles, pour doubtes que assez tost ne les peust secourir, il manda hastivement querir de ses cappitaines, telz que le conte de Salsebery, le seigneur de Wilbic [2], conte de Suffort [3] et pluisieurs autres chevalliers et escuiers anglois, ensamble leurs archiers. Si furent environ quatre mille combatans, tous gens d'eslite; lesquelz tous ensamble, aprez le congié du regent, se misrent à chemin pour venir à

---

1. Ce chapitre et le suivant sont, pour la plus grande partie, inédits ; mais nous avons conservé des passages empruntés à Monstrelet (V, ch. x), afin de ne pas rompre le fil d'une narration de faits qui se doivent suivre.

2. Robert de Willoughby, comte de Vendome, capitaine des villes et chastel de Rouen, en novembre 1424. (Bibl. imp., mss., n° 9436⁶, fol. 111.) Mort le 30 avril 1452. (Dugdale, II, 84-85.)

3. Guillaume de La Pole, comte de Suffolk et de Dreux, capitaine du pays des basses marches de Normandie ès bailliage de Caen et Coustentin en 1425. (Bibl. imp., mss., n° 9436⁶, fol. 209.) Décapité le 2 mai 1450. (Dugdale, II, 186-189.)

Ausoirre; et d'autre part, la ducesse de Bourgoigne, mere [1] du duc Phelippe, quy pour lors se tenoit ou pays, advertie de ceste besoigne, adfin aussi de baillier secours aux assegiés dedens Crevent, manda hastivement venir devers elle les plus grans seigneurs de Bourgoingne, ausquelz elle requist tres instamment, pour et ou nom du duc Phelippe son filz, qu'ilz assamblassent leurs gens dilligamment pour donner secours aux assegiés dedens la ville de Crevent. Lesquelz seigneurs, au plus tost qu'ilz peurent, assamblerent de toutes pays où ilz en peurent finer, tant parmy la contee de Bourgoingne que en la ducé: mesmement y furent aulcuns Savoiens, telz que messire Aymé de Verry [2], le seigneur de Salemonne [3], et pluiseurs autres gentilz hommes en leurs compaignies, quy se vindrent tous joindre et mettre avec le marissal de Bourgoingne que pour lors on nommoit le seigneur de Tholongon, dit le Borgne; lesquelz tous ensamble, à grant puissance, se misrent à chemin en tyrant vers Aussoirre, pour ce qu'ilz furent advertis quant les Anglois y devoient entrer. Mais les Bourguignons y vindrent les premiers: puis, quant ilz sceurent les Anglois aprochier, pour les honnourer allerent au devant d'eulx le conte

1. Marguerite de Bavière, fille d'Albert de Bavière. Morte le 23 janvier 1423. (Anselme, I, 239.)

2. Amé III de Viry fut nommé par Louis de Savoie, en 1453, président des assises générales du duché, convoquées à Genève pour juger le chancelier Bolomer. (Grillet, III, 440.)

3. Guigue, seigneur de Salenove, écuyer, conseiller et chambellan de Jean, duc de Bourgogne. (La Barre, II, 107.) En 1422, le seigneur de Rochebaron avait dans sa compagnie un Savoisien, nommé le seigneur de Salenove. (*Histoire de Charles VII*, 481.)

de Joigny[1], le borgne de Tholongon, marissal de Bourgoingne, le seigneur de Vergy[2], messire Guillaume[3] et messire Jehan de Vienne[4], le seigneur de Coches[5], Athy de Bauffremont[6], messire Regnier Pot[7], les seigneurs de Rochefort[8], de Tinteville[9], de Villers[10] et pluiseurs autres notables seigneurs ; lesquelz, à l'encontrer, firent de grans reverences et honneurs les ungz aux autres, à scavoir Bourguignons à Anglois et

1. Guy de la Tremoille, comte de Joigny. Mort en 1438. (Anselme, IV, 180.)
2. Antoine de Vergy, comte de Dampmartin, seigneur de Champlite, institué maréchal de France le 22 janvier 1421. Mort le 29 octobre 1439. (Anselme, VII, 31.)
3. Guillaume de Vienne. Mort en 1456. (Anselme, VII, 800.)
4. Jean de Vienne, seigneur de Bussy. Vivait encore en 1463 (Anselme, VII, 801.)
5. Jean de Montagu II du nom, seigneur de Conches. Vivait encore le 13 juillet 1435. (Anselme, I, 561.)
6. Wavrin se trompe ; c'est Pierre de Beaufremont. (*Vie de Guillaume de Gamache*, p. 26.) Pierre de Beaufremont, chambellan du duc de Bourgogne, seigneur et comte de Charny, par lettres de Charles VII en date du 29 janvier 1435 ; créé chevalier de la Toison d'or à la formation de cet Ordre. (Anselme, I, 242.) Son nom figure sur le tableau des chevaliers *défunts* au douzième chapitre tenu en 1473. (Reiffenberg, 65.)
7. Regnier Pot, seigneur de la Roche, de Nolay, conseiller et chambellan de Philippe, duc de Bourgogne, chevalier de la Toison d'or. (La Barre, II, 210.) Mort en 1432. (Saint-Remy, VIII, 427.)
8. Guillaume de Rochefort, chevalier, était retenu, le 10 septembre 1428, par le comte de Salisbury, pour servir Henri VI, en France. (Bibl. imp., mss., n° 9436³·ᵃ·, fol. 129 verso.) « Messire Guillaume de Rochefort, chevalier de Nivernois, lequel tenoit le party des Anglois, estoit parent du seigneur de la Tremoille. » (Berry, 376.) Marié à Anne de la Tremoille. Créé chancelier de France le 12 mai 1483. Mort le 12 août 1492. (Anselme, VI, 414.)
9. Jean de Dinteville, seigneur des Chenets, ordonné bailli de Troye le 26 septembre 1420, l'était encore en 1438. (Anselme, VIII, 719.)
10. Jean de Villiers, seigneur de Lisle-Adam, créé maréchal de France le 2 mai 1432. Mort le 22 mai 1437. (Anselme, VII, 10.)

Anglois à Bourguignons ; puis, aprez les apartiens ainsi faiz, chevaulcherent les seigneurs, devisans ensamble, par belle ordonnance jusques à la ville, et fut logié le conte de Salsebery en l'hostel de l'evesque. Puis, tost aprez qu'ilz furent un peu refectionnez de boire et de mengier, s'assamblerent les seigneurs, tant Anglois comme Bourguignons, à conseil, en l'eglise cathedral de la ville, où ilz prindrent ensamble leurs conclusions, telles qu'elles seront cy aprez declarees au lieu servant. Et quant le conseil fut finé, ilz se delibererent de lendemain partir, comme ilz firent. Si se misrent en moult belle ordonnance, et prindrent leur chemin vers Crevent pour combatre les annemis quy de leurs advenement estoient assez advertis, et aussi les povoient bien choisir venir de loingz. Alors, par le commandement des capittaines Anglois et Bourguignons, venus environ à ung quart de lieue prez de leurs annemis, descendirent tous à pié. Si faisoit ce jour moult chault, parquoy ilz furent grandement traveilliés d'aller à pié, tant pour la pesanteur de leurs armeures, comme pour l'apperte chaïleur du soleil ; telement que plusieurs furent constrains, par destresse de challeur, eulz couchier le visaige contre terre pour eulz un peu rasfreschir. Et, en ce propre jour, furent fais chevalliers de la partye des Bourguignons, Guillaume de Vienne, filz du seigneur de Saint George [1], Jehan, seigneur

1. Guillaume de Vienne, seigneur de Saint-Georges, mort sur la fin de l'année 1434, ayant fait son testament le 14 mars précédent (Anselme, VIII, 800). Cette dernière date est juste ; mais le P. Anselme se trompe quant à celle de la mort : le seigneur de Saint-Georges mourut en 1444, et son testament fut publié l'an 1445. Voy. *Faict du procez et instance de proposition d'erreur pendant au grand conseil du roy entre messire Marc de*

d'Annay[1], Phelippe, seigneur de Ternant[2], Copin de la Viesville[3], et aulcuns autres dont je ne scay les noms.

968. De l'ordonnance que firent les Anglois et Bourguignons pour combatre leurs annemis.   XVII.

Premierement, il est à scavoir que les Anglois et Bourguignons se partirent de la cité d'Ausoirre par ung vendredy, ainsi comme à x heures du matin, pour tyrer vers Crevent. Si ordonnerent deux marissaulx de l'ost, chascun pour avoir regard sur sa portion de gens, à scavoir : de la partie des Bourguignons, le seigneur de Vergy, et, pour les Anglois, messire Guillebert de Hallesal[4]. Puis fut cryé et publié parmy l'ost que les Anglois et Bourguignons feussent bons amis ensamble, par bonne amour et union, sans esmouvoir tenchon[5] ne rumeur l'un contre l'autre, sur paine d'estre pugnis

---

Vienne, chevalier, sieur de Clervant et Vauvillars, demandeur en proposition d'erreur,... contre messire Anthoine de Baufremont, sieur de Listenois, et consors. (Bibl. imp., Mss., Coll. Dupuy, n° 660, fol. 264-273). Cette pièce est imprimée, ainsi que le testament de G. de Vienne, qu'on trouve aux fol. 282-288 du même volume.

1. Jean d'Annay, chevalier, maître d'hôtel du duc et de la duchesse de Bourgogne en 1407 (La Barre, II, 134), était dans la ville de Meaux, en 1422, lors du siége de cette ville. (Chastellain, 103.)

2. Philippe, seigneur de Ternant, conseiller du roi et garde de la prévôté de Paris en 1436. (*Journal d'un bourgeois de Paris*, 170.) Au chapitre de la Toison d'or, tenu le 22 mai 1456, il était sur la liste des chevaliers *trespassés*. (Bibl. imp., Mss., *Fonds Sorbonne*, n° 438.)

3. Gauvain de la Viesville, conseiller, chambellan de Philippe le Bon. (La Barre, II, 181.)

4. Guillebert de Halsalf, chevalier, banneret, capitaine d'Evreux en octobre 1424. (Bibl. imp., Mss., n° 9436⁶, fol. 121.) Tué au siége d'Orléans.

5. Dispute, querelle (Roquefort.)

à la voulenté des capittaines. Aprez, fut ordonné qu'ilz chevaulcheroient tous ensamble en ung seul ost, et y avoient vi^{xx} hommes d'armes : c'est à scavoir LX Anglois et LX Bourguignons, autant d'archiers qu'il apartenoit pour descouvrir devant. Ancores fut ordonné que, quant on venroit auprez du lieu où l'en devroit combatre, que incontinent qu'il seroit dit et publié chascun descendre à pié, que ceulz qui en feroient refus feussent mis à mort. Et, avec ce, fut ordonné que les chevaulz feussent prestement menez arriere une demye lieue, et ceulz quy seroient trouvez plus prez seroient prins comme confiquiés. Ancores fut ordonné que chascun archier feist ung peuchon aiguisié à deux boutz, pour fichier devant luy quant besoing seroit. Oultre plus fut ordonné que nul, de quelque estat qu'il feust, ne s'enhardist de prendre prisonnier au jour de la bataille, tant que on verroit tout plainement que le champ seroit guaignié; et, se on en treuve aulcun, il soit prestement occis avec cellui qui l'aura prins, s'il en parle ou fait aulcun refus. Ancores fut ordonné, de rechief, que chascun feust pourveu de vyande pour deux jours, et aussi que ceulx de la ville d'Ausoirre envoiassent vivres aprez l'ost, autant que finer en porroient, et qu'ilz en seroient bien paiez. Oultre, ancores fut ordonné que nulz ne chevaulchast, devant ou derriere, sans ordonnance des capitaines, sur paine capital, ains se tiengne chascun en l'ordre où il seroit mis. Les poins et ordonnances dessus declarees par la deliberation des capitaines Anglois et Bourguignons furent, ce mesmes jour, proclamees et publiees en la ville d'Ausoirre, à son de trompe, par les quarfours, avant leur partement; et lendemain, aprez qu'ilz eurent oy messe, chascun à sa devocion, et beu ung cop, se misrent auz champz en grant fraternité : et s'en allerent logier tous ensamble en la ville de Vaucelles[1], à une lieue prez de leurs annemis. Et lendemain, qu'il fut samedy, environ à x heures du matin, se deslogerent et allerent en belle ordonnance devant leurs annemis; lesquelz sans faulte ilz trouverent tous apareilliés comme pour les récepvoir en belle et grande compaignie, et avoient prins place sur une montaignette devant ladite ville de Crevent, où ilz s'estoient ja tenus, jour et nuit, atendant leurs annemis; et toutesfois avoient laissié leur siege garny de gens.

Les Anglois et Bourguignons, voians l'appareil de leurs annemis, s'en allerent passer par l'autre lez de la riviere d'Yonne, vers Coullanges lez Vineuses[2] : et adonc descendirent les Francois de leur montaigne contre leurs annemis, en monstrant grant samblant de hardiesse; si se misrent en battaille l'un contre l'autre, où ilz furent bien trois heures sans autre chose faire, et estoit la riviere entre les deux ostz. Quant ilz se furent ainsi tenus, comme vous avez oy, Anglois et Bourguignons, qui moult heoient les Francois, voians qu'ilz ne faisoient quelque samblant de les envahir, soubdainement s'advancherent par aigreur de felon couraige et commencerent archiers de tyrer moult onniement, et gens d'armes à entrer en l'eaue vivement, pour courir sus à leurs annemis, dont les ungz

---

1. Vincelles.
2. Coulanges-la-Vineuse.

en avoient jusques auz genoulz et les autres jusques deseure la chainture. Lors le conte de Salsebery, admonestant ses gens de bien faire en escriant : « Saint George ! » sa banniere devant luy, passa l'eaue et vint aborder à ses annemis. Et, d'autre part, sur costiere, vers le pont, le seigneur de Wilbic fist tant, que, atout sa banniere, il gaigna le pont; lequel il passa à force d'armes, tresperchant Escotz et Francois par poulsis de lances, de halches et d'espees. Si ne sceurent tant faire les deffendeurs de l'eaue que Anglois et Bourguignons, leurs annemis, ne les deboutassent dudit lieu; mais, avant ce achevé, y eut maintes belles appartises d'armes faites tant d'un costé comme de l'autre. Adonc, ceulz de la ville de Crevent, c'est à scavoir le seigneur de Chastelus et les autres de la garnyson, dont il estoit le chief, voyans leur secours si faitement besongnier, moult joyeulx et de grant corage saillirent dehors; si s'en vindrent par derriere ferir contre leurs annemis, ja feussent ilz tant foibles et amatis de famine, que à grant paine se povoient ilz soustenir sur piés. Toutesfois, le grant desir et joye qu'ilz avoient d'eulz veoir ainsi estre secourus, desirans estre delivrez du present dangier, leur rendy coraige; parquoy se esvertuerent en eulz force et hardement, en tele maniere que, de plaine venue, en escriant leurs cris, occirent et decoperent leurs annemis tant impetueusement, que horreur estoit à regarder. Dequoy les dis annemis, se voians ainsi estre felonneusement assaillis de toutes pars, s'en effraierent grandement; car, à toute dilligence, Anglois et Bourguignons s'efforcoient de vaincre chascun son quartier. Adonc de toutes pars encommencerent à combatre l'un contre l'autre; mais, en conclusion, par la vigueur, force et vaillance des Anglois et Bourguignons, ainsi fraternelement conjoincte ensamble, ilz obtindrent la victore. Si furent les Francois et Escochois, à ceste heure, tournez en fuite, où il y eut pluiseurs mors et navrez, qui estoit pitoiable chose à veoir. En ceste bataille furent occis la plus part des Escochois, car ilz estoient au front devant, à scavoir environ iiii^m, et le connestable d'Escoche prins par ung gentil homme du seigneur de Chastelus; et y eut ledit connestable ung oeil crevé : les autres Escochois se saulverent au mieulz qu'ilz peurent. Pareillement, de la compaignie des Francois, y furent prins prisonniers le conte de Ventadour, le seigneur de Gamaches[1], quy aussi y perdy un oeil, Estienne de Famieres[2], et pluiseurs autres nobles hommes, jusques au nombre de trois à quatre cens : et des mors sur la place, messire Thomas Siccon[3], Andrieu Hambon, messire Guillamme Hambon[4], Jehan Pillet, capittaine Escochois. Ung bastard du roy, avec pluiseurs autres, furent aussi trouvez mors sur

---

1. Guillaume, seigneur de Gamaches, nommé grand-maître et souverain reformateur des eaux et forêts du royaume de France en 1424, exerçait encore cette charge en 1418 (Anselme, VIII, 690). Tué au siége de Pontoise en 1441. (*Vie de Guillaume de Gamache*, p. 94.)

2. Estienne et Jean de Farsmeres, chevaliers escossois. (Monstrelet, V, chap. X.)

3. « Thomas de Seton, escuier du pays d'Escosse, reçoit, le 10 octobre 1419, de Jean Raguier, receveur des finances, la somme de 1146 liv. pour lui, ses *estendars* et *trompettes*, et la paye de 22 *escuiers* et de 92 *archiers*. » (Bibl. imp., Mss., *Fonds Gaignières*, n° 781, fol. 123.)

4. William Hamilton *et son fils* (Holinshed, II, 586). Cependant on voit figurer sur la liste des capitaines et chevaliers servant Charles VII au siége d'Orléans, un Guillaume Hamilton. (*Le fait de l'advitaillement et secours sur les Anglois de la ville d'Orléans*. Bib. imp., Mss., *Suppl. franç.*, n° 2342, fol. 79 verso.)

l'une des hesles, jusques au nombre de douze cens ou environ.

Apres ceste victore, les Anglois et Bourguignons, bien garnis de prisonniers et de grans proyes, se rassamblerent : et là, les capitaines, en grant union ralyant leurs gens, entrerent en la ville de Crevent, regraciant le Createur de leur belle victore, où ilz furent tres joieusement recheus des manans; et leurs gens se logerent là entour, es logis des Francois. Toutesfois, ung capitaine Bourguignon, nommé Perrenet[1], et aulcuns autres adventuriers, poursieuvyrent assez longuement leurs annemis, si en prindrent et occirent à largesse. Le lundy ensieuvant, aprez qu'ilz eurent regarny de nouvelles gens la ville de Crevent, ilz prindrent congié l'un de l'autre, et s'en allerent les Bourguignons en leurs propres lieux, et les contes de Salsebery, de Suffort et de Wilbicq retournerent au siege devant Montaguillon, dont ilz s'estoient partis,

---

1. Perrenet Grasset, écuier, panetier de Philippe le Bon, capitaine général des pays de Nivernais, Donzois et de la Charité-sur-Loire (La Barre, II, 228). Voici ce que Wavrin ajoute (chap. 964), concernant ce personnage, au récit qu'il copie dans Monstrelet (V, chap. xiii). « Fut sur les gens du roy Charles prinse la ville de la Charité sur Loire, par ung capitaine adventurier appelé Perrenot Grasset, tenant la partie de Bourgoigne, lequel, tant comme il vesqui, mena forte guerre au roy Charles plus que nul autre de son estat; [car il estoit sage, prudent et de grant emprinse, bien se sachant conduire en tous estas. Et *moy mesmes, acteur de ceste presente euvre*, futz avec lui en pluiseurs courses et entreprinses, dont à son honneur il vint à chief. Ne oncques en son tempz ne fut reprins d'avoir faulsé son sauf conduit, ne son seelle; ains tenoit realement ce qu'il promettoit. Si que, pour les nobles vertus quy en lui estoient, suis je constraint d'en autant dire]. » Il prit Montargis sur les Français en 1433 (*Hist. de Charles VII*, 336). Il figure dans une montre passée à Dieppe, le 29 mars 1475 (Bib. imp., Mss., *Fonds Gaignières*, n° 782[4], fol. 251).

où ilz avoient laissié partye de leurs gens pour ledit siege garder. Et est verité que le jour de ceste bataille[1], le conte de Salsebery fist, de sa main, quatre vings nouveaulz chevalliers ou plus. Tantost aprez l'exploit de ceste bataille de Crevent, le conte de Suffort alla assegier le chasteau de Coussy, qui se rendy à lui aprez certains jours ensieuvant, et d'illec s'en alla ou pays de Masconnois, où il mist en l'obeissance du roy Henry de France et d'Engleterre pluiseurs forteresses que y tenoient les Francois pour le roy : en laquelle chevaulchié *moy, acteur de ceste euvre, fuch tout au long.* Et si envoia ledit conte assegier, par ung sien capittaine, nommé Classedas[2], le fort chastel de La Roche; lequel se rendy par traitié tel que se, endedens ung jour qu'ilz prindrent, n'estoient secourus, ilz laisseroient les Anglois dedens la place. Et par ainsi eurent treves les assegiés des assegans, jusques au jour prins que ceulx du chastel esperoient avoir secours.

En ce temps, le duc Phelippe de Bourgoigne, quy estoit [à] Dijon, fut adverty par ledit Glassedas de l'apointement et traitié qu'il avoit avec ceulz du chastel de La Roche; à scavoir : que celluy qui se treuveroit plus fort, à ung certain jour nommé, devant la place en seroit et demourroit seigneur et

---

1. Elle se donna à l'entrée du mois de juillet. (Monstrelet, V, chap. x.)
2. « Glacidaz demoura cappitaine des tours et de la bastille des ponz après la mort du conte de Salsebery ». La Pucelle ayant donné l'assaut à cette bastille (7 mai 1429) « ledit Glacidas et autres des gens de la place, quant ils veirent que eulx estoient prins, pour eulx saulver, cuiderent recouvrer une des tours; mais pour la presse qui fut tres grande sur le pont, le pont rompit et fut ledit Glacidas et plusieurs autres noyez. » (Quicherat, IV, p. 8, 9 et 162)

maistre, et lui seroit delivree la forteresse. Alors le duc de Bourgoigne, qui pour ce temps estoit tenu le plus chevallereux prince du monde, oyant les nouvelles, et aussi qu'il fut infourmé, par ledit capittaine Glassedas, comment renommee couroit que le duc de Bourbon[1] seroit au dit jour devant le chastel, à puissance, pour le deffendre et combattre Glassedas et ses aidans, si que, pour ce que c'estoit la chose que plus desiroit le duc Phelippe soy trouver en armes, assembla puissance de gens d'armes et de trait, et, pour donner ayde à Glassedas, en faveur de l'alyance qu'il avoit aux Anglois, vint à Mascon, où il prepara ses besongnes : puis, quant il fut heure, s'en party ung matin, aprez boire, et s'en vint logier, atout son armee, en la plaine au desoubz dudit chastel de La Roche, où il se tint en belle ordonnance, atendant que le duc de Bourbon y venist pour lever le siege. Lequel, quant il oy dire que le duc de Bourgoingne y estoit en personne, luy ne homme de sa compaignie ne s'y admonstra : et y atendy, ledit duc, tout le jour en battaille, tant que l'heure fut passee, et que ceulz de la place s'en partirent, ung blancq baston en la main, rendus audit Glassedas pour et au nom du roy Henry de France et d'Engleterre.

Celle forteresse de La Roche ainsi rendue, le bon duc Phelippe s'en retourna en son pays de Bourgoingne, où il sejourna jusques au mois de febvrier ensievant, et là fist les espousailles de sa seur[2] au

---

1. Charles Ier du nom, duc de Bourbon. Mort le 4 décembre 1456 (Anselme, I, 305).

2. Marguerite de Bourgogne. Morte le 2 février 1441 (Anselme, I, 239).

comte de Richemont[1], quy longtempz paravant l'avoit fyancee, comme dit a esté cy dessus[2].

969. Comment les Francois assegerent Boham et comment ilz s'en partirent soubdainement. XVIII.

Cf. Monst., t. V, ch. xi.

Les Anglais qui étaient sur les marches du Laonnois, ayant été avertis, dit Wavrin, que les *gens du conte de Toulouse (qui tenoit le parti du roi Charles)* s'assemblaient contre eux, prirent l'initiative et les repoussèrent jusque dans une forteresse, que Wavrin nomme, la forteresse de *la Follye*.

970. Comment le marissal de Bourgoigne fut trahis et prins par le capittaine de la Bussiere. XIX.

Cf. Monst., t. V, ch. xi.

A la prise, par Jean de Luxembourg, de la forteresse de Proisy, Wavrin ajoute celle de *Nouvion, en la conté de Guise, en Terrasse*, ce dont ne parle point Monstrelet.

971. Comment messire Jacques de Harcourt et messire Raoul Boutillier tindrent parlement. XX.

Cf. Monst., t. V, ch. xii.

972. Comment messire Jacques de Harcourt se party du Crotoy pour aller devers le roy Charles. XXI.

Cf. Monst., t. V, ch. xii.

973. Comment les Hennuyers furent en grant effroy pour leur dame qui avoit espousé le duc de Brabant, et si estoit allee en Angleterre espouser le duc de Clocestre,

---

[1]. Artus de Bretagne, comte de Richemont, marié le 10 octobre 1423 à Marguerite de Bourgogne, veuve du duc de Guyenne, dauphin de Viennois. Créé connétable de France le 7 mars 1425. Succéda à son neveu Pierre II au duché de Bretagne en 1457. Mort le 26 décembre 1458 (Anselme, I, 459).

[2]. Wavrin, qui donne ce court récit d'après Monstrelet (V, chap. xi), a parlé de ce mariage dans son chapitre 951, qui est aussi entièrement pris dans Monstrelet.

[1424] CINQUIÈME PARTIE, LIVRE III, XVIII–XXVIII.

pour laquele adventure ilz doubtoient avoir guerre. XXII.

Cf. Monst., t. V, ch. XIII.

974. Comment le duc de Bethfort, regent, fist assegier Yvry la Chaussié quy se rendy par traitié, et de la prinse de Hem. XXIII.

Cf. Monst., t. V, ch. XIII.

975. Comment le duc de Bethfort, regent, alla à Mondidier et ordonna d'assegier la ville de Compiegne. XXIV.

Cf. Monst., t. V, ch. XIII-XIV.

976. Comment le duc de Bethfort alla à Abbeville, atout grant puissance de gens d'armes, pour la rendition du Crotoy. XXV.

Cf. Monst., t. V, ch. XIV-XVII.

977. Comment messire Jehan de Luxembourg, adcompaignié de Picars et Anglois, alla assegier la ville et chastel de Guise. XXVI.

Cf. Monst., t. V, ch. XVII.

Au nombre des seigneurs qui accompagnerent Jean de Luxembourg au siége de Guise, Monstrelet a omis de mentionner le *bastard d'Estamfort*.

978. Comment le conte de Salsebery assega et concquist la ville de Sedune en Champaigne. XXVII.

Cf. Monst., t. V, ch. XVII.

979. Comment le duc de Bethfort assambla grant puissance pour estre à la journee de la rendition du chastel d'Yvry [1]. XXVIII.

1. Au chapitre précédent, copié d'après Monstrelet (V, chap. XVII), il a été dit que le duc de Betfort assiégea la ville et le chastel d'Yvry, que la ville s'étant rendue, le chastel tint encore et que le capitaine promit de la rendre aux Anglais la nuit de l'Assomption Notre-Dame, en cas qu'ils ne fut pas secouru par le roi Charles.

Or advint[1], assez tost aprez que les Anglois furent partis de devant Yvry et qu'ilz eurent traitié à ceulz de la place, et prins hostages de la rendre au duc de Bethfort, pour laquelle sceureté baillerent quatre gentilz hommes les plus renommez de la garnison, [que]le duc de Bethfort, regent de France, qui estoit prince de moult grant virtu, sentant le jour approchier de ladite rendition, manda tous ses capittaines en la bonne ville de Rouen, ouquel lieu il estoit pour lors. Premierement, et qui n'estoit mie à oublier, y vint le preu conte de Salsebery, le conte de Suffort, les seigneurs de Wilbic et des Scalles[2], et plusieurs autres barons et chevaliers Anglois, avec aussi aulcuns chevaliers et escuiers de Northmandie, tant qu'ilz povoient estre en nombre bien xviii^{cz} hommes d'armes et viii^m archiers : lesquelz avec le regent se partirent de la ville de Rouen et de là entour, et tant cheminerent qu'ilz vindrent à Evreux, ouquel lieu arriva le seigneur de Lilladam venant de son siege de Nelle, qu'il tenoit en ce tempz, lequel il laissa bien garny; et pareillement Jehan de Noefchastel, seigneur de Montagu[3], Bourguignon, messire Thibaut de Montagu[4], son filz bastard, et autres nobles hommes, y vindrent à belle compaignie, de laquele venue fut le duc de Bethfort moult joyeux, et ce fut raison; car tous estoient chevalliers de grant recommandation. Là, sejourna le

---

1. On retrouve parfois dans ce chapitre et le suivant, quelques fragments du récit de Monstrelet (V, chap. xix).
2. Thomas Scales, mort le 25 juillet 1460 (Dugdale, I, 618).
3. Jean de Neufchâtel, seigneur de Montagu, grand bouteiller de France. Mort vers 1433 (Anselme, VIII, 576).
4. Thibault, bâtard de Neufchâtel, chambellan du duc de Bourgogne, légitimé en 1424. Mort en 1454 (Anselme, VIII, 354).

duc tout le jour Nostre Dame, en l'honneur de la glorieuse Vierge, et lendemain, aprez qu'il eut beu ung cop, se departy de la ville d'Evreux, et tant s'esploita de chevauchier qu'il eut passé les bois quy sont auprez d'Yvry; puis, quant il se trouva auz champs et qu'il deubt aprochier la place, il fist tous ses gens mettre en tres belle ordonnance de battaille; et ainsi chevaulcha, tant qu'il vint en une belle plaine au dessus des vingnes. Tout ce voyage, le duc de Bethfort, chevaulchant devant ses battailles, avoit vestu une robe de drap de veloux asur, et par dessus avoit une grande croix blanche par deseure laquele avoit une croix vermeille : et *moy, acteur de ceste euvre*, quy lors estoie au dit voyage en la compaignie du conte de Salisbery, demanday à aulcuns Anglois à quele cause ledit duc de Bethfort portait la croix blanche; et il me fut respondu que c'estoit à cause des deux royaulmes, et que au duc de Bethfort, regent, apartenoit les porter et à nul autre, pour ce qu'il estoit celluy qui representoit la personne du roy de France et d'Engleterre; et ces deux croix estoient la signifiance desdis deux royaulmes. Ainsy doncques, le duc de Bethfort, en ceste nuit, se loga devant Yvry, esperant qu'il seroit combatu lendemain; si fist faire parmy l'ost bon guet et ascoutes pour doubte des surprinses, comme il apartenoit et qu'il est acoustumé de faire en pareil cas par tous bons chiefz de guerre. Ceste nuit se passa, et lendemain vint, quy estoit le jour que la dite place d'Yvry se debvoit rendre en l'obeissance du roy de France et d'Engleterre. Puis, environ deux heures aprez midy, le duc de Bethfort marcha, en battaille bien ordonnee, jusques devant le dit chastel, en atendant la rendition de la forteresse. Or advint que, droit à l'heure quy estoit prinse de la place rendre, issy dehors le capitaine, nommé Gerard de Paillieres[1], [qui], voiant le terme passé qu'il avoit promis ycelle livrer auz Anglois en faulte de secours, adfin de recouvrer les hostages qu'il avoit bailliés, vint devers le duc de Bethfort, lequel il trouva en belle ordonnance, atendant l'adventure de bataille et fortune tele qu'il plairoit à Dieu de lui envoier; et là, luy presenta les clefz de la dite forteresse d'Yvry, lui requerant saulfconduit pour en aller soy et ses gens, selon le contenu du traitié; lequel lui fut acordé, comme raison estoit. Et lors le capitaine tyra, en la presence du regent, unes lettres hors de sa gipsiere, laquele il lui monstra, en disant : « Or voy je bien que, aujourd'huy, me ont failly de convenant xviii grans seigneurs du party au roy Charles de France, quy m'avoient promis donner secours »; ausqueles lettres estoient xviii seaulz pendans. Alors le duc de Bethfort fist au dit capittaine rendre ses hostages, lequel les emmena avec lui et s'en retourna vers ses gens pour les faire vuidier ledit chastel d'Yvry; et le duc envoya ses commis en prendre la possession, tousjours soy tenant en celle ordonnance : si allerent pluiseurs Anglois veoir le partement de la dite garnison francoise. Si advint, droit à ceste heure, ung moult grant effroy en l'ost des Anglois : si commencerent de sonner trompettes et clarons en grant nombre, pourquoy ceulz quy, comme dit est, estoient allez veoir partir la garnison d'Yvry, en tres grant haste s'en

---

1. Girault de la Palière était gascon (*Hist. de Charles VII*, 8).

[1424] CINQUIÈME PARTIE, LIVRE III, xxviii.

retournerent en la battaille du duc, quy desja estoit en tant bel arroy que à veoir estoit plaisance. Il fist desployer la baniere de France, d'azur à trois fleurs de lis d'or, laquele il fist pour ce jour baillier à porter au seigneur de Lilladam; puis, fist desploier la baniere de Saint George, à champ d'argent, à une grande croix de geulle; puis fist il desployer la baniere Saint Edouard, d'azur à une croix ancree d'or, à chincq mailles de meismes; puis, fist desploier la baniere esquartelee de France et d'Engleterre, en signifiance des deux royaulmes conjoincts. Et aprez, fut desploiee la baniere du duc de Bethfort, regent; toutes lesqueles banieres furent bailliés à porter à chevalliers de grant renommee.

Or doncques, pour vous advertir de la cause pourquoy cest effroy et alarme s'esleva en l'ost des Anglois, la raison y estoit moult grande; car les Francois, ce jour, se trouverent en tres grant nombre aians esperance et voulloir de combatre le regent et sa puissance, comme ilz eussent bien peu faire; car ilz furent, ce jour, ensamble, sur le point de xviii à xx^m hommes de bonne estoffe, soubz la conduite du duc d'Alenchon[1], des contes d'Aumarle[2], de Ventadour, de Tonnoirre[3],

---

1. Jean II, duc d'Alençon. Condamné à mort le 18 juillet 1474, mourut deux ans après étant sorti de la prison du Louvre (Anselme, I, 273). C'est ce que dit aussi la *Chronique des comtes et ducs d'Alençon* (fol. 136 recto). La sentence de mort ne fut point exécutée, « maiz fut ledit duc delaissé en la dite prison du Louvre, où, apres aulcun temps, il rendit finablement son esprit à Dieu, et fut inhumé au convent des Jacobins à Paris, en l'église dudit lieu. »

2. Jean de Harcourt, comte d'Aumale (Anselme, V, 124). Tué à la bataille de Verneuil, le 17 août 1424.

3. Louis de Châlon, comte de Tonnerre, tué à ladite bataille de Verneuil.

de Douglas[1], de Boucquant[2], et autres seigneurs Escochois ; du visconte de Nerbonne[3], du seigneur de la Fayette[4], et pluiseurs seigneurs de grant renommee de la partye du roy Charles, lesquelz venoient chevaulchant vers Yvry, en belle ordonnance, et s'arresterent environ à trois lieues prez, puis envoyerent environ quarante coureurs des plus expers et mieulz montez pour explorer la contenance de leurs annemis. Lesquelz coureurs, voyans le dit duc de Bethfort estre en moult belle ordonnance, retournerent à leurs gens faire leur raport. Le duc de Bethfort avoit ordonné aulcun nombre de gens, bien montez et armez, pour chevaulchier autour de son ost, adfin de non estre sourprins ; lesquelz, quant ilz parcheurent les coureurs des François, vigoureusement les chasserent et poursievyrent si raddement qu'ilz en prindrent quatre, et les amenerent devers monseigneur le regent ; si furent examinez, et ledit regent par eulz adverty de la puissance des Francois ses annemis. Et, d'autre part, ces coureurs francois quy, pour la chasse des Anglois, se hasterent tant plus, reporterent à ceulz quy les avoient envoiez ce que veu et trouvé avoient. Alors les Francois, non voyans leur avantage de, à ceste fois, combatre les Anglois sans adventure de grant perte, consideré le duc de Bethfort estre en tel triumphe et puissance, les atendans de pié coy, tout pourveu de son fait et desja

1. Archambault, comte de Douglas. Voy. ci-dessus, page 176, note 3.
2. Bucham, fils de Robert, duc d'Albanie, régent d'Écosse, connétable de France, tué à la susdite bataille (Rapin Thoyras, IV, 181).
3. Guillaume, vicomte de Narbonne, « lequel, apres ce qu'il fut trouvé mort en la bataille, fut ecartelé » (Monstrelet, V, chap. xx).
4. Gilbert Motier, seigneur de La Fayette, créé maréchal de France en 1421. Mort le 23 février 1462, v. s. (Anselme, VII, 56).

saisy de la ville et chastel d'Yvry; pourquoy, tout veu et entendu, se misrent à chemin et par grant exploit commencerent de chevaulchier, sans eulz arrester, tant qu'ilz vindrent devant la ville de Verneul, où ilz faignirent qu'ilz avoient descomfy les Anglois[1], et que le duc de Bethfort, à petite compaignie, s'estoit mis à saulveté.

Quant ceulz de la ville de Verneul, qui tenoient la partye du roy Henry, oyrent ces nouvelles, comme peu sages, en grant crainte leur firent ouverture et obeissance, pour et ou nom du roy Charles. Aprez laquele rendition, comme le traitié le contenoit, baillerent saulfconduit à aulcuns Anglois quy layans estoient en garnison; lesquelz ilz envoierent, atout leurs bagues, devers le duc de Bethfort. Aprez ces choses ainsi faites, y eut quatre gentilz hommes des

---

1. « Quant ils furent pres de Verneil, dit l'auteur du *Journal d'un Bourgeois de Paris* (98), si firent une grant trayson; car ils prindrent grant foison de leurs soudoyers escossois, qui bien scavoient parler le langage de l'Angleterre, et leur lierent les mains et les mirent aux queues des chevaulx, et les touillerent de sang en maniere de playes en mains, en bras et en visaige; et ainsi les menerent devant Verneil, criant et braiant à hault cris, en langaige d'Angloys : « Mal veismes ceste dou-« loureuse journee; et quant nous cessera cette douleur! » Quant les Anglois, qui dedens la ville estoient, virent la douleur contrefaitte, si furent moult esbahis, et fermerent leurs portes, et ce mirent en hault, pour deffendre leur ville; et quant les Arminaz virent cecy, leurs montrerent *le sire de Torcy*, l'ung des bons et vrays chevaliers, qui s'estoit rendu à eulx, qui estoit lié comme les autres, par trayson, qui leur dit que toutte la chevalerie d'Angleterre estoit morte en celluy jour devant Yvry, et pour neant se tandroient, que jamais n'auroient secours; et ce, tesmoignerent les autres qui bien parloient angloys, et jurerent par leur serment que ainsi estoit. Si ne sceurent comment conseiller; car ils tenoient le sire de Torcy, l'ung des bons et vrays chevaliers *qui fust avecques le Regent....* Si s'accorderent que ils se rendroient, leurs vies saulves. »

gens du dit Gerard, capitaine d'Ivry, quy firent serment au duc de Bethfort de toute leur vye loyaument servir le roy Henry de France et d'Engleterre. Puis, aprez ces choses passees, que le dit duc de Bethfort eut fait examiner les quatre coureurs devant dis, prins ainsi que oy avez, et que par eulz il fut adverty de la puissance de ses annemis, il assambla son conseil à scavoir qu'il estoit de faire ; où il fut conclu que le dit regent se deslogeroit et yroit au giste à Evreux, pourveu qu'il estoit adcertené ses annemis tyrer vers Verneuil, et que le conte de Salsebery et ses gens yroient logier à quatre lieues prez des annemis ; mais le duc de Bethfort avoit envoié le conte de Suffort, atout xvi^{cz} combatans, devant pour descouvrir les embusches, et experimenter le convenant de leurs dis annemis, et il s'en alla à Damville et à Baiseux[1], à Bretueil et ou Perche, ainsi comme à deux lieues de Verneul, où estoient lesdis François logiés, comme dit est, à toute leur puissance ; et lendemain au matin, le dit conte de Suffort nuncha par certain message à monseigneur le regent, qui, comme oy avez, avoit ceste nuit geut à Evreux, comment les François avoient par cautelle seduit Verneul, et si estoient logiés là entour puissamment.

980. Comment le duc de Bethfort, regent de France, combaty et vainquy les Francois devant Verneul. XXIX.

Quant le duc de Bethfort fut adverty au vray, par ledit conte de Suffort, que les Francois à grant puissance estoient devant la ville de Verneul et là environ,

1. Piseux.

il se delibera avec ses gens et jura Saint George de
non jamais sejourner ou arrester jusques à ce qu'il
auroit combatu ses annemis, s'ilz ne le fuyoient villainement, et fist prestement publier, à son de trompe,
que chascun se deslogast et disposast pour le sievir;
puis, ordonna au seigneur de Lilladam et au seigneur
de Montagu, que, eulz et leurs gens, s'en retournassent
à leur siege de Nelle, dont de par le roy Henry ilz
estoient les chiefz, et qu'il avoit pour obvier auz
emprinses des Francois, à ceste heure, gens assez; si
se povoit bien deporter d'eulz. Au commandement
du regent obeyrent les seigneurs dessus nommez, à
scavoir Lilladam et Montagu : ce fut raison, combien
que mieulz amassent demourer d'emprez luy pour
l'acompaignier à la bataille, jà eussent ilz grant besoing et cause tres legitisme de retourner à leur dit
siege de Nelle. Si prindrent congié du dit duc regent
et s'en allerent à grant regret de la compaignie; mais
le seigneur de Montagu y laissa messire Thybault de
Neuf Chastel, son filz bastard, chevallier moult re-
commandé, de la demeure duquel fut le regent assez
joyeulz. Et lors, aprez sa messe oye et qu'il eut beu
ung cop, fist sonner la trompette du deslogement : si
monta à cheval luy et ceulz de sa compaignie, quy
estoit belle, grande et fort à craindre; car c'estoient
tous gens d'eslite. Si se party de ceste ville d'Evreux et
se mist auz champz, en prenant le droit chemin vers
Verneul, par ung merquedy, xvie jour d'aoust[1], et là,
en chevauchant, fist aux seigneurs et capittaines

---

1. La bataille se donna, selon Monstrelet (V, chap. xix), un jeudi 17 août 1424.

d'entour luy pluiseurs belles exhortacions et remonstrances, en les admonnestant du bien faire, aians souvenance que pour le service du roy, leur souverain seigneur, avoient delaissié pays, terres, peres, meres, femmes et enfans; et que à juste et leale cause ilz se combatissent hardiement; car France estoit leur vray heritage, lequel leur occupoit et empeschoit Charles de Vallois, à present soy disant roy de France. Si se passa ce jour en teles ou samblables exhortacions; si se logerent, ce jour, de bonne heure, adfin de mieulz avoir espace de leurs besongnes aprester pour atendre l'adventure de la bataile desiree. Si se disposerent de leurs consciences comme tous ce soir et le matin, selon la coustume de faire auz Anglois quant ilz atendent terme d'entrer en battaille; car, de leur propre nature, ilz sont tres devotz, devant boire especialement.

Lendemain doncques, quant il fut heure, le duc de Bethfort, regent, se mist auz champz en moult belle ordonnance, et tant chevaulcha qu'il eut passé les bois auprez de Verneul; et quant il se trouva en la plaine, il choisy la ville et toute la puissance des Francois rengiés et mis en ordonnance de battaille, quy estoit moult belle chose à veoir; car, sans faulte, *moy, acteur de ceste euvre*, n'avoie jamais veu plus belle compaignie, ne où il eust autant de noblesse comme il avoit là, ne mieulz ordonnee, ou monstrant greigneur samblant ou voullenté de soy combattre. Je vey l'assamblee d'Azincourt, ou beaucop avoit plus de princes et de gens, et aussi celle de Crevent, quy fut une tres belle besongne; mais, pour certain, celle de Verneul fût dutout plus à redoubter et la mieulz combatue.

Or doncques, pour rentrer en nostre matiere, le duc de Bethfort et ses princes, voians leur annemis quy là de pié coy les atendoient, tous ordonnez en une bataille, ilz chevaulcherent un pou avant; puis, quant ilz furent assez pres, au samblant des conducteurs de la besongne, il fut commandé de par monseigneur le regent, sur paine de mort, que chascun meist pié à terre, et que tous archiers feussent garnis de peuchons aguisiés pour mettre devant eulz, selon la mode Angloise, quant ce venroit à l'aborder et combattre. Lequel commandement fut adcomply ainsy que ordonné estoit. Puis fut publié, de par le roy de France et d'Engleterre, que tous les chevaulz feussent acouplez et liez ensamble, et les pages et varlez dessus; et le charroy un peu sur costiere, nonobstant qu'il n'en y eust gueres, fors ceulz quy estoient chargiés de vivres et aulcun peu d'artillerie. Si furent ordonnez, pour garder les bagues et chevaulz, deux mille archiers, adfin que par derriere leur bataille ne feust envahye ne mise en aucun desroy : puis, aprez ces ordonnances ainsi faites, les Anglois, en gectant ung hault cry, commencerent de marchier et aller avant en bonne ordonnance, les archiers sur les deux hesles. Et, d'autre part, les Francois advertis dès le soir devant que lendemain ilz seroient combatus, quant le jour fut venu et qu'ilz sceurent à la verité que les Anglois les aprochoient, lesquelz de loingz, pour la pouldriere des gens et chevaulz, ils apercheurent, et aussi par leurs espies et chevaulcheurs qu'ilz avoient sur les champz en furent adcertenez, tantost et sans delay se misrent en ordonnance de combatre, sans faire avant garde ne arriere garde; mais tous ensamble se misrent en une grosse bataille, fors que ilz ordonnerent certain nombre de gens à cheval, dont la plus part estoient Lombars, et les autres Gascons; desquelz estoient les guides et conducteurs le borgne Caquetan[1], messire Tyande de Villeperche[2] et aulcuns autres capittaines gascons, comme la Hyre[3], Pothon[4] et autres; et ce, pour ferir par derriere dedens leurs annemis, ou au travers ou autrement, ainsi comme à leur plus grant advantage leur pourroient porter dommage; et le sourplus tout de pié se rengerent, comme dist est, en une

1. « L'an precedent (1423), dit Berry (370), estoient arrivez en France, messire Theaude de Valpergue, messire Borne Caqueren,... lesquels luy ammenerent (au roi Charles VII), de par le duc de Milan, six cent lances et mille hommes à pied ». Ce dernier, nommé le Borgne Caucun, par Monstrelet (IV, chap. CCLIX), aurait assisté, cependant, en 1421, au siége de Meaux.

2. Theaude de Valleperge, préside au traité d'Arras en 1435, en qualité d'ambassadeur de Charles VII (Jean Chartier, 70). Il était bailly de Lyon dès 1442 (ID., 421); conseiller et chambellan du roi, bailli de Macon, sénéchal de Lyon, ordonné garde de la ville et château de Severac, dans la sénéchaussée de Rhodes, par lettres patentes données à Bourges le 18 novembre 1447 (Bib. imp., Mss., *Fonds Gaignières*, n° 771, fol. 107). Guy de Blanchefort le remplaçait, comme bailli de Macon et sénéchal de Lyon, le 3 janvier 1458 (*Id., ib.*, fol. 132). Il est désigné dans une montre, faite à Bayonne le 21 septembre 1460, comme commandant les hommes d'armes qui composaient cette montre (Bib. imp., Mss., montres de 1400-1469, t. V, Cabinet des titres).

3. Étienne de Vignole, seigneur de Montmorillon, connu sous le nom de La Hire, écuyer d'écurie du roy (Anselme, I, 491). « La Hire, qui moult avoit esté travaillé en icelui voyage, et qui desja estoit homme assez agé, alla de vie à trespas au chastel de Montauban », 1442 (Monstrelet, VII, chap. CCLXVI).

4. Jean, dit Poton, de Xaintrailles, créé grand maître d'écurie du roi, le 27 juillet 1429, et maréchal de France en 1454. Mort le 7 octobre 1461 (Anselme, VII, 92).

seulle compaignie. Si commencerent moult fierement à marchier alencontre de leurs annemis, les lances baissiés ; laquele contenance voyans les Anglois, moult vigoreusement leur coururent sus. A l'assambler y eut grant noise et grant huee, avecques bruit tumultueux des trompettes et clarons. Les ungz cryoient : « Saint Denis ! » et les autres : « Saint George ! » Si estoit la huee tant horrible, qu'il n'estoit homme, tant feust hardy ou asseuré, quy ne doubtast la mort. Ilz encommencerent à fraper de haces et poulser de lances ; puis misrent les mains auz espees, dont ilz s'entredonnerent de grans copz et mortelz horions. Les archiers d'Engleterre, et les escotz, quy avec les Francois estoient, encommencerent de traire les ungs alencontre des autres sy cruelement, que horreur estoit à les regarder ; car ilz amenoient la mort à ceulz qu'ilz ataingnoient de plain cop. Aprez le trait, les partyes moult furieusement aborderent ensamble main à main, laquele battaille fut par ung joedy xviiie jour d'aoust[1], ainsi comme à deux heures aprez midy commenchant. Mais sachiés que, avant l'abordement, furent fais maintz chevalliers nouveaulz, tant d'un costé comme d'autre, lesquelz vaillamment s'esprouverent ce jour. Mainte prinse et mainte rescousse y furent faites, et maintes gouttes de sang espandues, quy estoit grant horreur et pitié inreparable de ainsy veoir crestienneté destruire l'un l'autre ; car, durant ceste pitoiable et mortele battaille, misericorde n'y avoit lieu, tant heoient les parties l'un l'autre. Le sang des mors estendus sur terre, et des navrez, couroit

---

[1]. C'était le 17. Voy. ci-dessus p. 261, note 1.

par grans ruisseaulz parmi le champ. Ceste bataille dura environ les trois pars d'une heure, moult terrible et ensanglentee, et n'estoit lors en memore d'homme d'avoir veu deux si puissantes parties par tel espace egallement combatre, sans pouvoir parchevoir à quy en tourneroit la perte ou victoire. Ainsi doncques que les deux parties se combatoient au plus fort, chascun contendant à victorier son annemi, les Francois qui, comme j'ay dit, avoient avant la bataille esté ordonnez de cheval pour ferir les Anglois par derriere, ou sur le costé, adfin de les rompre et mettre en desroy, se vindrent adreschier celle part, cuidans y entrer sans deffense, menant tres grant bruit; mais ils y trouverent barrieres et resistence : c'est à scavoir les chevaulz et charroy de leurs annemis, acouplez ensamble par les hatreaulz et par les queues; et si y trouverent deux mile archiers de bonne estoffe quy les recoeillerent vigoureusement et misrent en fuite. Et n'y firent les dis Francois autre prouffit que de haper ce qu'ilz peurent prendre, comme aulcunes bagues et chevaulz, occiant les pages et varlez quy dessus estoient et les gardoient. Droit à ceste heure, la bataille estoit moult felle et cruelle : si n'y avoit celluy quy n'esprouvast totalement sa vertu et sa force; et *je, acteur,* scay veritablement que cellui jour le conte de Salsebery soustint le plus grant faix, nonobstant qu'il bransla grandement, et eubt moult fort à faire de soy entretenir. Et certainement, se n'eust esté le sens et grant vaillance et conduite de sa seulle personne, emmy les vaillans hommes quy se combatoient desoubz sa baniere, à son exemple, moult vigoureusement, il n'est pas doubte que la chose qui

estoit en grant bransle ne feust tres mal allee pour les
Anglois; car oncques Francois, en toute ceste guerre,
ne se combatirent plus vaillamment. D'autre part, le
duc de Bethfort, comme je oys raconter, car je ne
povois tout veoyr ne comprendre, comme pour moy
mesmes deffendre je feusse assez empescié, fist ce
jour tant d'armes que merveilles, et occist maint
homme; car d'une hache qu'il tenoit à deux mains
n'ataindoit nul qu'il ne courouchast, comme celluy
qui estoit grant de corpz et gros de membres, sage et
hardy en armes. Si fut tres fort oppressé des Escochois, especialement du conte de Douglas et sa routte,
en tant qu'on ne scavoit que penser ne ymaginer
comment la besongne termineroit; car les Francois,
quy estoient la moitié plus de gens que les Anglois,
ne contendoient que à vaincre : si se atachoient vigoreusement à la besongne, et croy veritablement que,
se n'eust esté l'imfortune et malle adventure que leur
debvoit advenir, les Anglois ne les eussent peu soustenir ou endurer sy longuement. Mais, à ce que je peulz
congnoistre, et aussi en oy depuis pluiseurs de ceste
oppinion, les deux mille archiers d'Engleterre, qui,
comme dit est, avoient rebboutté les Francois à cheval,
dont estoit chief le borgne Kaquestan, chevallier
Lombart, lesquelz quant ilz veyrent leurs annemis
fuyr, coeillerent vigueur, furent grant cause de la victore; car, voians le debat tant estable, ainsi fres et
nouveaulz qu'ilz estoient, en gectant ung merveilleux
cry se vindrent en tourpiant mettre au front devant de
leur battaille, où, à leur venue, encommencerent à
faire grant discipline des Francois, quy moult estoient
lassez de combatre; pourquoy, forment esmerveillés

de ceste nouvelité, se prindrent un pou à faindre et reculler, et au contraire les Anglois, qu'il en estoit heure, s'esvertuerent tout à ung faix recoeillant vigueur : et tant firent que, en pluiseurs lieux, ouvrirent la battaille des Francois à ceste empainte et se bouterent dedens en cryant « Saint George ! » haultement, en commenchant de occir et mettre à mort cruelement tous ceulz qu'ilz povoient aconsievyr, sans avoir quelque pitié ; laquele chose ne se fist mye sans grant effusion de sang. Lors se commencerent les Francois à descomforter en perdant dutout l'esperance de victore, que ung peu paravant cuidoient tenir en leur main ; ains chascun d'eulz queroit lieu pour soy povoir sauver, prendant la fuite qui mieulz mieulz, habandonnant le demourant. Les ungs tyroient vers la ville, et les autres prendoient les champz, et les Anglois, quy à grant paine les poursievoient, mettoient à mort especialement ceulz quy s'acheminoient vers la ville; car les Francois dedens estans, ne volrent ouvrir la porte, pour paour qu'ilz avoient que les Anglois, leurs annemis, n'entrassent dedens avec les fuyans. Sy en y ot assez quy, pour eulz saulver, se gecterent dedens les fossez, où il eut grant occision de ceulz qui se cuidoient mettre à sauveté. Finablement, tant poursievyrent Anglois les Francois, qu'ilz obtindrent plainement la victore de ceste journee, et guaignerent la battaille, non mie sans grant effusion de leur sang. Et fut sceu veritablement par les officiers d'armes, heraulz, poursievans et autres gens dignes de foy, qu'il y morut de la partye des Francois plus de vi^m hommes, et la pluspart nobles d'armes, desquelz il y avoit grant quantité d'Escochois, et environ deux cens prisonniers. Et, de la partie des Anglois, y morurent environ xvi^c combatans, tant de la nation d'Engleterre comme de Northmandie ; desquelz furent les principaulx capitaines, l'un nommé Dodelay et l'autre Charleton. Et du costé des Francois y furent mors de gens de nom, ceulx qui s'ensievent[1] :

. . . .

Aprez cette glorieuse victore que obtindrent les Anglois alencontre d'iceulx Francois, le duc de Bethfort assambla autour de luy tous ses princes et barons; et, en grant humilité, remercya son Createur, les yeulx contre le ciel et les mains joinctes, de la bonne adventure qu'il luy avoit envoyee. Et tantost que les mors furent despouilliés par les varlez et archiers, quy leur osterent tout ce qu'ilz avoient de bon, monseigneur le regent s'en alla logier pour la nuit autour de la ville de Verneul. Si fist moult bien guettier son ost et faire bonnes ascoutes, adfin que nul inconvenient n'y sourvenist et pour obvier à ce que ses annemis ne se recoeillassent et venissent ferir sur le logis de ses gens à despourveu, pour luy porter dommage. Lendemain, ceulx quy paravant estoient logiés en la ville et forteresse de Verneul, et ceulx quy s'y estoient retrais aprez la descomfiture de la bataille, furent constrains de grant cremeur, et sommez de par le regent, de rendre la ville et forteresse en l'obeissance du roy Henry;

---

1. Nous renvoyons au t. V, chap. xx, de Monstrelet pour connaître les noms des morts et prisonniers. Nous indiquerons seulement deux noms omis par ce chroniqueur, *Mondet de Nerbonne* et *Gabriel de Boscage*. Le paragraphe qui suit l'énumération de ces noms, est encore copié d'après Monstrelet ; mais comme il y a quelques faits qu'on ne trouve pas dans son récit, nous avons cru devoir le conserver.

lesquelz, atains de paour d'avoir veu la grant mortalité tournee sur les gens de leur party, mesmement sur les princes et nobles hommes, comme sages et bien avisez prindrent traitié avec monseigneur le regent, en luy rendant la ville et forteresse de Verneul, par tel condition qu'ilz s'en yroient saufz corpz et biens, et y estoit le seigneur de Rambures[1]. Puis, aprez ce que monseigneur le regent ot prins la possession de la ditte ville de Verneul et ycelle bien regarny de nouvelles gens, de vivres et d'artillerie, il s'en departy glorieux et à tres grant joye, et s'en retourna ou pays de Northmandie atout ses prisonniers, tant qu'il vint au Pont de Larche, ouquel lieu le bastard d'Allenchon[2], moult fort navré, devint grandement agravé par la doulleur de ses playes, rendy l'ame à celluy qui prestee luy avoit. De laquele advenue le duc d'Allenchon fut moult desplaisant en ceur; car parfaitement l'amoit. De là, se misrent le duc de Bethfort, regent de France, à chemin, avec luy la plus grant partie de tous ses princes et cappittaines, par le plus droit qu'ilz porroient aller à Rouen. Mais, anchois que plus avant je vous die du fait au dit duc de Bethfort, vous raconteray comment, la propre nuit devant la mortele battaille dessus dite, se partirent de la routte des Anglois et de leur compaignie aulcuns lasces che-

1. André, seigneur de Rambure, maître des eaux et forêts de Picardie, testa le 28 décembre 1449 (Anselme, VIII, 67).
2. « Pierre, bâtard d'Alençon, seigneur de Gallardon, donna des preuves de son courage à la bataille de Verneuil, en 1424, avec le duc d'Alençon, son frère ; ils y furent tous deux blessés et resterent parmi les morts, jusqu'à ce qu'on vînt les en retirer. Il est nommé au contrat de vente de la baronie de Fougères, faite en Bretagne le 31 décembre 1428, par Jean II du nom, duc d'Alençon » (Anselme, I, 272).

valliers et escuiers de Northmandie, avec certain nombre de gens qu'ilz seduirent et emmenerent ; lesquelz chevalliers et escuiers estoient des marches conquises du pays de Chaulz et là environ, quy autreffois avoient fait serment de loyaulté et fidelité au dit duc de Bethfort, regent, pour et ou nom du roy d'Engleterre. Si s'en allerent rendre en l'ost des François, esperans qu'ils guaigneroient ceste journee de battaille, pour le grant nombre qu'ilz les sentoient estre au regard des Anglois : pour laquele offence furent les aulcuns d'iceulz criminelement pugnis par le dit regent, tant de pugnition corporele, quant depuis on les polt tenir, comme de leurs terres et autres biens meubles quy furent prins et confisqués, et mis realement en la main du roy d'Engleterre, pour aplicquier à son domaine, ou baillier en recompence à aulcuns qui l'auroient merité par leur loyaulté et bon service ; entre lesquelz en furent le seigneur de Thorsy[1] et messire Charles de Longueval[2], seigneur

---

1. Jean d'Estouteville, seigneur de Torcy, n'avait que dix-sept ans lorsqu'en 1422 le roi d'Angleterre lui rendit, ainsi qu'à ses frères, les biens de leur père confisqués sur lui pour avoir tenu la partie du roi de France. Étant rentré depuis au service de Charles VII, ce prince l'établit, en 1436, à la garde de Fescamp. Mort le 11 septembre 1494 (Anselme, VIII, 87). Voir ci-dessus, page 259, note 1. — Son père, Guillaume d'Estouteville, avait été fait prisonnier par les Anglais à la prise de Harfleur et conduit en Angleterre en 1419. Mort le 19 novembre 1449 (Anselme, VIII, 878). Il était encore prisonnier le 9 mai 1427 (Rymer, IV, partie IV, p. 127).

2. Charles de Longueval était, en 1419, l'un des capitaines du grand et petit Goulet (Normandie) lors de leur reddition aux Anglais (Rymer, IV, partie III, 95). Le 4 juin 1436, le duc de Bourgogne envoie un chevaucheur de son écurie porter des lettres « à messire *Charles de Longueval*, messire Jean de Saucourt, messire Hector de Flavy et plusieurs autres chevaliers et escuiers du pais d'Artois », afin « qu'ils se mettent

d'Augmont[1]. Au partir que fist le duc de Bethfort du Pont de Larche, il donna congié à aulcuns de ses capittaines pour eulz retourner es garnisons des villes, chasteaulz et forteresses qu'ilz avoient en garde; mais, luy venu à Rouen, il fut de madame la regente, sa femme[2], des bourgois, communaultez et garnisons de la ville honnourablement recheu : et mesmement ceulz du clergié lui allerent reveramment alencontre, tous revestus, chantans à maniere de procession. Si estoient les rues tendues, et, par

---

sus et soient en armes, le IXe jour de ce mois de juing, entour la ville Saint Omer, pour aller devant Calais » (*Arch. gén. du Nord*, compte de la recepte gen. du duc de Bourgogne, fol. VIII^{xx}VII, verso. Communiqué par M. le baron de Melicocq).

1. « Jacques, seigneur d'Aumont, conseiller et chambellan de Philippe le Bon, mort le .. janvier 147... » (Anselme, IV, 873); il est cité par Berry (383) à l'année 1431 : « La ville de Chappes, dit-il, à quatre ou cincq lieues de la ville de Troye, appartenoit à un tenant le parti du duc de Bourgogne, nommé Jacques d'Aumont ». En novembre 1432 : « Les chasteaux de Bove et de Pontderemi estoient deux postes extrememement importans par leur force, mais plus encor par leur position. Pontderemi tenoit bouché tout ce qui pouvoit venir de commoditez d'Abbeville à Amiens par la Somme. Dove en faisoit autant pour tout ce qui venoit du costé de Roie, de Montdidier et de Noyon, etc., par terre et par la petite rivière de Moreuil. Le *seigneur d'Omont*, maistre de ces deux postes, avec de bonnes garnisons, à ce qu'il paroist, désoloit infiniment Amiens : il en faisoit les bourgeois prisonniers, il arrestoit les vivres, les marchandises et tout ce qui estoit nécessaire dans ceste grande ville; il outrageoit le bailli, maire et eschevins, ensorte qu'il paroist qu'on estoit fort piqué de ses outrages. Cela détermina à envoier à Paris des députés au régent et au conseil du roi pour en obtenir du secours dans cette extrémité : ces députés, qu'on envoioit alors en ambassadeurs, partirent le 22 de ce mois. » (Bibl. imp., Mss., Dom Grenier, *Picardie*, XC, 81.)

2. Anne de Bourgogne, sœur de Philippe le Bon : « Elle trespassa en l'Ostel de Bourbon, emprès le Louvre, le treiziesme jour de novembre 1432, deux eures après mynuit, entre le jeudy et le vendredy.... Le sabmedy ensuivant elle fut enterree aux Celestins, et son cueur fut enterré aux Augustins » (*Journal d'un Bourgeois de Paris*, 153).

tous les quarfours où il devoit passer, estoient hourdemens ou quarees d'hystores par personnages; et mesmes allerent au devant de lui les jennes gens et enfans de la cité, par maniere de belles compaignies, monstrant grant exaltation de joye pour sa glorieuse et belle victore. Quant le duc vint jusques à la porte de la ville, il descendy jus de son cheval et alla tout de pié jusques à l'eglise Nostre Dame, où il s'agenouilla devant l'autel : si rendy graces et loenges à son benoit Createur, et à la glorieuse vierge Marie, sa mere, de la bonne adventure qu'il avoit eue alencontre des Francois, ses annemis. Puis, aprez ses oroisons et offrandes ainsi faites, s'en alla en son hostel, où il fut bienviengnié, comme à son copz apartenoit; et il dist à madame la Regente, sa femme, aprez les salutacions : « Ma mie, veez ycy vostre cousin d'Alenchon, nostre prisonnier. » Et elle lui respondy que bien feust il venu, si l'embracha et baisa; puis, aprez aulcuns jours ensievans passez, fut le dit duc d'Alenchon menez dedens le chastel du Crotoy, où il tint prison une espace de tempz.

981. Comment les nouvelles de la bataille de Verneul furent portees au roy Charles de France.   XXX.

   Cf. Monst., t. V, ch. xx-xxii.

982. Comment les ducz de Bethfort et de Bourgoigne allerent à Paris pour appaisier les ducz de Clocestre et de Brabant.   XXXI.

   Cf. Monst., t. V, ch. xxiii-xxiv.

983. Comment le duc de Clocestre et sa femme allerent en Henault; et du mandement que fist le duc de Bour-

goigne pour ayder au duc de Brabant, son cousin, contre le duc de Clocestre. XXXII.

Cf. Monst., t. V, ch. xxiv.

984. Comment le duc de Clocestre fut mal content quant il sceut que les gens du duc de Bourgoigne estoient venus en l'ayde du duc de Brabant pour luy faire guerre, et des lettres qu'il en rescripvit audit duc de Bourgoigne. XXXIII.

Cf. Monst., t. V, ch. xxv.

985. S'ensieut la coppie des premieres lettres envoiees du duc de Bourgoigne au duc de Clocestre. XXXIV.

Cf. Monst., t. V, ch. xxvi.

986. Copie des secondes lettres par le duc de Clocestre au duc de Bourgoigne envoiees. XXXV.

Cf. Monst., t. V, ch. xxvii-xxviii.

987. S'ensieult la copye des secondes lettres du duc de Bourgoigne envoyees au duc de Clocestre; et comment le conte de Saint Pol assega Brayne en Henault. XXXVI.

Cf. Monst., t. V, ch. xxviii-xxix.

Monstrelet omet le nom de *Dru de Humieres*[1] qui se trouvait avec le comte de Saint-Pol et d'autres seigneurs au siége de Braine-le-Comte.

988. Comment le conte de Saint Pol et ses gens se deslogerent de devant Brayne le Conte, si trouverent les Anglois, et de la reddition de Guise. XXXVII.

Cf. Monst., t. V, ch. xxix.

989. Comment messire Jehan de Luxembourg et messire Thomas de Rameston eurent l'obeissance de la ville et chastel de Guise. XXXVIII.

Cf. Monst., t. V, ch. xxix, xxxi.

1. Drieu de Humières, de Bouzincourt, etc., (Anselme, viii, 276), conseiller et chambellan du Roi, était, en 1481, « de la première bande des cent gentilshommes de la maison » de ce prince (Bibl. imp., Mss., *Suppl. Fr.*, n° 2343).

990. Comment le duc de Bethfort, régent, et la ducesse, sa femme, vindrent de Paris à Corbye. XXXIX.
Cf. Monst., t. V, ch. xxxii.

991. Comment le duc de Clocestre, oncle du roy Henry, vint en Engleterre querir secours et ayde alencontre des ducz de Bourgoigne et de Brabant. XL.
Cf. Monst., t. V, ch. xxxii.

992. Des aparaulz et habillemens que faisoit faire le duc de Bourgoigne pour combattre le duc de Clocestre. XLI.
Cf. Monst., t. V, ch. xxxiv.

993. Comment le conte de Salsebery alla assegier le chastel de Ramboullet, et puis la ville du Mans, laquele il prinst et mist en l'obeissance du roy Henry de France et d'Engleterre.
Cf. Monst., t. V, ch. xxxiv.

994. Comment la ducesse Jaqueline se party de la ville de Gand, sans le sceu de ceulz quy l'avoient en garde de par le duc de Bourgoigne. XLIII.
Cf. Monst., t. V, ch. xxxv.

995. Comment le duc de Bethfort et le conseil royal ordonnerent que le discord d'entre les deux ducz de Bourgoigne et de Clocestre seroit mis à neant. XLIV.
Cf. Monst., t. V, ch. xxxvi.

996. Cy parlerons des noepces de Charles de Bourbon et Agnes, seur du duc de Bourgoigne, et de la mort de la duchesse sa femme. XLV.
Cf. Monst., t. V, ch. xxxvi.

997. Cy fait mention du discord quy s'esmeut entre le duc de Clocestre et son oncle, le cardinal de Wincestre. XLVI.
Cf. Monst., t. V, ch. xxxvi-xxxvii.

Monstrelet omet de mentionner ce fait : avant la bataille de Brauvershaven, *Phelippe de Momorency, quy estoit jenne enfant, fut fait chevalier* [1].

1. Ce nom manque, dans Anselme, à la généalogie de cette famille.

998. Comment le duc de Bourgoigne descomfy les Anglois et Hollandois à Brousseban, desquelz estoit chief le seigneur de Filwatre, Anglois. XLVII.

Cf. Monst., t. V, ch. xxxvii.

999. Comment la ducesse Jaqueline mist le siege devant Herlem, et comment messire Jehan de Utequerque fut rué jus, et tous ses gens mors ou prins. XLVIII.

Cf. Monst., t. V, ch. xxxvii.

1000. Comment le conte de Salsebery, par l'ordonnance du duc de Bethfort, regent, assega et prinst le fort chastel de Mammer. XLIX.

Cf. Monst., t. V, ch. xxxvii.

1001. Comment le duc de Bourgoigne eust pluiseurs parlemens avec le duc de Brabant, son cousin; et comment il s'en retourna en Hollande. L.

Cf. Monst., t. V, ch. xxxvii-xxxviii.

1002. Comment le duc de Bethfort, regent, retourna d'Engleterre en France, atout certain nombre de gens d'armes et de trait; et comment le duc de Clocestre assambla gens de guerre pour secourir et ayder la ducesse Jaqueline, sa femme, ou pays de Hollande. LI.

Cf. Monst., t. V, ch. xxxviii, xl, xli.

Cy prent fin le troisieme livre de ce V^e volume, et s'ensieut le quart.

LIVRE IV.

1003. Cy commence le quatriesme livre, lequel contient xxxiv chapittres. Ou premier est faite mention de la mort du duc de Brabant, et comment le duc de Bourgoigne commist de par luy officiers en Henault. Chapitre I.

Cf. Monst., t. V, ch. xli-xlii.

1004. Comment le Regent envoia mettre le siege devant Pontorson : et comment il envoya en Bretagne pour courir le pays autour de Rennes. II.

Cf. Monst., t. V, ch. xlii-xlvi.

1005. Comment le duc de Bourgoigne retourna en Hollande pour prendre conclusion et fin de sa guerre. III.

Cf. Monst., t. V, ch. xlvi, xlviii, xlix.

Wavrin, qui abrége Monstrelet, dit, dans ce chapitre, qu'il ne rendra pas compte de toutes les courses, escarmouches, assauts, etc., qui se firent dans cette guerre de Hollande. « Combien que à tous yceulx, *moy, acteur de ceste euvre*, estoie en la compaignie de monseigneur le Borgne Thoulongon, pour lors marissal de Bourgoigne[1]. »

1006. De la prinse de pluiseurs places par les Anglois ou royaulme de France. IV.

Cf. Monst., t. V, ch. xlix-li.

---

1. Voy. ci-dessus, p. 237, note 1.

1007. Comment le conte de Salisbery assega Orlyens. V.

Cf. Monst. t. V, ch. LII.

1008. Comment le roy Charles de France fist grant assamblee de gens d'armes pour secourir la cité d'Orlyens. VI.

Cf. Monst., t. V, ch. LII-LV.

1009. Comment le duc de Bethfort, regent, fist grant assamblee de gens pour envoier au siege d'Orlyens. VII.

Cf. Monst., t. V, ch. LVI.

Monstrelet omet de dire : 1° que le seigneur de Fascot, outre qu'il était grand maître d'hôtel du duc de Bethford, avait encore le titre de son *premier chambellan*; 2° Qu' *Yvonet de Clichon* fut aussi un des seigneurs faits chevaliers avant la bataille de Rouvray.

1010. Comment Jehanne la Pucelle vint devers le roy de France, à Chynon, en povre estat; et de son abus. VIII.

Cf. Monst., t. V, ch. LXII [1].

1011. Comment le duc de Bourgoigne alla à Paris devers son beau frere le Regent. IX.

Cf. Monst., t. V, ch. LVIII.

1012. Comment Jehanne la Pucelle fut cause du siege levé de devant Orlyens; et des bastilles qui furent prinses par les Francois [2]. X.

Finablement, environ le my may, que le siege avoit esté levé de devant la cité d'Orlyens à l'entree d'ycelluy

---

1. M. Quicherat ayant relevé, dans son travail sur la Pucelle (IV, p. 406-411), les différentes additions de Wavrin aux chapitres LVII et LVIII de Monstrelet, nous nous abstenons de les indiquer ici.

2. Ce chapitre et les suivants qui concernent la Pucelle d'Orléans ne sont plus inédits, M. Quicherat les ayant publiés dans son excellent travail sur Jeanne d'Arc : nous croyons, néanmoins, ne pouvoir supprimer cette partie de l'œuvre de notre chroniqueur. Nous ne donnons ici, de ce chapitre, que le paragraphe qui appartient en propre à Wavrin, le récit de la levée du siége d'Orléans n'étant qu'une copie presque textuelle des chapitres LIX et LX du tome V de Monstrelet.

mois, les François se misrent auz champz environ de v à vi^m bons combatans, tous gens esleuz, tres expertz et duitz en fait de guerre; lesquelz tous ansamble tyrerent vers Baugensy, seant à deux lieues de Meun sur Loirre; si y misrent le sieuge. En laquele place estoient en garnison ung Anglois gascon, nommé Mathago[1], messire Richard Guettin[2] et ung autre anchien chevallier anglois. Si povoient estre illec gens de garnison environ v ou vi^{cz} hommes anglois, lesquelz se laisserent laians assegier et enclorre : où ilz furent forment mollestez, et leurs murs durement batus de canons et engiens à pierre, quy, nuit et jour, ne cessoient de bondir. Et pareillement estoient ilz servis d'autres divers engiens de guerre et habillemens soubtilz, telement que impossible leur estoit de longuement durer sans avoir secours. Si bouterent hors de la place, à une saillie qu'ilz firent sur leurs annemiz, ung messagier, lequel, par grant dilligence de chevaulchier, fist tant qu'il vint devers le seigneur de Thalbot[3], auquel il portoit lettre de credence. Si luy

1. Mathieu Gough, communément nommé Matagon, « capitaine gallois » (Berry, 427). Il est désigné dans une montre passée en la ville de Baieux, le 1er juin 1443, ainsi qu'il suit : « Noble homme, Mathieu Goth, escuier, capitaine de ladite place » (Bib. imp., Mss., *Monstres. Originaux*, t. II, G-H, cabinet des titres). Mort en 1450. Voy. ci-après, au tome II, le chapitre vii du livre III de la VIe partie, n° 1169.

2. « Richard Ghetin, escuier, capitaine de Exmes, fait ses premieres monstres le xv octobre 1424». (Bib. imp., Mss., n° 9436⁶, fol. 151.) Il figure dans une autre montre, passée à Mante le 2 janvier 1432 (v. s.), conduisant des hommes d'armes « establiz soubz noble homme, messire Richard Guethin, chevalier, bailli et cappitaine de Mante, à lui ordonnez pour sa seurté et exercite de son dit office de *bailli*. » (Bib. imp., Mss., Monstres de 1400-1469, t. III, cabinet des titres).

3. Jean, sire Talbot et de Fournival, créé comte de Shrewbury, le 20 mars 1442. Tué à la bataille de Châtillon le 20 juillet 1453 (Dugdale, I, 328-330).

exposa la charge qu'il avoit de par les assegiés. Lequel, oyant le messagier parler, lui dist qu'il y pourverroit le plus brief que faire porroit et qu'il le recommandast auz compaignons qui l'envoioient; disant qu'ilz feissent bonne chiere et bon debvoir d'eulz deffendre, et qu'ils orroient briefment bonnes nouvelles de luy, car à la verité il desiroit moult de les secourre, ainsi que bien estooit raison, comme ilz feussent de ses gens.

Le seigneur de Thalleboth doncques, tout le plutost qu'il peult, noncha ces nouvelles au duc de Bethfort, regent, qui prestement fist gens appareillier es parties tenans la querelle du roy Henry. Si y vindrent ceulz quy mandez y furent. *Et moy mesmes, acteur dessus dit*, quy pour ce tempz estoie nouvellement retournez avec Philippe d'Aigreville[1] des marches d'Orlyennois, où, par le commandement du Regent, estions allez adfin de destourner vivres à ceulz d'Orlyens, que le duc de Bourbon et le seigneur de la Fayette leur voulloient mener durant le siege que les Anglois y tenoient : ou quel voyage feismes assez petit exploit, par les communaultez du pays qui s'esleverent contre nous pour nous destourner les passages. Si nous con-

---

1. Philippe d'Esgreville, capitaine de Château-Landon dès le 26 novembre 1426 (Bib. imp., Mss., n° 9436⁵·ᵃ·, fol. 155 verso), nommé par Henri VI, le 26 août 1428, à la garde de la ville et chastel de Moret (ID., *ib.*, 164), écuyer, institué de nouveau dans l'office de maître des eaux et forêts de France, Champagne et Brie, au lieu de sire Guy de Pontaillier, par lettres de Charles VII, en date du 15 février 1431, v. s. (Bib. imp., Mss., *fonds Gaignières*, n° 771¹, fol. 97) était capitaine de Nemours et servait dans l'armée de Charles VII, au siége de Rouen, en 1449, où il fut fait chevalier (*Chronique de la Pucelle*, t. X, 187, 190). Capitaine de Montargis en 1461 (*Chronique scandaleuse*. Voy. Lenglet, II, 7.)

vint retourner sans rien faire, et alasmes, *moy* et le seigneur d'Aigreville, à Nemour, dont il estoit capittaine, et de là m'en vins à Paris devers le Regent, atout environ vi^{xx} combatans; lequel me retint lors de tous poins au service du roy Henry, desoubz messire Jehan Fastre[1], grant maistre d'hostel dudit Regent, auquel il ordonna aller ou pays de Beausse pour baillier secours aux dessusdis assegiés dedens Baugensy.

Et partismes en la compaignie du dit Fastre à cette fois, environ v^m combatans, aussi bien prins que j'eusse oncques veu ou pays de France. En laquelle brigade estoient messire Thomas de Rameston[2], Anglois, et pluiseurs autres chevalliers et escuiers natifz du royaulme d'Engleterre, qui tous ensamble partismes de Paris et allasmes gesir à Estampes, où nous feusmes trois jours; puis partismes au iiiie jour; et cheminasmes parmy la Beausse, tant, que nous vinsmes à Jenville, qui est assez bonne petite ville, où, par dedens, a une grosse tour à maniere de donjon; laquelle tour, n'avait gueres de tempz, avoit esté prinse par le conte de Salisbery[3]. Dedens laquele ville feusmes quatre jours atendans ancores plus grant puissance quy par le duc de Bethfort nous devoit estre envoiee, car en Angleterre, en Northmandie, et à tous costez,

---

1. John Fastoff, chevalier, banneret, gouverneur du Maine et de l'Anjou. Capitaine *très-renommé* sous les rois Henri IV, V et VI. Mort le 6 novembre 1459 (*Biographia Britannica*, III, 1899-1909). C'est une biographie complète de ce personnage.

2. Thomas Rampston, chevalier, capitaine d'Argentan dès 1424 (Bib imp., Mss., n° 9436^6, fol. 155). Fait prisonnier au siége de Saint-Sever, en 1442 (Monstrelet, vii, 199). Était encore détenu par Raoul de Gaucourt le 1er mars 1447 (La Thaumassière, p. 588).

3. Le 29 août 1428.

il avoit mandé secours et ayde. Or, dirons aussi un peu de l'estat des Francois quy tenoient le dit siege devant Baugensy.

1013. Comment le connestable de France, le duc d'Allenchon et la Pucelle prindrent Ghergeauz[1]. XI.

Il est verité que, es propres jours que ces seigneurs anglois, c'est à scavoir messire Jehan Fastre, messire Thomas de Rameston et leur puissance, estoient sejournans dedens Jenville, le connestable de France, le duc d'Allenchon, Jeanne la Pucelle et les autres capitaines francois, estans tous ensamble, comme dit est, devant Baugensy, leur siege bien garny, s'en partirent environ de v à vi^m combatans, tous gens d'estoffe ; si se misrent au chemin, tyrant vers Ghergeauz où ilz parvindrent. En laquele ville tenoit garnison le conte de Suffort atout de trois à quatre cens Anglois natifz d'Engleterre, avec les manans de la ville, qui prestement, à toute dilligence, se ordonnerent à deffence quant ilz veyrent les Francois qui tantost les eurent avironnez de toutes pars. Si les commencerent tres aigrement à envahir et assaillir en pluiseurs lieux ; lequel assault dura bonne espace en le continuant merveilleusement, et tant firent les dis Francois, par grant dilligence et traveil, que, maulgré les Anglois, leurs annemis, ilz entrerent en la ville par force d'armes ; à laquele prinse furent environ trois cens Anglois occis, dont il y mourut ung frère[2]

---

1. Quoique ce chapitre soit emprunté à Monstrelet (V, chap. LXI), nous croyons devoir le donner en entier, vu son peu d'étendue, afin de ne pas rompre le fil des événements.

2. Alexandre de La Pole.

au conte de Suffort, lequel conte avec ung sien autre frère[1], nommé le seigneur de la Poulle, furent constituez prisonniers, et de leurs gens jusques à LX ou au dessus. Ainsi doncques fut ceste ville et forteresse de Ghergeauz prinse par les Francois, où ilz rafreschirent; puis tyrerent à Meun, quy tantost leur fist obeissance. Laquelle chose sachant, les Anglois qui tenoient la Fraité[2] se trayrent tous ensemble à Baugensy, habandonnant la dite Fraité Hubert, jusques auquel lieu ilz furent des Francois poursievis, tousjours Jehanne la Pucelle au front devant, atout son estandart, et n'estoit lors, par toutes les marches de là environ, si grant bruit que de sa renommee. Si furent lors dedens Baugensy jusques au nombre de VIII^{cz} combatans, gens de bonne estoffe.

1014. Comment les Anglois estans à Jenville furent advertis de la prinse de Ghergeauz et de Meun, et de la venue du seigneur de Thalbot.   XII.

Les capittaines anglois dessus nommez estans à Jenville, furent advertis que nouvellement les Franchois à grant puissance d'armes avoient prins d'assault la ville de Ghergeauz, ainsi comme il a esté dit ou chapittre precedent, et mis en leur obeissance la ville de Meun, tenant tousjours leur siege devant Baugensy. Lesqueles nouvelles leur furent en moult grant desplaisance, mais amender ne le peurent quant au present. Si se misrent en conseil pour avoir advis tous ensemble sur ce qu'ilz avoient à faire. Et ainsi comme

1. John.
2. La Ferté-Hubert.

ilz estoient en ce conseil, entra en la ville le seigneur de Thalboth, atout environ quarante lanches et deux cens archiers; de la venue duquel furent les Anglois moult joyeulz. Ce fut raison, car on le tenoit, pour ce tempz, estre le plus sage et vaillant chevallier du royaulme d'Engleterre.

Quant le dit seigneur de Thalbot fut descendu en son hostel, messire Jehan Fastre, messire Thomas Rameston et les autres seigneurs Anglois l'allerent bienviengnier et reverender, luy demandant de ses nouvelles; lequel leur en dist ce qu'il en estoit, puis s'en allerent disner tous ensamble. Et quant les tables furent ostees, ilz entrerent en une chambre à conseil, où maintes choses furent ataintes et debatues; car messire Jehan Fastre, que l'on tenoit moult sage et vaillant chevallier, fist maintes remonstrances au seigneur de Thalbot et auz autres, disant comment ilz scavoient bien la perte de leurs gens de devant Orliens, de Ghergeauz et autres lieux; pour lesqueles choses estoient ceulz de leur parti moult amatis et effraez, et leurs annemis, au contraire, moult fort s'en esjouissoient, exaltoient et resviguoroient; pourquoy il conseilloit de non aller plus avant et laissier faire auz assegiés de Baugensy, en prendant le meilleur traitié qu'ilz pourroient avoir auz Francois; si se tyrassent entreulz es villes, chasteaulz et forteresses tenans leur party, et qu'ilz ne combatissent point leurs annemys si en haste jusques à ce que ilz feussent plus asseurez, et aussi que leurs gens feussent à eulz venus, que le duc de Bethfort, regent, leur debvoit envoier.

Lesqueles remonstrances faites en ycelluy conseil par ledit messire Jehan Fastre, ne furent pas bien agreables à aulcuns des aultres capittaines; en especial au seigneur de Thalbot, lequel dist que s'il n'avoit que sa gent et ceulz qui le volroient ensievir, si les yroit il combatre à l'ayde de Dieu et de monseigneur Saint George.

Lors messire Jehan Fastre, voyant que nulle excusation ou remonstrances n'y valloit, ne ses parolles n'y avoient lieu, il se leva du conseil. Aussi firent tous les autres, et s'en allerent chascun en son logis. Si fut commandé auz capittaines et chiefz d'escadres que lendemain au matin, feussent tous pretz pour eulz mettre sur les champz, et aller où leurs souverains leur ordonneroient. Et ainsi se passa ceste nuit; puis, au matin, issirent tous de la porte, et se misrent auz plains champs estandars, penons et guidons. Et lors, aprez que tous furent en ordonnance issus de la ditte ville, tous les capittaines se tyrerent de rechief ensamble en ung tropel emmy le champ, et illec parla ancores à eulz messire Jehan Fastre, disant et remonstrant pluiseurs raisons tendans à fin de non passer plus avant; mettant au devant de leurs entendemens tous les doubtes des dangereux perilz qu'ilz povoient bien encourre, selon son ymagination; et aussi ilz n'estoient que une poignié de gens au regard des Francois, certiffiant que, se la fortune tournoit maulvaise sur eulz, tout ce que le feu roy Henry avoit concquis en France, à grant labeur et long terme, seroit en voye de perdition : pourquoy il voulroit mieulz un peu soy reffraindre, et atendre leur puissance estre renforcee.

Ces remonstrances ne furent pas ancores agreables au seigneur de Thalbot, ne aussi à aulcuns autres chiefz de la dite armee. Pourquoy messire Jehan Fastre, voiant que nulle quelconcque remonstrance qu'il sceust faire, ne povoit prouffiter à ses dis compaignons retraire de leur emprinse volloir parsievir, il commanda auz estandars qu'ilz prensissent le droit chemin vers Meun. Si veissiés de toutes pars parmy celle Beausse, qui est ample et large, les Anglois chevaulchier en tres belle ordonnance; puis, quant ilz parvindrent ainsi comme à une lieue prez de Meun, et assez pres de Baugensi, les Francois, advertis de leurs venue, eulz environ vi^m combatans, dont estoient les chiefz Jehanne la Pucelle, le duc d'Alenchon, le bastard d'Orlyens[1], le marissal de la Fayette, la Hyre, Pothon et autres capitaines, se rengerent et misrent en battaille sur une petite montaignette, pour mieulz veoir, et veritablement la contenance des Anglois. Lesquelz, plainement parchevans que Franchois estoient rengiés par maniere de battaille, cuidans que de fait les deussent venir combattre, prestement fut fait commandement expres, de par le roy Henry d'Engleterre, que chascun se meist à pié, et que tous archiers eussent leurs peuchons estoquiez[2] devant eulz, ainsi comme ilz ont coustume de faire quant ilz cuident estre combatus. Puis envoierent deux heraulz devers lesdis Francois, quant ilz veyrent qu'ilz ne se mouvoient de leurs lieux, disans qu'ils estoient trois chevalliers quy les combatroient se ilz avoient hardement de descendre

---

1. Jean d'Orléans, comte de Dunois, fils naturel de Louis de France et de Mariette d'Enghien, femme d'Aubert le Flamenc, seigneur de Cany. Mort le 24 novembre 1468 (Anselme, I, 212).

2. C'est-à-dire leurs pieux en arrêt, présentant la pointe à l'ennemi. (*Note de M. Quicherat.*)

le mont et venir vers eulz. Ausquelz responce fut faite de par les gens de la Pucelle : « Allez vous logier pour maishuy, car il est assez tard ; mais demain, au plaisir de Dieu et de Nostre Dame, nous vous verrons de plus prez. »

Alors les seigneurs anglois, voians qu'ilz ne serroient point combatus, se partirent de celle place, et chevaulcherent vers Meun, où ils se logerent celle nuit, car ilz ne trouverent nulle resistence en la ville, fors tant seullement que le pont se tenoit pour les Francois. Si fut conclu illec par les capittaines anglois qu'ilz feroient celle nuit battre ledit pont par leurs engiens, canons et veuguelaires, adfin d'avoir passage de l'autre costé de la riviere. Et ainsi le firent les Anglois qu'ilz l'avoient proposé ceste nuit, laquele ilz geurent à Meun jusques à lendemain.

Or, retournerons auz Francois quy estoient devant Baugensy ; et dirons des Anglois quant lieu et tempz sera.

1015. Comment les Francois eurent par composition le chastel de Baugensi, que tenoient les Anglois, et de la journee que les Anglois perdirent à Pathai contre les Francois [1]. XIII.

Comme vous avez oy, les Anglois estoient logiez à Meun, et les Francois devant Baugensy à siege, où ilz constraignoient moult fort la garnison de dedens, en leur faisant entendre que le secours qu'ilz atendoient (ne vendroit pas) ; leur faisant entendre aussi

---

1. Les passages de ce chapitre qui concernent l'armée française sont empruntés à Monstrelet (V., chap. LXIJ).

qu'ilz s'en estoient retournez vers Paris. Laquele chose voiant et oiant lesdis assegiés, avec autres pluiseurs samblables parolles que leur disoient les Francois, ne sceurent pas bonnement en quel parti de conseil eulz arrester pour le meilleur et plus prouffitable; considérant que par la renommee de Jehanne la Pucelle, les courages anglois estoient fort alterez et faillis. Et veoient, ce leur sambloit, fortune tourner sa roe rudement à leur contraire, car ilz avoient desjà perdu pluiseurs villes et forteresses qui s'estoient remises en l'obeissance du roy de France, principalement par les entreprinses de la dite Pucelle, les ungz par force, les autres par traitié; si veoient leurs gens amatis, et ne les trouvoient pas maintenant de tel ou si ferme propos de prudence qu'ilz avoient acoustumé; ains estoient tous, ce leur sambloit, tres desirans d'eulz retraire sur les marches de Northmandie, habandonnant ce qu'ilz tenoient en l'Isle de France et là environ.

Toutes ces choses considerees, et autres pluiseurs qui sourvenoient en leurs ymaginations, ilz ne scavoient quel conseil eslire, car ilz n'estoient pas adcertenez d'avoir brief secours; mais se ilz eussent sceu qu'il estoit si prez d'eulz, ilz ne se feussent pas sitost rendus. Touteffois finablement, toutes considerees les doubtes que ilz admetoient en leur fait, firent traitié aux Francois au mieulx qu'ils peurent, par condition que saulvement s'en yroient et emmenroient tous leurs biens, et la place demourroit en l'obeissance du roy Charles et de ses commis.

Lequel traitié ainsi fait, le samedy au matin se departirent les Anglois, prenant le chemin vers Paris, tout parmy la Beausse, et les Francois entrerent dedens Baugensy. Puis prindrent conclusion, par l'enhort de la Pucelle Jehanne, que lors yroient querant les Anglois jusques à ce qu'ilz les auroient trouvez en plaine Beausse, à leur avantage, et que là les combateroient; car il n'estoit pas doubte que les Anglois, quant ilz scauroient la reddition de Baugensi, ne s'en retournassent parmy la Beausse vers Paris, où il leur sambloit qu'ilz en auroient bon marchié.

Or doncques lesdis Francois, pour parvenir à leur emprinse, se misrent auz plains champz. Si leur aplouvoient et venoient chascun jour gens nouveaulz de lieux divers. Si furent adont ordonnez le connestable de France, le marissal de Bousac[1], la Hire, Pothon et autres capittaines, à faire l'avantgarde; et le sourplus, comme le duc d'Alenchon, le bastard d'Orlyens, le marissal de Rays[2], estoient les conducteurs de la battaille et sievoient assez de prez ladite avantgarde. Si povoient estre yceulz Francois en tout de XII à XIIII^m combatans. Si fut lors demandé (à la Pucelle) par aulcuns des Princes et principaulz capittaines là estans, quel chose il lui sambloit de present bonne à faire. Laquele respondy qu'elle estoit certaine et scavoit veritablement que les Anglois, leurs annemis, les atendoient pour les combatre; disant oultre que, ou nom de Dieu, on chevaulchast avant

---

1. Jean de la Brosse, seigneur de Sainte-Sevère, de Boussac, fut pourvu de l'office de maréchal de France le 26 mai 1423. Mort en 1433 (Anselme, VII, 71).

2. André de Laval, seigneur de Loheac et de Rais, amiral et maréchal de France. Mort en 1486 (Anselme, VII, 72).

contre eulx, et qu'ilz seroient vaincus. Aulcuns luy demanderent où on les trouveroit : ausquelz elle fist response qu'on chevaulchast sceurement et que l'en auroit bon conduit. Si se misrent les battailles des Francois à chemin en bonne ordonnance, aiant les plus experts, montez sur fleurs de chevaulz jusques à lx ou iiii^{xx} hommes, mis devant pour descouvrir. Et ainsi par longue espace chevaulchant ce samedy, estoient assez prez de leurs annemis les Anglois, comme cy aprez porrez oyr.

Quant doncques les Anglois qui s'estoient logiés à Meun, ainsi comme il a esté dit cy dessus, en intencion de guaignier le pont, adfin de rafreschir de vivres la garnison de Baugensy qui dès le soir devant s'estoient rendus aux Francois (dont lesdis Anglois ne scavoient rien, car ce samedy, environ viii heures du matin que les capittaines eurent oy messe, il fut cryé et publié parmy l'ost que chascun se preparast et mist en point, garnis de pavaix, huys et fenestres, avoec autres habillemens necessaires, pour assaillir ledit pont qui la nuit paravant avoit esté rudement battu de nos engiens), si advint, ainsi comme tous estions garnis de ce que besoing nous estoit pour l'assault et prestz à partir pour commencier, que, droit à ceste heure, arriva ung poursievant, lequel venoit tout droit de Baugensy. Si dist aux seigneurs, nos capittaines, que ladite ville et chastel de Baugensy estoient en la main des Francois et que, dès qu'il party, ilz se mettoient auz champz pour les venir combattre.

Alors fut prestement commandé en tous les quartiers par les capittaines anglois, que toutes manieres de gens laissassent l'assault; sy se tyrast on auz champz;

et que, à mesure que on isteroit auz champz hors de la ville, chascun en droit soy se meist en ordonnance de belle battaille. Laquele chose fut faite moult agreement. L'advangarde se mist premiers à chemin, laquele conduissoit ung chevallier anglois quy portoit ung estendart blancq; puis mist on entre l'advangarde et la battaille, l'artillerie, vivres et marchans de tous estas. Aprez venoit la battaille, dont estoient conducteurs messire Jehan Fastre, le seigneur de Thalbot, messire Thomas Rameston et autres. Puis chevaulchoit l'arrieregarde, quy estoit de purains anglois.

Quant ceste compaignie fut auz plains champz, on prinst le chemin, chevaulchant en belle ordonnance, vers Pathay, tant que l'en vint à une lieue prez; et illec s'arresterent, car ilz furent advertis à la verité par les coureurs de leur arrieregarde, qu'ilz avoient veu venir grans gens aprez eulz, lesquelz ilz esperoient estre Francois. Et lors, pour en scavoir la verité, les seigneurs anglois les envoierent chevaulchier aulcuns de leurs gens; lesquelz tantost retournerent, et firent relation ausdis seigneurs que les Francois venoient aprez eulz raddement chevaulchant, une moult grosse puissance : comme assez tost aprez on les vey venir. Si fut ordonné par nos capitaines que ceulz de l'advangarde, les marchans, vitailles et artillerie yroient devant prendre place tout au long des haies qui estoient auprez de Pathay. Laquele chose fut ainsi faite. Puis marcha la battaille tant que on vint entre deux fortes hayes par où il convenoit les Francois passer. Et adont le seigneur de Thalbot, voiant ledit lieu assez advantageuz, dist qu'il descenderoit à pié atout v^{cz} archiers d'eslite, et que là se tendroit, gardant le passage contre les Francois, jusques à tant que la battaille et l'arrieregarde serroient joinctes. Et prinst le dit Thalbot place auz hayes de Pathay, avec l'avantgarde quy là les atendoit. Et ainsi le seigneur de Thalbot, gardant cest estroit passage alencontre des annemis, esperoit de soy revenir joindre avec la battaille en costoiant lesdites hayes, voulsissent ou non les Francois; mais il en fut tout autrement.

Moult radement venoient les Francois aprez leurs annemis, lesquelz ancores ilz ne povoient pas choisir, ne ne scavoient le lieu où ilz estoient, tant que d'avanture les avant coureurs veyrent ung cherf partir hors des bois, lequel prinst son chemin vers Pathay et s'en alla ferir parmy la battaille des Anglois : parquoy ilz esleverent ung moult hault cry, non sachant que leurs annemis feussent si prez d'eulz. Oyant lequel cry les dessus dis coureurs francois, ilz furent adcertenez que c'estoient les Anglois, et aussi les veyrent tost aprez tout plainement. Si envoierent aulcuns compaignons nonchier à leurs capittaines ce qu'ilz avoient veu et trouvé, en leur faisant scavoir que par bonne ordonnance ilz chevaulchassent avant, et qu'il estoit heure de besongnier. Lesquelz promptement se preparerent de tous poins et chevaulcherent tant qu'ilz veyrent tout plainement iceulz Anglois.

Quant doncques les dis Anglois veyrent les Francois eulz approchier de si prez, ilz se hasterent le plus qu'ilz peurent, adfin de eulz joindre auz hayes avant leur venue; mais tant ne seurent exploitier que, avant ce que ilz feussent ensamble joinctz esdites hayes à leur avangarde, les Francois s'estoient feruz à l'estroit passage où estoit le seigneur de Thalbot. Et alors messire Jehan Faste tyrant et chevaulchant vers l'avangarde pour se joindre avec eulz, ceulz de ladite avangarde cuiderent que tout fust perdu et que les batailles fuissent. Pourquoy ledit capittaine de l'avangarde, cuidant pour verité que ainsi feust, atout son estendart blancq, luy et ses gens prindrent la fuite et habandonnerent la haye.

Adont messire Jehan Fastre, voiant le dangier de la fuite, cognoissant tout tres mal aller, eut conseil de soy sauver. Et luy fut dit, *moy, acteur, estant present*, qu'il prensist garde à sa personne, car la bataille estoit perdue pour eulz. Lequel à toutes fins voulloit rentrer en la bataille, et illec actendre l'adventure tele que Nostre Seigneur luy volroit envoier; disant que mieulz amoit estre mors ou prins que honteusement fuyr et ainsi ses gens habandonner. Et anchois qu'il se volsist partir, avoient les Francois rué jus le seigneur de Thalbot, lui prins prisonnier[1] et tous ses gens mors. Et si estoient desjà lesdis Francois si avant en la bataille que ilz povoient, à leur voullenté, prendre ou occire ceulz que bon leur sembloit. Et finablement les Anglois y furent desconfis à peu de perte des Francois. Si y morut de la partie desdis Anglois bien deux mille hommes, et deux cens prisonniers.

Ainsi comme vous oez alla ceste besongne. Laquele chose voiant messire Jehan Fastre, s'en party moult envis, à moult petite compaignie, demenant le plus grant duel que jamais veisse faire à homme. Et pour

---

1. Il fut échangé, quatre ans après, contre Ambroise de Lore (Dugdale, I, 329).

verité, se feust rebouté en la battaille, se n'eussent esté ceulz quy avec luy estoient, especialement messire Jehan, bastard de Thian[1], et autres, quy l'en destourberent[2]. Si prinst son chemin vers Estampes, et *moy, je le sievis* comme mon capitaine, auquel le duc de Bedfort m'avoit commandé obeyr et mesmes servir sa personne. Si venismes, environ heure de

---

1. Jean de Thien, dit le Bâtard, fait chevalier au siége de Meaux en 1422, « qui autrefois avoit esté grant capitaine avec les regens des compagnies, sous le duc Jehan de Bourgogne. » (Monstrelet, IV, chap. CCLXIX). Était capitaine de Senlis dès 1428 (Bib. imp., Mss., n° 9436 [3. a.], fol. 17 verso). Par lettres datées de Rouen le 19 octobre 1430, il est désigné comme étant *nouvellement* bailli de Senlis (Bib. imp., Mss., *Fonds Gaignières*, n° 771, p. 97). Fait prisonnier par les Anglais au siége de Meaux, en juillet 1439, il fut aussitôt décapité (Monstrelet, VII, chap. CCXXXIX).

2. Voici comme ce fait est raconté par Monstrelet (V, chap. LXI) : « A la journée de la bataille de Patay, avant que les Anglois sussent la venue de leurs ennemis, messire Jean Fascot, qui estoit un des principaux capitaines..., s'assembla en conseil avecque les autres, et fit plusieurs remontrances : c'est à savoir, comment ils savoient la perte de leurs gens que les François avoient fait devant Orléans et Jargeau, et en aucuns autres lieux, pour lesquelles ils avoient du pire ; et estoient leurs gens moult ébahis et effrayés, et leurs ennemis, au contraire, estoient moult enorgueillis et résignés. Pourquoi il conseilla qu'ils se retrahissent aux chasteaux et lieux tenant son parti à l'environ, et qu'ils ne combattissent point leurs ennemis si en haste, jusques à ce qu'ils fussent mieux rassurés ; et aussi que leurs gens fussent venus d'Angleterre, que le régent devoit envoyer brievement. Lesquelles remontrances ne furent point bien agreables à aucuns des capitaines, et par especial à messire Jean de Talbot ; et dit, que si les ennemis venoient, qu'il les combattroit. Et par especial, comme le dit Fascot s'enfuit de la bataille sans coup férir, pour cette cause grandement lui fut reproché quand il vint devers le duc de Bedfort, son seigneur ; et en conclusion, lui fut osté l'Ordre du blanc jarretier, qu'il portait entour la jambe. Mais depuis, tant en partie comme pour les dessusdites remontrances qu'il avoit faites, qui sembloient assez raisonnables, comme pour plusieurs autres excusances qu'il mit avant, lui fut, par sentence de procès, rebaillée ladite Ordre de la Jarretière, jà soit ce qu'il en sourdit grant débat, depuis, entre icelui Fascot et sire Jean de Talbot, quant il fut retourné d'estre prisonnier de la bataille dessusdite. »

myenuit, à Estampes, où nous geusmes, et lendemain à Corboeil.

Ainsi, comme vous oez, obtindrent Francois la victore au dit lieu de Pathai, où ilz geurent ceste nuit, regraciant Nostre Seigneur de leur belle adventure advenue. Et lendemain se deslogerent dudit lieu de Pathai, qui sied à deux lieues de Jenville; pour laquele place ainsi appelee, ceste battaille portera perpetuelement nom, *la journee de Pathay*. Et de là s'en allerent, atout leur proye et prisonniers, à Orlyens, où ilz furent generalement de tout le peuple conjoys : et par especial sur tous autres, Jehanne la Pucelle acquist en ycelles besongnes si grant loenge et renommee qu'il sembloit veritablement à toutes gens que les annemis du roy Charles n'eussent puissance de resister en quelque lieu où elle feust presente, et que briefment, par son moyen, le dit roy dut estre remis en son royaulme, maulgré tous ceux ceulz quy y volroient contredire.

Aprez ceste belle victore, s'en allerent tous les capittaines francois qui là estoient, avec eulz Jehanne la Pucelle, devers le roy Charles, qui moult les conjoy et grandement remercya de leur bon service et dilligence. Lesquelz lui dirent que, sur tous, en devoit scavoir gré à ladite Pucelle, qui dès ceste heure fut retenue du privé conseil du roy. Et là fut il conclud d'assambler le plus grand nombre de gens de guerre que l'en porroit finer parmy les pays au dit roy obeissans, adfin qu'il se peust bouter avant en pays, et ses annemis poursievir.

1016. Comment les nouvelles vindrent au duc de Bethfort de la perte de ses gens. XIIII.

Cf. Monst., t. V, ch. LXI-LXII.

1017. Comment Charles de France envoia de ses meilleurs gens en la ville d'Orlyens. XV.

Cf. Monst., t. V, ch. LXIII.

1018. Comment ceulx de Challons, de Rains et autres forteresses se retournerent et firent obeissance au roy Charles. XVI.

Cf. Monst., t. V, ch. LXIV.

1019. Comment le duc de Bethfort, regent, vint à Monstreau fault Yonne pour combatre le roy Charles, et les lettres qu'il luy envoya. XVII.

Cf. Monst., t. V, ch. LXV.

1020. Comment le duc de Bethfort retourna en l'Isle de France et le sievy le roi Charles. XVIII.

Cf. Monst., t. V, ch. LXVI.

1021. Comment le roy Charles envoya ses ambaxadeurs à Arras devers le duc de Bourgoigne. XIX.

Cf. Monst., t. V, ch. LXVII.

Les ambassadeurs du roi Charles VII logèrent à Arras, dit Wavrin, *sur le grant marchié, à l'enseigne de la Clef*.

1022. Cy fait mention en brief de aulcunes places prinses par les Francois sur ceulz tenans la partie du roy d'Engleterre. XX.

Cf. Monst., t. V, ch. LXVIII-LXIX.

1023. Comment le roy Charles s'en retourna de Compiengne à Senlis et en l'Isle de France, et comment il fist assaillir Paris. XXI.

Cf. Monst., t. V, ch. LXX-LXXIII.

1024. Comment le duc de Bethfort, regent, fist assegier et reconcquerre le Chasteau Gaillart. XXII.

Cf. Monst., t. V, ch. LXXIV-LXXVI.

Le chastel de Trosi était, ajoute Wavrin, *seant ou pays de Chaulz*.

1025. Comment messire Thomas Quirel alla courre en Beauvoisis, ou quel voyage il fut assailly des Francois, lesquelz furent par luy et ses gens reboutez.   XXIII.

    Cf. Monst., t. V, ch. LXXVI-LXXXIII.

1026. Comment Jehanne la Pucelle fut prinse.   XXIV.

    Cf. Monst., t. V, ch. LXXXVI.

1027. Comment le jenne roy Henry d'Engleterre vint à Callaix, et de là en France.   XXV.

    Cf. Monst., t. V, ch. LXXXVII.

1028. Comment le duc de Bourgoigne et ses gens se logerent devant Compiengne.   XXVI.

    Cf. Monst., t. V, ch. LXXXVIII.

1029. Comment le conte de Hontiton vint devant Compiengne en l'ayde du duc de Bourgoigne.   XXVII.

    Cf. Monst., t. V, ch. XCI, XCIII.

1030. Comment messire Jehan de Luxembourg eut la charge et gouvernement du siege de Compiengne.   XXVIII.

    Cf. Monst., t. V, ch. XCIV.

1031. Comment le duc de Norfort, anglois, regna lors en l'Isle de France.   XXIX.

    Cf. Monst., t. V, ch. XCIV.

1032. Comment les Francois vindrent devant Compiengne, où le siege fut levé.   XXX.

    Cf. Monst., t. V, ch. XCVI.

1033. Comment les Francois de Compiengne se gouvernerent depuis cest heure.   XXXI.

    Cf. Monst., t. V, ch. XCVI, XCVII, XCIX.

1034. Comment Pothon de Sainte Treille et messire Loys de Vancourt furent prins des Anglois.   XXXII.

    Cf. Monst., t. V, ch. CI.

1035. Comment le seigneur de Barbasan mist le siege devant le chastel d'Englure que tenoient les Bourguignons.   XXXIII.

Cf. Monst., t. V, ch. civ.

1036. Comment Jehanne la Pucelle fut condempnee à estre arse en la ville de Rouen, avec la teneur des lettres que le jenne roi d'Engleterre rescripvit au duc Phelippe de Bourgoigne.   XXXIV.

Cf. Monst., t. V, ch. cv.

Cy prent fin le quatriesme livre de ce V^e volume, et s'ensievra le Ve livre.

LIVRE V.

1037. Cy commence le Ve livre, lequel contient en soy XLV chapittres. Ou premier desquelz il commence à parler de la venue du jenne roy Henry d'Engleterre à Paris, où il fut couronné à roy de France.   I.
    Cf. Monst., t. VI, ch. cix.

1038. Comment le seigneur de Lilladan fut restitué marissal de France de par le roy Henry : et comment les Francois cuiderent prendre le chastel de Rouen.   II.
    Cf. Monst., t. VI, ch. cxi-cxiii.

1039. Comment messire Thomas Quirel estoit commis capittaine du chastel de Clermont apartenant à Charles, duc de Bourbon.   III.
    Cf. Monst., t. VI, ch. cxv, cxvii-cxviii.

1040. Comment le bollevert de Laigny sur Marne fut prins des Anglois.   IIII.
    Cf. Monst., t. VI, ch. cxix.

1041. Comment le gouverneur de Thonnoire et le seigneur d'Aumont allerent servir le duc de Bethfort, par l'ordonnance du duc de Bourgoigne.   V.
    Cf. Monst., t. VI, ch. cxx.

    Wavrin donne au bâtard de Dampierre le prenom de *Jehan*.

1042. Comment le duc de Bethfort assambla grant puissance pour mettre le siege devant Laigny.   VI.
    Cf. Monst., t. VI, ch. cxxi, cxxiv, cxxvi.

1043. Comment Anne, ducesse de Bethfort, seur au duc Phelippe de Bourgoigne, trespassa en la ville de Paris. VII.

Cf. Monst., t. VI, ch. cxxviii.

1044. Comment le duc de Bethfort espousa la fille au conte de Saint Pol. VIII.

Cf. Monst., t. VI, ch. cxxxvi-cxxxvii.

1045. Comment le cardinal d'Engleterre, et les ducz de Bethfort et de Bourgoigne, vindrent à Saint Omer. IX.

Cf. Monst., t. VI, ch. cxxxviii.

1046. Comment, en cest annee, fut tenu le concille de Balle, où estoit l'Empereur Sigismond d'Allemaigne, roy d'Allemans et Rommains, et pluiseurs autres grans seigneurs de diverses nations. X.

Cf. Monst., t. VI, ch. cli.

1047. Comment la ville et chasteau de Prouvins, en Brye, furent prins des Anglois et Bourguignons. XI.

Cf. Monst., t. VI, ch. clii.

1048. Comment le seigneur de Thalboth retourna d'Engleterre en France, où il prinst pluiseurs forteresses tenans le parti du roy Charles. XII.

Cf. Monst., t. VI, ch. clvii-clviii.

1049. Comment le seigneur de Wilbic et Matago, adcompaigniés d'environ mil combatans, assegerent Saint Sellerin. XIII.

Cf. Monst., t. VI, ch. clxiii.

1050. Comment les communes de Northmandie s'esleverent contre les Anglois, et comment ilz en furent pugnis. XIIII.

Cf. Monst., t. VI, ch. clxv-clxvii.

1051. Comment les communes de Northmandie s'assamblerent de rechief et allerent devant Kaen. XV.

Cf. Monst., t. VI, ch. clxix.

[1435] CINQUIÈME PARTIE, LIVRE V, VII-XXIV.

1052. Comment le duc de Bourgoigne retourna en son pays d'Artois aprez qu'il eut auculnement pacifié la marche des Bourguignons. XVI.

Cf. Monst., t. VI, ch. CLXX-CLXXI.

1053. Comment les François descomfirent les Anglois devant le chastel de Gerberoy. XVII.

Cf. Monst., t. VI, ch. CLXXII.

1054. Comment les François prindrent, en ce temps, la ville de Saint Denis. XVIII.

Cf. Monst., t. VI, ch. CLXXIV.

1055. Des grans seigneurs qui vindrent à Arras pour estre à la journee du Parlement. XIX.

Cf. Monst., t. VI, ch. CLXXVI-CLXXIX.

1056. Comment ambaxadeurs, en grant nombre, vindrent à Arras pour estre auz parlemens de par le roy Charles de France. XX.

Cf. Monst., t. VI, ch. CLXXX-CLXXXI.

1057. Comment les François et Bourguignons allerent, le jour de Nostre Dame my aoust, l'un avec l'autre en grant concorde à l'eglise. XXI.

Cf. Monst., t. VI, ch. CLXXXII.

1058. Comment le cardinal de Wincestre vint à Arras, grandement adcompaignié, pour estre à la dite convention illec assamblee. XXII.

Cf. Monst., t. VI, ch. CLXXXIII-CLXXXVI.

1059. Comment la paix fut confermee entre le roy Charles de France et le duc de Bourgoigne, en la ville d'Arras, aprez le partement des Anglois. XXIII.

Cf. Monst., t. VI, ch. CLXXXVII.

1060. Comment les François furent assegiés dedens la ville de Saint Denis par les Anglois et Bourguignons. XXIV.

Cf. Monst., t. VI, ch. CLXXXVIII-CLXXXIX.

1061. Comment le duc de Bourgoigne envoya, aprez la paix d'Arras, devers le roy d'Engleterre et son conseil.   XXV.

   Cf. Monst., t. VI, ch. cxci.

1062. Comment le roy Charles eut grant leesse quant il sceut que le duc de Bourgoigne s'estoit reconciliez avec luy.   XXVI.

   Cf. Monst., t. VI, ch. cxcii.

1063. Comment, aprez le departement de la convencion d'Arras, et par quel maniere les François se gouvernerent ou pays de Northmandie.   XXVII.

   Cf. Monst., t. VI, ch. cxciii.

1064. Comment les Anglois se recommencerent à doubter des Bourguignons aprez la paix d'Arras et ne volrent plus avoir repair avec eulz.   XXVIII.

   Cf. Monst., t. VI, ch. cxciv.

1065. Comment le roy d'Engleterre envoioit ses ambaxadeurs devers l'empereur d'Allemaigne, lesquelz furent arrestez ou pays de Brabant.   XXIX.

   Cf. Monst., t. VI, ch. cxciv.

1066. Comment le roy Henry d'Engleterre escripvy ses lettres ou pays de Hollande pour attraire les habitans à sa partye.   XXX.

   Cf. Monst., t. VI, ch. cxcv.

1067. Comment on voult traitier que le roy d'Engleterre et le duc de Bourgoigne demourassent sans faire guerre l'un contre l'autre.   XXXI.

   Cf. Monst., t. VI, ch. cxcvi.

1068. Comment le duc de Bourgoigne tint pluiseurs consaulz en la ville de Bruxelles, en Brabant, sur le fait de la guerre des Anglois.   XXXII.

   Cf. Monst., t. VI, ch. cxcvii.

1069. Comment la ville de Paris fut rendue en l'obeissance du roy Charles. XXXIII.

Cf. Monst., t. VI, ch. cxcviii.

1070. Comment les Anglois de Callaix vindrent courre devant Boullongne et en la marche de là environ. XXXIV.

Cf. Monst., t. VI, ch. ccii.

1071. Comment messire Jehan de Croy, bailly de Henault, fist assambler grant gent en Boullenois pour aller courre devant la ville de Callaix. XXXV.

Cf. Monst., t. VI, ch. cciv.

Wavrin ayant copié exactement, dans ce chapitre, celui de Monstrelet, ajoute cependant, à la fin, le passage suivant : « Aprez ceste destrousse faite par les Anglois, en la maniere dessus declaree, les Picardz se retrayrent et rassamblerent vers Saint Omer; et de là, prendant congié l'un à l'autre, s'en retournerent en leurs hostelz, moult doullentz et courouchiés, et honteux de leur malheureuse fortune. Mais le seigneur de Wavrin[1], qui autour de Saint Omer avoit laissié son estandart avec partye de ses gens, se tyra vers Gravelingues, où il fut en garnison par l'ordonnance du duc Phelippe de Bourgoigne, et pluiseurs autres seigneurs et capittaines, comme le seigneur de Saveuses[2], messire Symon de Lalain[3], avec eulz autres nobles hommes, où ilz se tindrent en frontiere jusques à la venue du duc de Bourgoigne et qu'il amena sa puissance, adfin de parfurnir son emprinse. »

1. Walleran. Voyez ci-dessus, page 1, note 1.

2. Philippe de Saveuses, longtemps capitaine d'Amiens et de l'Artois (La Morlière, 165), fut déposé en 1463, par Louis XI, « de sa capitainerie d'Amiens, de la cité d'Arras et de la ville de Doulens.» (Duclercq, XIV, 306.) Il était âgé de *soixante et douze ans*, lorsqu'en 1465, le duc de Bourgogne lui « envoya ung mendement par lequel il le commettoit capitaine général d'Artois. » (ID., XV, 36 et 38.) Mort le 28 mars 1467 (v. s.), en la ville d'Amiens, *agé de soixante et dix-huit ans* (Voir VIe partie, ve livre, xxxive chapitre (no 1280) des présentes Chroniques).

3. Simon de Lalain, chevalier, seigneur de Montigny, conseiller et chambellan du duc Philippe de Bourgogne, et gouverneur de l'Ecluse (*Compte de Jean Visen, de* 1454. La Barre, II, 217). Mort le 15 mars 1476 (Brassart, *Histoire et généalogie des comtes de Lalaing*, p. 17.) « Le dernier

1072. Comment le duc Phelippe de Bourgoigne alla à Gand et autres villes de la Conté de Flandres, pour voir la monstre et partement des Flamens. XXXVI.

Cf. Monst., t. VI, ch. ccv-ccvi.

Voici quelques additions faites par Wavrin au texte de Monstrelet. Les Flamands voulant tuer les seigneurs de Croy, Bauldot de Noyelle, et Jehan de Brimeu, bailly d'Amiens, qui avaient conseillé au duc de Bourgogne le siége de Calais, ces trois seigneurs « se partirent de l'ost à privée maisnie. Et convint, pour plus sceurement passer l'armee des Flamens, que le seigneur de Croy[1], adfin de non estre congneu, affullast une barrette vermeille que le seigneur de Wavrin luy bailla avec une haquenee grise sur laquele il monta : si fut convoié jusques au dehors de l'ost des Gantois par ledit seigneur de Wavrin ; car se, au passer illec, eut esté congneu, jamais sans mort n'en feust eschapé. Et aussi le conduisy Thoison d'Or[2] jusques au logis de messire Jehan de Croy, seigneur de Cymay[3], son frere, qui pour lors tenoit le siege devant Guynes. »

Les Gantois abandonnèrent le siége de Calais et s'en allèrent en désordre vers Gravelines : « Et, d'autre part, quant ceulz de Bruges,

jour d'octobre 1475, Simon de La Laing, seigneur de Montigny », cède sa place de chambellan du duc de Bourgogne à son fils, Josse de La Laing (*Etat de la maison de Charles, dernier duc de Bourgogne*; Bib. imp., Mss., n° 8430²).

1. Antoine, sire de Croy, comte de Porcean, premier chambellan de Philippe le Bon, chevalier de la Toison d'or, devint grand maître d'hôtel de Louis XI, à l'avénement de ce prince au trône. Il était fils de Jean de Croy et de Marguerite de Craon. Mort en 1475 (Anselme, V, 637).

2. Jean Lefebvre, seigneur de Saint-Remy, de la Vacquerie, d'Avesnes, etc., dit *Toison d'or*, conseiller, roi d'armes et chancelier de Philippe le Bon. Mort en 1468. Sur ce chroniqueur, voy. *Bulletin de la Société de l'histoire de France*, 1re partie, tome I, p. 1-26.

3. Jean de Croy, seigneur de La Tour-sur-Marne, comte de Chimay, chevalier de la Toison d'or, grand bailli de Hainaut; marié à Marie de Lallain, dame de Quiévrain. Mort à Valenciennes en 1472 (Anselme, V, 651). Il fut créé comte de Chimay le 14 janvier 1472 (v. s.) (Lenglet, II, 204). « Jehan de Croy, premier compte de Chimay, trespassa, à la Nostre Dame, en March ensieuvant (1472), et ne vesqui, estant conte, que 44 à 45 jours. » (*Mémoires de Jean de Haynin*, II, 212).

quy estoient logiés vers Saint Pierre, oyrent le bruit et deslogement que faisoient les Gantois, de leur costé force leur fut de des-
logier comme les autres ; car il convenoit bien, à bon gré ou
maulvais, puisque lesdis de Gand se partoient, qu'ilz les sievissent.
Si estoit avec eulz, pour les conduire, le seigneur de Wavrin, le
seigneur de Saveuses et messire Simon de Lalain ; si bouterent pareillement les feux en leurs logis, moult doullentz et courouchiés
d'un tel partement : et pour tant que ilz n'avoient point, ce jour,
leurs chevaulx pour remener les gros engiens qu'ilz avoient illec
amenez, ilz en chargerent aulcuns des meilleurs sur chars et charrettes, et, à force et puissance de gens, les trainerent jusques à
Gravelingues. »

Le duc de Bourgogne ayant commis plusieurs seigneurs à la
garde de Gravelines, Wavrin y comprend le *seigneur de Wavrin*,
omis par Monstrelet.

1073. Comment le duc de Clocestre vint, nagant par mer,
à Callaix atout grant nombre de combatans anglois [1].

XXXVII.

Vous avez bien oy, par cy devant, comment le duc
de Bourgoigne estant à siege devant la ville de
Callaix, Humfroy, duc de Clocestre [2], oncle du roy
Henry d'Engleterre, luy avoit mandé par Pennebrocq,
ung sien herault d'armes, que s'il le voulloit illec
atendre, il le venroit combatre en ce mesmes lieu, ou
aultrepart en ses pays. Or, doncques, ledit gentil duc,
adfin d'entretenir sa promesse, quant il fut prest et
vey vent propice, se mist en mer atout grant puissance
de gens d'armes et de trait, voire gens d'eslite, tous
natifz du royaulme d'Engleterre ; lequel, atout son
excercite, arriva au havre de Callaix dedens briefz

---

1. Monstrelet (VI, chap. ccvii) raconte différemment et très-succinc-
tement l'arrivée du duc de Glocester à Calais.
2. Humphrey, duc de Glocester. Voy. ci-dessus, p. 182, note 2.
C'est au chapitre précédent, copié d'après Monstrelet, qu'il a été question de ce fait.

jours aprez que le duc de Bourgoigne et les Flameus se furent deslogiés. Si avoit en sa compaignie dix mille bons combatans atout lesquelz il cuidoit combatre ledit duc de Bourgoigne et son armee, se là les euist trouvez. Et pourtant ledit duc de Clocestre, sachant que ses dis annemis s'estoient partis, il se mist à chemin vers Gravelinghes; dequoy les seigneurs qui laians estoient en garnison de par le duc de Bourgoigne, cuidans que ycelluy duc de Clocestre les deust assegier ou assaillir, se ordonnerent à deffence et preparerent leurs besongnes pour eulz et la ville garder. Mais de les envahir ne firent Anglois quelque samblant, ains se logerent là entour, pour celle nuit, jusques à lendemain bien matin, qu'ilz s'en partirent et s'acheminerent vers le pays de Flandres, en costoiant la grave de la mer, pour ce que leur navire les sievoit et costoioit, ouquel n'avoit d'hommes part que les mariniers, atout le baguage; lesquelz marinniers, sachans ledit duc de Clocestre estre bien avant ou pays de Flandres, se retyrerent pour sceureté dedens le havre de Callaix, et ledit duc et ses Anglois prindrent le chemin vers Bailleul : durant lequel tempz les seigneurs de Crequy[1] et de Wavrin, avec eulz plusieurs hommes de Flandres, se partirent de Gravelinghes, où ilz estoient en garnison; et *moy, acteur de ceste histore*, estoie avec la compaignie. Et chevaulchasmes jusques à Drinkam[2], où nous logasmes celle nuit dedens le chastel, lequel nous trouvasmes sans garde, ouquel le seigneur de Crequy, à nostre partement, laissa de ses gens

---

1. Jean, seigneur de Créquy. Mort en 1474. (Anselme, VI, 782.)
2. Drinckam.

pour le garder; et, ce fait, chevaulchasmes aprez les Anglois, cuidans trouver aulcune adventure en la queue de l'ost. Mais le duc de Clocestre et ses capittaines cheminerent par si bonne ordonnance, que nul dommage ne lui peusmes porter : pourquoy nous, voians ceste maniere de faire, retournasmes en nostre dite garnison de Gravelingues dont nous estiemes partis, sans autre chose faire dont on doie tenir compte. Et le duc de Clocestre s'en alla, tout ardant et exillant devant luy, par feu et par fer, les villes et villages où il passoit, pour aller à Bailleul. Et quant il y vint, il se loga à l'abaye Saint Anthonne, et ses gens, où mieulz peurent, parmy la ville, laquele ilz ardirent, pillerent et destruisirent toute; mais on ne meffist rien à ladite abaye de monseigneur Saint Anthonne, où ledit duc s'estoit logié; puis, quant ilz furent rafreschis, et que tout fut destruit à Bailleul et là environ, ilz se partyrent et s'en allerent tyrant vers Poupringhe[1], ardant et exillant, comme dessus, tout ce qu'ilz povoient aconsievir ou rencontrer.

Quant les Anglois vindrent à Poupringue, ilz se logerent dedens la ville, laquele ilz pillerent, ardirent et destruisirent; puis, au partir de là, aprez qu'ilz eurent eslevé de grant butin et bons prisonniers, prindrent leur chemin vers la ville de Saint Omer, et faisoient partout où ilz passoient si grans et horribles feux, que le duc Phelippe de Bourgoigne, quy estoit à Lille, les povoit plainement veoir, et mesmement oioit les pleurs, plains et cris pitoiables que faisoit le peuple fugitif du pays de Flandres, quy

---

1. Poperingues.

venoient à Lille à refuge vers leur prince; lequel pour l'heure, jà en eust il grant pitié, n'y pouvoit mettre aulcun remede, combien qu'il eust fait publier parmy ses pays que toutes manieres de gens d'armes venissent devers luy. Mais ilz ne furent mie sitost apprestez et venus pour destourber au duc de Clocestre de parfurnir son emprinse, lequel, ainsi comme vous oez, ardant et exillant le pays de Flandres, s'en alla logier devant la ville de Saint Omer, en l'abaye de Blendecque et son ost tout au loncg de celle petite rivierette quy là court; car *moy, acteur de ceste presente euvre*, quy lors m'estoie partis de Gravelinghues la nuit Nostre Dame septembre, et venu à Saint Omer, vey le logement, et trouvai le seigneur de Saveuses qui, celluy jour, estoit sailly hors de Saint Omer pour escarmuchier les Anglois; lesquelz n'eslongerent gueres leurs logis, sinon aulcuns archiers, trois ou quatre, quy y furent occis par les gens dudit seigneur de Saveuses. Sy estoit, pour lors, messire Jehan de Croy dedens le chastel d'Arques, où il estoit venus de la ville d'Ardre, auquel lieu il se tenoit en garnison, pour encquerre et scavoir quel train yceulz Anglois volroient tenir, et aussi pour veoir se aulcuns se desrouteroient ou partiroient, par quelque adventure, de leur compaignie, adfin que s'il y eust aulcunement veu son advantage, il l'eust peu prendre à la perte et confusion des Anglois, lesquelz de tout son povoir il desiroit grandement à grever. Mais ledit duc de Clocestre et ses capittaines se gouvernerent et conduirent si sagement, qu'on ne les scavoit par quel moyen souprendre, ainchois se gardoient si dilligamment de tous perilz que ilz en acqueroient honneur et loenge.

Lendemain, qui fut le jour de Nostre (Dame?), tres matin se desloga de devant Saint Omer le duc de Clocestre, aussi fist toute son armee, moult sagement, pour doubte des aguetz ou embusches de ses annemis, lesquelz il scavoit estre bien en voullenté de le nuyre à leur povoir. Si prindrent le chemin vers Callaix, où ilz parvindrent à peu de perte qu'il eust faite en celluy voyage. Mais sachiez que tout ce qu'ilz trouverent, en allant, tenant la partye de Bourgoigne, ils misrent à destruction et ruyne. Et quant ilz parvindrent à Callaix, ledit duc de Clocestre y fut recheu à grant joye et leesse des bourgois, manans et habittans de la ville : puis, aprez qu'il se fut illec reposé et rafreschy aulcuns jours, atout le gaaing et proyes que luy et ses gens avoient concquis sur le pays de Flandres, excepté les prisonniers qu'il laissa à Callaix, s'en retourna en Engleterre atout son armee. Si donna congié à toutes manieres de gens d'armes de soy retraire chascun en son hostel; et luy de sa personne, atout son estat, s'en alla à Londres devers le jenne roy Henry, son nepveu, quy trez honnourablement le recheut et grandement le honnoura et festoia. Aussi firent, chascun endroit soy, tous les princes et seigneurs de la court royalle, ausquelz il raconta la pluspart de ses adventures; le record desqueles donna tres grant soullas et plaisir auz escoutans. Lesqueles choses il n'est besoing de reciter, comme elles soient cy dessus aulcunement escriptes et declarees. Si lairons, atant, dudit duc de Clocestre, pour traitier aultres matieres en cest endroit escheans [1].

---

1. La fin de ce chapitre est empruntée à Monstrelet (VI, chap. ccix-ccx.)

1074. Comment le conte d'Autele, escochois, mist à mort son nepveu le roy d'Escoche, où il estoit couchié en son lit.   XXXVIII.

    Cf. Monst., t. VI, ch. ccxi.

1075. Comment pluiseurs capittaines du roy Charles de France volrent faire emprinse sur la ville de Rouen.   XXXIX.

    Cf. Monst., t. VI, ch. ccxii.

Monstrelet omet de dire que le village de Ris, à quatre lieues de Rouen, *tenoit à la forest de Lyons.*

1076. Comment le roy de France convoca pluiseurs gens de guerre à venir vers luy à Gyon sur Loirre pour reconcquerre pluiseurs villes que tenoient les Anglois ses adversaires.   XL.

    Cf. Monst., t. VI, ch. ccxv.

1077. Comment les Anglois misrent le siege devant Fescamps, en Northmandie, et le prindrent par continuation de siege.   XLI.

    Cf. Monst., t. VI, ch. ccxvii-ccxix.

1078. Comment le seigneur d'Auxi, messire Florimont de Brimeu, et ung chevallier de Rodes, allerent assegier le Crotoy.   XLII.

    Cf. Monst., t. VI, ch. ccxxi.

Wavrin ajoute que *le seigneur de Charny* fut commis à la garde de la ville d'Hesdin.

1079. Comment le seigneur de Thalbot, messire Thomas Quirel, et autres capittaines Anglois, misrent siege devant Longueville.   XLIII.

    Cf. Monst., t. VI, ch. ccxxviii.

1080. Comment les villes et chasteaulz de Montargis et Chevreuses furent mis en l'obeissance du roy Charles de France par ses gens.   XLIV.

    Cf. Monst., t. VI, ch. ccxxx-ccxxxi.

1081. Comment, en ce meismes tampz, le conte d'Eu retourna d'Engleterre en France, où il avoit esté prisonnier depuis l'an mil quatre cens et quinze.   XLV.

Cf. Monst., t. VI, ch. ccxxxii.

Cy prent fin le Ve livre, et s'ensieult le VIe et darrenier de ce volume.

LIVRE VI.

1082. Cy commence le VIe livre de ce ve volume, lequel contient en soy vingt chapittres. Ou premier desquelz il traite comment, entre Callaix et Gravelingues, s'assamblerent ceulz qui debvoient tenir les convencions d'entre le cardinal d'Engleterre, d'une part, et la ducesse de Bourgoigne, d'autre part.   I.

Cf. Monst., t. VII, ch. ccxxxv.

1083. Comment Artus de Bretaigne, conte de Richemont, connestable de France, avec luy pluiseurs capittaines du roy Charles, alla mettre le siege devant Meaulz en Brye.   II.

Cf. Monst., t. VII, ch. ccxxxix-ccxli.

1084. Comment pluiseurs notables ambaxadeurs s'assamblerent de rechief, entre Gravelingues et Callaix, sur le fait du parlement qui debvoit estre entre les deux rois de France et d'Engleterre.   III.

Cf. Monst., t. VII, ch. ccxliii.

1085. Comment le conte de Sombreset, le seigneur de Thalboth, et autres capittaines anglois, vindrent en Santers et assegerent le chastel de Folleville.   IV.

Cf. Monst., t. VII, ch. ccxliv.

1086. Comment le conte de Sombreset, avec lui bon nombre d'Anglois, allerent assegier Harfleu.   V.

Cf. Monst., t. VII, ch. ccxlvii.

1087. Incidence quy advint en ce tempz ou pays du duc de
   Bretaigne.   VI.
   Cf. Monst., t. VII, ccxlviii.

1088. Comment Charles, roy de France, envoia pluiseurs
   notables ambaxadeurs à Saint Omer pour traitier de paix
   avec les Anglois.   VII.
   Cf. Monst., t. VII, ch. ccl.

1089. Comment le duc d'Orlyens fut delivré des mains du
   roy d'Engleterre par les moyens sequens.   VIII.
   Cf. Monst., t. VII, ch. cclii.

1090. Comment les Anglois de la garnison de Folleville
   oppresserent moult fort les pays d'Amiennois, Santers et
   et autres d'environ.   IX.
   Cf. Monst., t. VII, ch. ccliv.

1091. Comment le roy de France alla assegier Creil, et le
   concquist.   X.
   Cf. Monst., t. VII, ch. cclix.

1092. Comment, aprez la concqueste de Creil, le roy de
   France s'en alla à Ponthoise.   XI.
   Cf. Monst., t. VII, ch. cclx.

1093. Comment le duc d'Yorc, chief, de par le roy d'Engleterre, en France et en Northmandie, vint pour lever le
   siege que tenoit le roy Charles devant Ponthoise[1].   XII.

Si faisoit (le roi Charles VII), de jour en jour, continuer tres dilligamment les ouvrages de son emprinse,
tant de faire fortifficacions et aproches, comme de faire
gecter ses gros engiens contre les portes, tours et murailles, et mesmes, qui estoit inhumaine desrision,

---

1. Le commencement de ce chapitre est emprunté à Monstrelet (VII, chap. cclxi); les deux premiers paragraphes ci-dessous, qui lui sont également empruntés, diffèrent un peu dans la narration : quant au dernier il est inédit.

alencontre de l'eglise, murailles et fortifficacions de l'eglise Nostre Dame, au dehors de ladite ville, que les Anglois avoient longuement tenue. Si fut lors, et autreffois, par les francois grandement desrompue, quy estoit et est chose forment desnaturee, de guerroier Dieu, sa glorieuse Mere et les benoitz Sains, pour le mesuz, delict et outrage des humains.

Telement, doncques, continua le roy Charles ses besongnes en dilligence et advancha son fait, qu'il fut conseillié, tout consideré, de faire assaillir la dite eglise de Ponthoise le xvie jour de septembre ensievant, quy fut par ung samedy; laquele fut en briefve espace concquise d'assault, et ceulz de layans tous mors ou prisonniers. Si estoit celle eglise moult haulte et assez prez de la ville, sicque, par la tour d'ycelle, on povoit veoir grant partye du gouvernement de layans : à scavoir touchant la maniere des engiens et fortifficacions d'ycelle, et aussi la durement travaillier de petis engiens, hacquebutes, coulleuvrines et gros arballestres, fondes et autres habillemens. De laquele prinse de ladite eglise furent les Anglois moult doullentz, se voyans, par ce moyen, estre grandement affoiblis; et au contraire les Francois resjouys, par ce qu'ilz veoient aulcunement leur besongne en ce embellir. Pourquoy ilz conclurrent et delibererent de leurs preparations faire pour, le mardin prochain venant, livrer à la ville ung assault pesant, comme ilz firent, pour experimenter et assaier se ilz y pourroient jamais riens concquerre.

Ainsi, doncques, qu'il avoit esté deliberé par le conseil royal, firent tous les seigneurs et les capitaines francois armer et aprester leurs gens, à yceulx enhortant de bien faire chascun son debvoir et combattre vaillamment. Si fut ordonné que l'assault se feroit vers la tour du Frice[1], quy estoit fort batue, entammee et adommagié, voire du roy et de ses gens; mais le Daulphin[2], messire Charles d'Anjou[3] et leur compaignie assauldroient par devers Nostre Dame, le (marissal) de Lohiac et plusieurs autres assauldroient à la porte vers Maubuisson, et une autre compaignie yroient atout bateaulz assaillir par la riviere : lesquelz assaulz, commenciés par la maniere dite, moult durs et aspres, durerent bien par l'espace de deux heures. Et, pour vray, se les Francois assailloient radement, les Anglois se deffendoient aussi moult vaillamment et de grant courage ; si ne sambloit pas, à veoir tant les assaillans comme les deffendans, qu'ilz eussent quelque paour ou doubte de la mort. Durant lequel assault y eut ung moult vaillant et hardy homme, quy n'estoit point de noble generation, sinon de corage, lequel estoit de la compaignie du roy, et assailloit à la tour de Friches, où il se porta si puissamment, jà feissent les Anglois moult grande resistence, qu'il monta à force, par les pierres et rompures que avoient fait les canons, tout au plus hault, où il commenca à gecter desdites pierres sur les Anglois, moult ruddement, qui la deffendoient, parquoy il les convint tyrer arriere. Et adont les autres

1. « La tour du Friche, qui est sur le bord de la rivière d'Oise, du costé devers le pont de Meulent » (Berry, 415). Ce chroniqueur raconte d'une manière différente la prise de cette tour.

2. Louis XI, fils de Charles VII et de Marie d'Anjou, né le 3 juillet 1423, sacré et couronné le 15 août 1461. Marié : 1° à Marguerite d'Écosse; 2° à Charlotte de Savoie. Mort le 30 août 1483. (Anselme, I, 119.)

3. Charles d'Anjou, premier du nom, comte du Maine. Né le 14 octobre 1414 ; mort le 10 avril 1472. (Anselme, I, 235.)

316   CRONICQUES D'ENGLETERRE.   [1441]

Francois s'aprocherent et, de plus en plus, se bouterent avant, et, à l'exemple de cedit vaillant homme, monterent amont, en cryant à haulte voix : « Saint Denis, ville guaignié [1] ! »

1094. Comment le duc d'Yorc, gouverneur general de la ducié de Northmandie, fut rapellé en Engleterre, et luy fut ostee son office.   XIII.

De ceste prinse de Ponthoise fut moult desplaisant, mais amender ne le polt quant à present, le tres noble duc d'Yorc [2], souverain gouverneur et capittaine general de la ducié de Northmandie, et consequamment de toute la concqueste, à ce commis par le roy Henry d'Engleterre, III de ce nom, et pere [3] du roy Henry le quart, successeur [4] du noble roy Edouard, presentement

1. La suite de ce chapitre est encore empruntée à Monstrelet, qui, bien qu'il n'ait fait aucune mention de la prise de la tour du Friche, ni du courage de l'homme qui s'en empara, parle néanmoins de la récompense dont sa valeur fut honorée par le roi. « Et quant au regard, dit-il, de *celui qui monta premier sur la tour*, il fut moult autorisé de tous les seigneurs pour sa grant vaillance; si le ennoblit le roi, et ses successeurs, etc. » Cette phrase, reproduite par Wavrin à peu près dans les mêmes termes, se comprend parfaitement puisqu'il vient de raconter le fait; mais chez Monstrelet elle accuse l'absence d'un récit évidemment omis par le copiste. En consultant les divers manuscrits des *Chroniques de Monstrelet* que possède la Bibliothèque impériale, nous en avons, en effet, trouvé un, un seul (*Ancien fonds fr.*, n° 8346), qui contient le passage donné par Wavrin. Ce ne sera pas l'unique restitution qu'il nous permettra de faire à Monstrelet. Nous les indiquerons au fur et à mesure que notre chroniqueur nous en offrira l'occasion.

2. Richard, duc d'York, tué le 24 décembre 1460. (Dugdale, II, 158-161.) Il fut nommé gouverneur du duché de Normandie le 2 juillet 1440. (Rymer, V, partie I, 85.)

3. Henri III, monté sur le trône en 1216, ne pouvait guère être le père de Henri IV, qui régnait en 1399. Il faut lire Henri VI, *petit-fils* et non *père* de Henri IV. On a déjà vu dans le Prologue de Wavrin que son copiste n'était pas fort en chronologie.

4. *Ancesseur*, prédécesseur, plutôt.

regnant¹, à la garde et entretenement d'ycellui pays contre les Francois, leurs annemis; lequel, durant le tempz qu'il en eut la garde et administracion, s'y gouverna moult haultement et fist moult de choses honnourables et grandes entreprinses sur les Francois, en plusieurs lieux et diverses manieres, comme cy dessus a esté aulcunement touchié et declaré, à sa grant recommandation, et principalement à l'honneur et recommandation de la couronne d'Engleterre, et à l'exaltacion du roy son maistre, lequel il servoit en toute reverence et loyaulté, comme tout noble ceur doit faire son souverain seigneur. Nonobstant toutes lesqueles choses, Envye, qui jamais ne meurt, annemie de toute vertu et noblesse, se bouta entre les princes et barons du royaulme d'Engleterre contre ycelluy duc d'Yorc, pour ce, par adventure, qu'il prosperoit trop honnourablement au voulloir d'aulcuns quy n'amoient pas loiaument le bien et utillité du roy et royaulme, et, en especial, à l'esmouvement du duc de Sombreset², quy avoit en malle grace ledit duc d'Yorc; lequel trouva son moyen devers la royne d'Engleterre, nommee Marguerite de Sezille³, niepce du roy de France, laquele procura tant devers le roy Henry, son espoux, par l'adveu et commun acord dudit duc de Sombreset, et de aulcuns autres grans seigneurs et

1. Édouard IV, fils de Richard, duc d'York, et de Cécile Nevill, fille du comte de Westmoreland. (Dugdale, II, 161.) Marié à Élisabeth Widwille. Mort le 9 avril 1483. (*Art de vérifier les dates*, I, 816.)
2. Edmond Beaufort, duc de Somerset, tué à la bataille de Saint-Alban, 1455. (Dugdale, II, 124.)
3. Marguerite d'Anjou, fille de René, roi de Naples et de Sicile, et d'Isabelle de Lorraine. Née le 23 mars 1429; mariée, en 1444, à Henri VI, roi d'Angleterre. Morte le 25 août 1482. (Anselme, I, 232.)

barons de sa bende ou alyance, que ledit duc d'Yorc fut rapellé en Engleterre[1], et luy fut totalement substraite la gouvernance et puissance sommiere qu'il avoit eu, bonne espace[2], en la ducié de Northmandie, et generalement par toute la concqueste des Anglois parmy le royaulme de France. Et en son lieu y fut commis le duc de Sombreset, par le pourchas et enhort de ladite royne, et d'aulcuns des barons quy pour lors gouvernoient entour du roy.

Et est à entendre que ceste mutation et autres advindrent oudit royaulme principalement par la simplesse du roy, quy n'estoit mye ydonne, expert, ou assez sensible pour regir ou gouverner ung tel royaulme comme cellui d'Engleterre, ancores amplié et augmenté de ladite concqueste de Northmandie, et autres portions parmy le royaulme de France. Pour ce dist bien vray le proverbe que *la Terre est mauldite dont le prince est enfant, ou se gouverne comme enfant;* car, en deffaulte de prince prudent, on a veu de grans inconveniens et plusieurs royaulmes et provinces ruyner, et tourner à destruction au grant regret du povre peuple. Et, certes, ainssi en est advenu bien prez oudit royaulme; car, en tel cas, dissentions y sont eslevees quy prez ont à ycelluy amené fin de toute felicité.

Pour le tempz dont nous parlons, y avoit oudit royaulme d'Engleterre deux bendes, dont chascune

---

1. Ce chapitre commence ainsi, dans le mss. n° 432, *fonds Sorbonne:*
« En l'an mil iiii^c xl, le duc d'Yorch, general cappitaine et gouverneur de la duchyé de Normandie, fu rappellé du roy Henry pour retourner en Engleterre; et y fu commis, en son lieu, le conte de Sombresset. »

2. Il fut rappelé après avoir gouverné *prudemment* le pays pendant cinq ans. (Carte, II, 729.)

contendoit à gouverner, et avoir l'administracion du
roy et de la chose publicque : dont, en l'une partye,
estoient le duc de Clocestre, oncle du roy Henry, le
duc d'Yorc, et plusieurs autres princes et notables parties de barons ; et, de l'autre bende, estoient d'une
alyance les ducz de Sombreset et de Suffoch, le seigneur de Say[1], l'evesque de Salsebery[2], et plusieurs
autres quy ne sont pas ycy nommez. Si est à noter que,
pour lors, le duc de Clocestre avoit le souverain gouvernement du roy, son nepveu, et du royaulme; et, jusques
au tempz d'adont, avoit bien et grandement gouverné
ou regenté, tant à l'onneur du roy, comme au prouffit
de la chose publicque. Adont aussi le duc de Suffoch,
quy tenoit la bende contraire, estoit principal gouverneur du roy et bien amé de la royne, par le moyen de
laquele, et du duc de Sombreset et leurs autres adherens, fut maniere trouvee de parler au roy à part. Si luy
remonstrerent comment le pays de Northmandie luy
coustoit beaucop à entretenir, tant de sauldees auz
gens de guerres qu'il entretenoit illec, soubz la conduite du duc d'Yorc, alencontre des Francois, comme
en divers autres despens qui, à ceste cause, venoient
journelement audit pays d'Engleterre. Si luy conseille-
rent qu'il seroit bon que ledit pays de Northmandie
feust par aulcune fachon rendu ausdis Francois, pour
eviter yceulz grans despens. A ce conseil ne furent pas
appelez le duc de Clocestre, oncle du roy et principal gouverneur du royaulme, le duc d'Yorc, ne aultres

1. William Say, tué à la bataille de Barnet le 14 avril 1471. (Dugdale, III, 246.)

2. William Aiscoth, évêque de Salisbury [20 juillet 1438]; massacré par ses diocésains le 29 juin 1450 (Godwin, 350-351.)

grans seigneurs de leurs bendes, pour ce que ceulz qui ce conseil bailloient scavoient bien que jamais ne se feussent à ce consentis : dont se ensievy que ledit duc d'Yorc, gouverneur et regent de Northmandie, fut rapelé, comme j'ay jà dit cy dessus, et le duc de Clocestre eslongié du privé conseil du roy, son nepveu. Mais un pou de tempz aprez que le duc d'Yorc fut retourné de Northmandie en Engleterre, par la maniere que oy avez, il luy advint ancores pis, par le pourchas dudit duc de Suffoch et ceulz de sa bende; car il fut dutout expulsé de la court du roy et envoié en Irlande, comme en exil. Alors le duc de Sombreset et ses adherens, soy voians dutout audessus et eslevez en la gouvernance du roy, furent moult joyeulz et firent tant que, par l'ordonnance dudit roy, le dessus nommé duc de Sombreset fut commis au gouvernement de la duchié de Northmandie ; laquelle il gouverna si negligamment que, tantost aprez, par deffaulte de conduite, tout le pays fut reduit en l'obeissance du roy Charles, comme cy aprez pourrez oyr.

1095. Comment le comte de Hontiton avec le visconte Durset assegerent la ville de Tartas, apartenant au seigneur de Labrech[1].   XIV.

Endementiers que le roy Charles de France se occupoit devant Ponthoise, laquele enfin il prinst par force d'armes, en la maniere que oy avez cy dessus,

---

1. Ce chapitre, copié d'après Monstrelet, manque à l'édition Buchon et ne se trouve que dans le manuscrit déjà cité (*Anc. fonds fr.*, n° 8346), au fol. ccxxii recto. Il éclaircit des faits que contient le chapitre cclxv de l'imprimé, lesquels font allusion à des événements précédents dont il n'avait été fait nulle mention. M. Dacier, dans sa notice sur Monstrelet (p. 24), a signalé ces omissions. Ce chapitre inédit doit prendre place après le cclxi° de l'imprimé.

sur les Anglois, le comte de Hontiton[1], le visconte Durset[2] et messire Thomas Rameston, seneschal de Bordeaulz, quy avoient la charge et gouvernement du pays de Guyenne, de par le roy Henry d'Engleterre, assamblerent au pays de Bordelois, et en la marche d'environ, de v à vi^m combatans, atout lesquelz ilz s'en allerent mettre le siege devant la ville de Tartas, appartenant au seigneur de Labrech[3], devant laquele ilz furent bien ung mois, ycelle combatant et opressant par plusieurs assaulz et divers engiens : et telement s'y emploierent que lesdis assegiés se rendirent par tel condition que la ville demourroit en la main du seigneur de Conacq[4] et d'un filz de bourgois de Bayonne, appelé Augerot de Saint Per[5], quy estoit Anglois. Et,

1. Jean Holland, comte de Huntington, depuis duc d'Excestre, mort le 5 août 1446 (Dugdale, II, 80-81).
2. Wavrin veut dire *comte*. Edmond Beaufort, petit-fils de Jean de Gant, duc de Lancastre, fut créé comte Dorset le 28 août 1442, duc de Somerset en mars 1449. Tué le 22 mai 1455 à la bataille de Saint-Albans. (Dugdale, II, 121, 122.) La date de cette création d'Edmond *au comté Dorset* paraît être fautive ; car il est ainsi qualifié dans les actes de Rymer (V, partie I, 146), dès le 25 mars 1438. Un autre document prouve, d'ailleurs, qu'il portait ce titre avant 1442. C'est un mandement de Henri VI, roi d'Angleterre, concernant un procès entre *Edmond de Beaufort, comte Dorset*, et Jean de Rosessard, en date du 6 juillet 1441 (Bibl. imp., Mss., *Coll. Bréq.*, vol. 51).
3. Charles II, seigneur d'Albret ; mort en 1471 (Anselme, VI, 212).
4. Peut-être Loys de Belleville, écuyer, seigneur de Conac, ainsi qualifié dans le *Deuxiesme Compte de Jean Briconnet, receveur general des finances es pays de Languedoil, pour l'annee finie en septembre* 1468 (Bibl. imp., Mss., *Fonds Gaignières*, n° 772 ², p. 432). Louis, seigneur de Belleville, de Montagu en Poitou et de Cosnac. Marguerite de Culant, sa femme, était veuve de lui en 1475 (Anselme, VII, 82).
5. Grassian Augeret de Sent Per, ainsi nommé dans une requête présentée à Henri VI par les députés des deux états de la sénéchaussée des Landes (J. Delpit, *Collection générale des documents français qui se trouvent en Angleterre*, I, 258).

avec ce, fut baillié en hostage le maisné filz dudit seigneur de Labrech, nommé le cadet Charles [1], jusques au may ensievant de l'an mil quatre cens XLII, qu'ils promisrent de la rendre à celluy qui en cellui tempz, au jour nommé, seroit le plus fort et puissant des deux rois de France et d'Engleterre, devant; et promisrent oultre yceulz assegiés, que, se les Anglois y estoient les plus fors, ladite ville de Tartas et toutes les autres villes, terres et seignouries que lesdis Anglois tenoient du seigneur de Labrech, seroient bailliés audit cadet Charles de Labrech, lequel en feroit lors serment de fidelité au roy d'Engleterre ou à ses commis. Aprez lequel traitié ainsi acordé, comme vous oez, entre les partyes, s'en allerent les Anglois assegans; lesquelz, brief ensievant, signifierent au roy d'Engleterre et à son conseil ce qu'ilz avoient besongnié, et l'apointement que fait avoient à ceulz de la ville de Tartas, adfin qu'ilz feussent advisez de, au jour assigné, y pourveoir à leur prouffit et honneur, selon qu'ilz verroient estre expedient à la conclusion prinse en la maniere que j'ay recité. Et pareillement le fist scavoir ledit seigneur de Labrech au roy Charles de France, le requerant humblement d'estre secouru en ceste necessité, où il estoit pour sa querelle soustenir et soy voulloir entretenir en son service : lequel roy promist liberalement de y aller en sa propre personne, atout la plus grant armee qu'il porroit assambler, en toute sa puissance et ou pays à soy obeissant; laquele promesse il entretint bien et loyaulment, comme vous polrez oyr

1. Charles d'Albret, seigneur de Saint-Bazeille. Décapité le 7 avril 1473 (Anselme, VI, 212).

cy aprez en son lieu, quant tempz sera, en la deduction de ce present chincquiesme volume.

1096. Comment le roy de France fist une grant assamblee pour aller entretenir la journee devant la ville de Tartas. XV.
    Cf. Monst., t. VII, ch. cclxv.

1097. Comment le roy Charles s'en alla devant Saint Severe, qui est chief ville de Gascongne. XVI.
    Cf. Monst., t. VII, ch. cclxvi.

1098. Comment, pendant le tempz que le roy de France estoit oudit voyage de Tartas, les Anglois misrent le siege devant la ville de Couches[1]. XVII.

Le temps pendant que le roy de France estoit oudit voyage de Tartas, les Anglois de Northmandie s'assamblerent en tres grant nombre, soubz la conduite du conte de Sombreset, du seigneur de Thalboth, et aulcuns autres capittaines : si s'en allerent assegier la ville de Couches, où ceulz de dedens monstrerent tres grant resistence. Neantmoins, elle fut moult aprochié et durement assaillie et batue d'engiens, et telement constrainte que, chascun jour, les assegiés faisoient grant doubte d'estre prins d'assault. Pourquoy ilz envoierent secretement devers le comte de Dunois, bastard d'Orlyens, et messire Pierre de Bressay, seigneur de la Varenne[2], lesquels avoient la charge, de par le roy de

---

1. Ce chapitre est encore une restitution à faire à Monstrelet, et doit suivre le chapitre cclxvi de l'édition Buchon. Voy. le Mss., déjà cité, n° 8346, fol. ccxxxi recto.
2. Pierre de Brézé, seigneur de La Varenne, sénéchal de Normandie en 1437. Tué le 17 juillet 1465 à la bataille de Montlhéry (Anselme, VIII, 271). Il passait « pour estre gentil chevalier, honnorable et le plus

France, atout certain nombre de gens d'armes, pour garder la frontiere alencontre des Anglois sur les marches des pays de Chartrain et du Maine, leur signifiant le dangier en quoy ils estoient, et requerant secours et ayde, à quoy les deux capitlaines respondirent qu'ilz en feroient leur povoir. Mais quant ilz eurent assemblé tout ce qu'ilz peurent finer de gens, ilz trouverent que pas n'estoient assez puissans pour lever le dit siege : neantmoins, pour baillier empeschement aux assegans, allerent logier devant Gallardon, où ilz livrerent ung tres cruel et pesant assault ; mais les Anglois quy dedens estoient y resisterent tres vaillamment et rebouterent les Francois[1] quy les assailloient, à grant perte et dommage de leurs gens. Et, entretant, le conte de Sombreset et ceulz de sa compaignie firent traitié avec les assegiés qu'ilz s'en yroient saulfz leurs corpz et biens, en rendant ycelle ville de Couches ; et ne les eust recheuz ledit conte de Sombreset sinon à voullenté, n'eust esté en intencion d'aller combatre les dis Francois quy estoient devant Guaillardon, se ilz le voulloient atendre. Mais les Francois qui furent aulcunement advertis de la dite rendition de Couches, et de la venue des Anglois leurs annemis, traiterent hastivement avec ceulz de Guaillardon et, par moyen qu'ilz leur donnerent certaine somme de pecune, s'en departirent et livrerent la ville ausdis Francois qui devant eulz estoient, lesquelz y misrent

---

plaisant et gracieux parleur que l'on sceust nulle part, sage et grand entrepreneur, et gouvernoit du royaume et des princes de France la plus grande partie (Olivier de La Marche, 407).

1. Notre manuscrit porte *Anglois*, erreur évidente que nous aurions cru devoir faire disparaître, quand bien même nous n'aurions pas eu pour autoriser ce changement la leçon du Ms. n° 432, *fonds Sorbonne*.

bonne garnison, puis se retrayrent à Chartres et autres bonnes villes du pays de leur garde. De laquele rendition de Guaillardon furent le conte de Sombreset et le seigneur de Thalboth moult courouchiés; mais autre chose n'en peurent avoir : si s'en retournerent à Rouen et autres lieux de l'obeissance des Anglois.

En ces mesmes jours, ou environ, fut prins messire Jehan de Gapangnes[1], capitaine de Dourdan, par aulcuns de ses gens quy le trahirent et livrerent auz Anglois, qui de sa prinse furent moult joyeulz; car depuis, pour sa raenchon, il paya grant finance. Et, en ce mesmes tempz, y eut une grant destrousse faite par les Francois, qui s'estoient assamblez assez prez de Granville, non pas loingz d'Evreux[2], où ilz trouverent les Anglois à leur advantage; si ferirent dessus : mais, avant qu'ilz les peussent mettre en desroy, y eut mainte belle apartise d'armes faite; mainte prinse et mainte rescousse. Mais, finablement, par la puissance des Francois, ces Anglois furent mis à plaine descomfiture[3], desquelz y eut mors sur la place environ xii^{xx}, et plusieurs prisonniers : et, de la partye des Francois, y mo-

---

1. Jean de Gapane était picard (*Histoire de Charles VII*, 345). Il faisait partie des cent gentilshommes de la maison du roi dès 1471, et l'était encore en 1483 (Bibl. imp., Mss., *Fonds Gaignières*, n° 535).

2. « A *deux lieues* de Évreux » (Ms. n° 8346, fol. ccxxxi).

3. « En laquelle destrousse furent mors, de la partie des susdits Franchoix, Jehan de Bressay, Merdon de La Fontaine, avecq aulcuns aultres. Nientmains, par la vaillance et diligence de Floquet, qui estoit l'un de leurs chiefz, furent les dessusdits Englés tous rués jus et destroussés, desconfis et mors en la plache environ de xi à xii^{xx} : et si en y heubt pluiseurs qui furent detenus prisonniers. Item, en che meysme temps, l'empereur d'Alemaigne, acompaignié de pluiseurs grans et nobles segneurs, et moult grand nombre de gens, s'en vint en la cité de Besenchon, ouquel lieu ala devers luy, en moult noble et bel appareil, le duc Phelipe de Bourgongne » (Ms. n° 8346, fol. ccxxxi, recto et verso).

rurent Jehan de Bressay[1] et Meridon de la Fontaine, avecq autres environ de vi à vii^{xx}. Si estoit capitaine des Francois, en ceste besongne, ung nommé Floquet[2].

1099. Comment les Anglois allerent assegier la ville de Diepe en Northmandie[3].   XVIII.

En ce tempz aussi, mil quatre cens xlii, les Anglois s'assamblerent jusques au nombre de viii^{cz} combatans, lesquelz s'en vindrent devant la ville de Dyepe; et là, sur une montaigne assez advantaigeuse[4], firent fermer et asseir une tres forte Bastille, laquele ilz avironnerent de porfondz fossez : si la pourveyrent largement de vivres, artillerie et toutes manieres de habillemens necessaires à leur emprinse. Et quant la dite Bastille fut achevee et du tout bien pourveue, ilz ordonnerent pour la garde et deffense d'ycelle de quatre à v^{cz} combatans de bonne estoffe, dont estoit capittaine ung appelé messire Guillame Poito[5], cheva-

1. « Un escuyer et capitaine desdits Francois, nommé Jean de Bresay, du pays d'Anjou, y mourut, qui estoit un vaillant escuyer, dont ce fut tres grand dommage » (Berry, 419).

2. Robert de Flocques, dit Flocquet, seigneur de Flocques et d'Auvrechier. Mort le 7 décembre 1461 (*Mémoires de la Société des Antiquaires de Normandie*, t. V, 403). « Environ ce temps aussi (1461), un capitaine des gens d'armes, moult renommé en fait de guerre, tres vaillant et hardy chevalier, nommé Flocquet, capitaine d'Evreux, mourut à l'âge de cinquante ans ou environ; lequel fust moult plaint, car, par son subtil engin, il gagna sur les Anglois le Pont de Larche, qui fut cause et commencement que le roy Charles entra en Normandie, et reconquesta tout ledit pays de Normandie » (Duclercq, XIV, 184).

3. Ce chapitre est encore pris à Monstrelet. Voir le ms. n° 8346, fol. ccxxxi, verso.

4. « Une montagne nommee du Pollet, vers le Havre. » (J. Chartier, 122.)

5. William *Porter* était capitaine de Mante en 1419. (Holinshed, II, 568.) Guillaume Porto, Pato ou Poictou, capitaine de Saint-Lo en

lier, et depuis vint avecques luy le seigneur de Thalboth[1]. Si commencerent à mener moult forte guerre à ceulx estans dedens la ville de Dyepe, et assigerent ou affusterent plusieurs gros engiens quy, comme continuelement, gectoient dedens ycelle ville ou parmy la muraille, parquoy elle estoit moult oppressee et traveillié, et gardoient diligamment que nulz vivres n'y entrassent; et si estoient tres souvent les Anglois de la Bastille ravitailliés de vivres et rafrechis de gens. Si avoient ceulz de la ville moult à souffrir. Neantmoins, Charlot Desmares[2], lors principal capitaine de la ville de Dyepe, avec lui aulcuns vaillans hommes, faisoient nuit et jour grant diligence adfin de resister aux annemis, et aussi estoient souvent ravitailliés, tant par mer comme par terre. Sy y eut maintes escarmuches entre les deux partyes, où, aulcunes foys, en demouroit de mors et navrez. Et dura ceste besongne assez longuement, à scavoir jusques à l'an ensievant, que le daulphin de France, Loys de Vallois, aisné filz du roy, y alla atout moult grant puissance, et concquist ycelle Bastille par force, comme cy aprez sera plus plainement declaré.

En ce tempz s'assemblerent les Francois de garnisons,

1449, rendit cette place aux Français le 17 septembre de cette année. (J. Chartier, 112, 122, 163.)

1. Le *bastard* de Thalebot. (Ms. n° 8346, fol. ccxxxi, verso.) Il servait dans l'armée d'Édouard IV lorsque ce prince vint en France au mois de juin 1475 (*Mém. de J. de Haynin*, 282).

2. Charles Desmares était encore capitaine de Dieppe en 1458, ainsi que le prouve le rôle d'une montre passée à Arques le 2 octobre de cette année (Bibl. imp., Mss., *Fonds Gaignières*, n° 782[2], fol. 110). En 1464, il était capitaine du chastel de Perpignan et maître d'hôtel de Louis XI (*Tables des ordonnances et estats des maisons des roys, reynes de France*, etc. Bibl. imp., Mss., n° 2340, fol. 743-744).

sur les marches de Northmandie, comme de Beauvaix, d'Évreux, de Couches et autres, allerent courre vers Graville et aulcunes forteresses de là environ, tenans le party des Anglois. Si rencontrerent l'un l'autre, et y eut tres dure besongne, où morurent, du costé des Anglois, bien III^{cz}; et, des Francois, y morurent Jehan de Bressay et Meridon de la Fontaine, qui estoient deux vaillans hommes, avec aulcuns autres compaignons en assez grant nombre : et enfin se departirent, qu'on n'en sceut à quy donner la victore[1].

1100. Comment le roy de France faisoit grant apareil pour aller en Northmandie, et secourir ceulz de Dyepe. XIX.
   Cf. Monst., t. VII, ch. CCLXVIII.

1101. Comment le Daulphin de France alla secourir ceulz de Dyepe, et comment ses gens couroient les pays du duc de Bourgoigne[2]. XX.

En ce meismes tempz, le roy Charles de France ordonna Loys, son filz aisné, daulphin de Vyennois, atout bonne puissance de gens de guerre, pour aller secourir ceulz de la ville de Dyepe[3] quy jà, assez longue espace,

---

1. Ce dernier paragraphe se trouve aussi dans le manuscrit n° 8346; mais il y est biffé. C'est, sans doute, par ce qu'il n'est qu'une répétition fort abrégée de ce que Monstrelet avait raconté plus en détail dans son précédent chapitre.

2. Ce chapitre, qui manque à toutes les éditions de Monstrelet, appartient à ce chroniqueur (V. le ms. n° 8346, fol. CCXXXV, verso), et doit prendre place après le CCLXXII° de l'édition de M. Buchon. Il est dit dans ce 272° chapitre que le dauphin faisait un mandement pour aller au secours de la ville de Dieppe « *duquel cy après est faite plus ample mention.* » C'est dans le présent chapitre, omis par ses copistes et qui lui est emprunté par Wavrin, que Monstrelet faisait la mention annoncée.

3. « La deuxiesme sepmaine d'aoust (mil quatre cens quarante trois), ledit dalphin fut devant Dieppe » (*Journal d'un Bourgeois de Paris*).

avoient esté paravant traveilliés et oppressez des Anglois de la Bastille, où, comme vous avez oy cy dessus, s'estoient devant eulz amaisnagiés pour les grever, ainsi qu'ilz faisoient de tout leur povoir : pourquoy lesdis de Dyepe avaient jà mainteffois mandé audit roy de France leur estat, priant d'estre secourus, comme ilz furent. Et si les fist souvent le roy, ce tempz durant, plusieurs fois rafreschir de vivres, d'artillerie et de gens. Or doncques le daulphin, pour adcomplir l'ordonnance et commandement du roy son pere, il se tyra atout grant nombre de gens d'armes vers Paris : si l'acompaignoient le conte de Dunois, le seigneur de Gaucourt[1], le seigneur de Scisacq[2], le seigneur de Pressigny[3], et moult d'autres capitaines en grant nombre. Et lors, luy aprochant Paris, manda il venir à Compiegne devers luy plusieurs de ce pays, et de la marche d'environ : entre lesquelz y fut mandé Loys de Luxembourg, comte de Saint Pol[4], qui y vint grandement

1. Raoul, seigneur de Gaucourt, grand-maître de France en 1456. Mort dès le 21 juin 1462 (Anselme, VIII, 366).

2. Amaury, seigneur d'Estissac, nommé sénéchal de Saintonge le 24 septembre 1442 (Bibl. imp., Mss., *fonds Gaignières*, n° 771, folio 104), était, dès le 3 mai 1451, conseiller et chambellan du dauphin (Bibl. imp., Mss., *fonds Gaignières*, n° 773, fol. 525).

3. Bertrand de Beauvau, seigneur de Precigny, chevalier, était chambellan du roi en 1441 (Bibl. imp., Mss., *fonds Gaignières*, n° 771, fol. 105). Voici son épitaphe :

« Cy gist noble et puissant seigneur, messire Bertrand de Beauvau, chevalier, baron de Précigné en Touraine, de Sille le Guillaume et de Briançon, etc., conseiller et chambellan du roy nostre sire, et président de ses comptes, grand conservateur de son domaine, aussi conseiller du roy de Sicile, duc d'Anjou, et capitaine de son chateau d'Angers, lequel a fait faire et edifier tout de neuf les maisons, cloaistres, et reparer l'eglise de ceans, et trespassa à Angers le trentiesme jour du mois de septembre, l'an de grace 1474 » (Jean Hiret, p. 383-384).

4. Louis de Luxembourg, comte de Saint-Paul, depuis connétable de

adcompagnié de plusieurs grans seigneurs, chevalliers et escuiiers, tous gens bien uzagiés de guerre, tant de Beauvaisis, comme de Santers et de Vermendois. Sy y vint aussy le seigneur de Commarsy[1], avec lui son nepveu, le sire de Hangiers[2].

Lors le dauphin et son armee venus audit lieu de Compiengne, il fist tyrer ses gens vers la ville et cité d'Amiens, et luy, par Moyencout, alla gesir à Channe, dont estoit capittaine ung gentil homme, nommé Gauwain Quieret[3]. Puis de Channe on se tyra vers Abbeville, où monseigneur le daulphin, ses seigneurs et tous leurs gens s'assamblerent tout en une compaignie. Si povoient estre en nombre environ IIII^m combattans, tous gens esleuz, bien en point et de bonne estoffe, qui tous furent conduitz par le dit daulphin en chief, et les seigneurs et capittaines de sa compaignie, dessus nommez, jusques devant la ville de Dyepe, où ilz se logerent en tres bon convenant; à scavoir, aulcuns es faubours de la ville, et autres es villages prochains.

France. Marié : 1° à Jeanne de Bar; 2° à Marie de Savoie. Décapité le 19 décembre 1475 (Anselme, III, 726).

1. Robert de Sarrebruche, seigneur de Commercy, vivait encore le 30 mars 1460 (Anselme, VIII, 535).

2. Jean de Hangest, IIIe du nom, seigneur de Genlis, mort en février 1483. Sa mère était Marie de Sarrebruche, sœur de Robert (Anselme, VI, 746).

3. Gauwin Quieret, seigneur de Drueul, chevalier, était de Picardie; il assistait en 1443 au siége de Luxembourg (Olivier de La Marche, 402). Mort à Abbeville « environ la fin de mars (1461, v. s.), lequel chevallier, en son temps, on avoit tenu pour ung des hardis et vaillans chevalliers de son corps qui fust es pays du duc de Bourgogne ne en Franche, et par plusieurs fois l'avoit monstré; et combien qu'il ne fust point des plus riches du pays, sy avoit-il asses par raison; et estoit aimé de tous gens de bien, car il n'estoit point convoiteux; et fust moult plaint » (Duclercq, XIV, 196).

Lendemain que monseigneur Loys de Vallois, daulphin de France, fut venu illec prez de Dyepe, il fist sommer aux Anglois de la Bastille qu'ilz se voulsissent d'illec partir, et eulz en aller saulvement de corpz, et emportant partye de leurs baghues ; à quoy les Anglois ne volrent entendre ne eulz nullement condescendre : ains firent responce et dirent qu'ilz se deffenderoient jusques à la mort. Laquelle chose venue à la cognoissance du dit daulphin, il assembla prestement son conseil pour avoir advis et deliberation quel chose estoit sur ce bon à faire : auquel concistore fut en la fin conclud (toutes choses quy, en ce cas, faisoient à examiner souffissamment debatues) que on les assauldroit dedens briefz jours, et mesmement le plutost que on porroit avoir preparé ses besongnes à ce, et fait les habillemens de guerre convenables audit assault. Comme doncques il en avoit esté deliberé et conclud en fut fait ; car, la nuit Nostre Dame my aoust, environ dix heures du matin, aprez que le daulphin eut fait dreschier plusieurs queues de vin sur le bout, et ycelles habandonner à ses gens pour eulz refectionner, il fist bondir les trompettes pour aller sommierement à l'assault, quy se commenca dur, pesant et merveilleux, horrible et criminel ; lequel dura environ trois heures. Si y eut maintes belles appartises d'armes faites des deux partyes, quy estoient belles à veoir à ceulz à quy il ne touchoit, fors de les recorder. Moult francement et vaillamment s'y porterent les assaillans, et pareillement se deffendirent ceulz de dedens moult vigoreusement ; car, sans doubte, ycelle Bastille estoit moult forte et bien pourveue de gros engiens, et de toute maniere d'artillerie et autres habillemens de guerre à deffense apartenans; dont ilz se aydoient vaillamment : et, avec ce, y avoit en dehors de bien parfondz fossez, où il convenoit les assaillans descendre par eschelles et remonter par force contremont le bollewert.

Touteffois, non obstant la bonne deffense et la grant resistence, ne quelconcque dilligence que feissent yceulz Anglois, les Francois monterent amont et les conccquisrent de force, jà feussent ilz de quatre à chincq cens combatans, desquelz furent mors trois cens ou audessus; et le demourant, tant navrez comme haitiés, furent prins et detenus prisonniers. Et de la partye du daulphin en y morurent, tant presentement audit assault, comme depuis des navereures, environ quarante : duquel nombre furent Anthoine de Mouy, Jehan de Herselaines[1], le bastard de Noyelle[2], et autres gentilz hommes. Et les deux capitaines de la Bastille, c'est à scavoir messire Guillamme de Poito et le bastard de Thalboth, furent tous deux prisonniers : mais ledit de Poito se rendy au daulphin, jasoit ce que le conte de Saint Pol, qui moult vaillamment et prudentement s'estoit porté et contenu en ceste besongne, le deist avoir premiers prins; de quoy il ne fist aulcune demande ou question, pour l'amour du daulphin, auquel il voulloit complaire. Sy emporta l'honneur du dit assault, comme on disait communement, le sei-

1. Jean de Harcelance faisait la guerre en 1418; il fut un de ceux qui tuèrent Jacques de Harcourt en 1423 (Monstrelet, IV, 149; V, 52).
2. Le bâtard de Noyelles figure comme archer dans une montre passée au Pont-Sainte-Maxence, le 29 août 1410, sous la conduite de messire du Bos, chevalier banneret (Bibl. imp., Mss., Montres de 1358 à 1439, *fonds Villevieille*, t. IV. Cabinet des titres).

gneur de Mouy, appelé messire Loys de Secourt [1], de la part des Francois.

A la journee de cest assault furent adoubez chevalliers nouveaulz, ledit comte de Saint Pol, Jehan Dangiers [2], Jehan de Thorote [3], Anthoine de Bornoville [4], Jacotin de Bectin [5], Jehan de Cresecques [6], Phelippe Dinchy [7], Regnault de Houlcourt, Guy Quieret [8], Gauwain Quieret, Regnault la Personne, George de Croix [9],

1. Louis de Soyecourt, chevalier, seigneur de Mouy, conseiller et chambellan du roi, bailli de Vermandois et gouverneur de Compiègne, vivait encore en septembre 1469. Sa veuve recevait « 250 liv. pour moitié de 500 liv. pour demye année, sur la fin de laquelle il trespassa. » (*Extrait des 8e et 9e comptes de Mathieu Beauvarlet, receveur des finances pour l'année finie en septembre* 1469 *et* 1470. Bibl. imp., Mss., *fonds Gaignières*, n° 772², p. 470, 508).

2. Jean de Hangest.

3. Jean de Torote, chatelain de Torote, seigneur d'Aillebaudieres, de Loisy et de Mondétour, fils de Gautier de Torote qui contestoit en 1424 les terres de Sorel et de Sorelette (Anselme, II, 153).

4. Antoine, seigneur de Bournonville. Mort en 1480 (Anselme, V, 828.)

5. Jacotin de *Bethune* (ms. n° 8346, fol. ccxxxvi, verso). Il était en garnison dans la ville de Ham en 1439 (Monstrelet, VII, 50).

6. Jean de Cresecques figure, en qualité d'écuyer, dans la montre passée à Beauvais le 31 août 1417, et conduite par Charles de Lens, chevalier banneret (Bibl. imp., Mss., *Montres de* 1358 *à* 1439, *fonds Villevieille*, t. IV, au 6 septembre. Cabinet des titres).

7. Philippe d'Inchy ou d'Auxi : Philippe d'*Achy* retenoit encore la qualité de chevalier es lettres des évêché et comté de Beauvais en 1454 (Louvet, I, 16).

8. Guy Quieret, seigneur de Coulonvilliers, eut de longs différents en 1451, 54 et 59 avec son frère Gauvain, au sujet d'une transaction passée entre eux (Anselme, VII, 746-747).

9. Georges de la Croix, seigneur de Baussel ou Blaissel (Jean Chartier, 159). Il figure, en qualité d'écuyer, dans la montre du seigneur de Salanove, écuyer, banneret, passée à Beauvais le 31 août 1417. (Bibl. imp., Mss., Montres de 1358 à 1439, *fonds Villevieille*, t. IV, au 6 septembre). Fait prisonnier par les Anglais en 1430, il fut rendu à la liberté presque aussitôt (Monstrelet., V, 266-267).

Regnault de Sains [1], Hues de Mailly [2], Estour de Stouteville [3], Charles de Flavy [4], Raoul de Flavy, Jacques des Fresnes [5], Despert d'Ostevre, Rouge du Fay, Charles du Fay, Jehan de Sains, de Cambresis, et aulcuns autres.

Aprez ceste besongne ainsi adcomplye, le daulphin se fist deschaussier et alla nudz piedz jusques à l'eglise Saint Jacques de Dyepe, où il remercya tres humblement Dieu, son createur, et le benoit baron Saint Jacques, de la bonne fortune qu'il avoit illec eue alencontre de ses adversaires les Anglois, et ce fait se loga

---

1. Regnaud de Sains figure, en qualité d'archer, dans une montre passée au Pont-Sainte-Maxence le 29 août 1410, sous la conduite du seigneur de Neuville (Bibl. impér., Mss., *Montres* de 1358 à 1439, *fonds Villevieille*, t. IV). Il assistait en 1430 au siége de Compiègne et y fut fait prisonnier par les Anglais (Monstr., V, 322). Lorsqu'on traita de la paix d'Arras, en 1435, chaque puissance intéressée envoya ses délégués dans cette ville ; Regnaud de Sains fut du nombre des seigneurs hollandais qui s'y rendirent au nom du duc de Bourgogne (Jean Chartier, 74). Il était seigneur d'Herbeval (Haudiquier, *Généalogie du Chastelet*).

2. Hue ou Luc de Mailly, seigneur de Lorsignol et de Bouillencourt (Anselme, VIII, 632). « Hue de Mailly, seigneur de Boulliencourt, hardi et vaillant chevallier, qui tousjours avoit tenu la partie de Bourgogne, fut fait capitaine de Compiègne en 1465 (Duclercq, XV, 4). Était capitaine de Montdidier : « en décembre 1466, la ville lui fesait presenter VIII los de vin ». (Note communiquée par M. le baron de Melicocq). Hue de Mailly vivait encore en 1468 (De Barante, *Hist. des ducs de Bourgogne*, édition de M. Gachard, II, 705).

3. Hector d'Estouteville, seigneur de Beaumont (Anselme, VIII, 100), était fils du seigneur de Torcy. « A cet assaut, dit Jean Chartier (125), furent faits chevaliers le comte de Saint-Pol, Hector de Touteville, *fils au seigneur de Torcy*, Charles de Flavy, Renaud de Flavy, Jean de Conseques et plusieurs autres. »

4. Charles de Flavy, chevalier, était capitaine de la tour de Choisy en janvier 1439 (Bibl. imp., Mss. du Cange, *Suppl. fr.*, n° 1225ᵈ, fol. 280).

5. Un seigneur de Fresne était au nombre des hollandais qui se rendirent à Arras, comme délégués du duc de Bourgogne, pour traiter de la paix en 1435 (Jean Chartier, 74).

en la ville de Dyepe et habandonna tost aprez ladite
Bastille à brusler. Sy y fut le feu boutté. En oultre,
quant le daulphin eut sejourné en la ville de Dyepe
par l'espace de chincq jours, et qu'il eut ordonné
comment ceulz de la ville se auroient desoremais à
conduire, il s'en party et retourna à Abbeville, atout
son armee, où il fut des habitans de la ville recheu
moult honnourablement et joyeusement : et aulcuns
peu de jours aprez s'en party, puis chevaulcha par
Amiens jusques à Compiegne, et puis s'en alla au Chas-
teler, où le comte de Saint Pol le festoia grandement,
et y sejourna aulcuns jours ; puis s'en retourna à Compiegne. Et ce tempz pendant, ses gens couroient tres
souvent ou terroy d'Artois et es villes et pays du duc
Phelippe de Bourgoigne ; auquel dommagier le dit
daulphin estoit assez enclin, principalement pour la
cause [1] de Montagu [2], que avoit fait faire Jehan de

1. Destrousse, dans le ms. n° 432, *Fonds Sorbonne*.
2. Le comte d'Étampes « se tira audit lieu de Saint Quentin, devers Laon, pour aller passer assez pres de la comté de Rethel ; mais quand il fut vers Montaigu, si comme il fut dit et rapporté que Dimenche de Court, le Roucin, et aucuns autres capitaines des gens du roi, estoient logés à Montaigu et audit lieu de Sissonne, lesquels nagueres avoient esté au pays de Rethelois, où ils avoient fait de grans et merveilleux dommages, pour lesquels le dit comte d'Estampes estoit tres mal content d'eux ; car avecque ce, un petit par avant, icelui Dimenche de Court avoit esté destroussé en Bourgogne et avoit promis de non lui plus loger sur les pays de Bourgogne, ni sur ceux du parti, si leur manda et fit savoir qu'ils se retrahissent hors de son chemin, et qu'il se vouloit aller loger audit lieu de Montagu, ce que point ne vouloient faire, pourquoi entre icelles parties s'esmurent aucunes rigueurs. Et fut ordonné que ledit comte d'Estampes et son conseil leur courroit sus, et ainsi fut fait.
« Si furent la plus grande partie desdits Francois du tout destroussés et tous leurs biens, tant chevaux comme autres bagues, prins et ravis par les Picards,... pour lesquelles destrousses le roi ni son fils ne furent point bien contents » (Monstrelet, VII, 218-219).

Bourgoigne, conte d'Estampes[1], dommagier, et aussi emprins sur les gens dudit daulphin, comme il apert plus amplement en la deduction des Cronicques de France. Pour ausquelles choses obvier furent envoyez devers le daulphin, audit lieu de Compiegne, de par le duc de Bourgoigne, l'evesque de Verdun[2] et le seigneur de Ternant[3], ausquelz le daulphin promist qu'il feroit cesser ses gens de plus fourragier les pays dudit duc. Mais neantmoins, pour cette promesse, ilz cesserent assez petit, ains continuerent en y faisant de grans maulx et dommages[4] : dont il despleut au bon duc, qui hastivement, pour ceste cause, adfin de y pourveoir, manda venir vers luy ledit Jehan de Bourgoigne, son nepveu, comte d'Estampes, auquel il fist expres commandement, que prestement il assamblast gens d'armes pour aler alencontre d'yceulz pillars, et telement pourveoir à leurs mallefices, que ce feust exemple à tous autres.

Pendant le tempz que ces choses estoient en ce party, le roy Charles de France, quy desja estoit advertis que

1. Jean, fils du comte de Nevers, devint comte d'Étampes en 1434 (Monstrelet, VI, III). Mort le 25 septembre 1491 (Anselme, I, 252).
2. Guillaume Fillastre, évêque de Verdun, de 1437 à 1449. Céda son évêché à Louis de Haraucourt, en 1449, pour prendre possession de celui de Tournay. Mort le 22 août 1473 (*Gall. christ.*, XIII, col. 1233-1235).
3. Voy. ci-dessus, p. 244, note 2.
4. Après ces mots, le manuscrit n° 8346 (f. ccxxxvii, r°), continue ainsi : « Et meysmement cheux de la garnison d'Eu alerent pillier les faulzbourcz de la cité de Cambray et le moustier de Nostre Dame de Cantimpré, et, à leur retour, prinrent le chastel de Herussart, emprès Beauquesne, appertenant à messire Jehan de Fosseux, et le pillierent du tout. Pour lesquelles entreprinses ceulx desdits pays estoient bien grand doubte, pour che que la plus grand partie des nobles estoient alés, comme dict est, avoecq le conte d'Estampes devers le duc de Bourgogne. Onquel temps le roy remanda son filz le daulfin. »

le duc de Bourgoigne faisoit grant assamblee de gens de guerre pour courir sus à ceulz du daulphin, son filz, non voeillant nullement la paix d'Arras estre emfrainte, manda hastivement à son dit filz et auz gens d'armes qu'ilz se tyrassent devers lui en Thouraine, où lors il estoit. Si y alla le dauphin prestement devers le roy son pere, où il fust grandement festoié en la ville de Tours, tant de son dit pere comme des seigneurs, et du commun, pour sa nouvelle victore [1]. Et luy

1. Ici, dans le Ms. 8346 (fol. ccxxxvii, recto et verso), se trouve le passage suivant, omis par Wavrin, et qui manque également à toutes les éditions de Monstrelet : « Et tantost apres luy fut baillié en charge d'aler apres Sallesar qui emmenoit grand foison de gens d'armes vers Ghienne, sans le congié du roy. Et luy fut ordonné de le ramener ou du mains luy oster ses gens. Si le poursievy moult radement et le raconsievy devers Anvergne. Et fist tant que la plus grand partie des gens d'armes que ledit Sallezar avoit avoecq luy se mirent avoecq ledit daulfin : lequel de plus en plus fist tres grosse assemblee, et se tira devers les pays du conte d'Armignach; lequel il avoit en charge de prendre, et le faire prisonnier de par le roy son pere. Et pour che que ycelui conte d'Armignach se tenoit de sa personne en l'Isle de Jourdain, envoia le daulfin aulcuns de ses capitainnes, atout foison de gens d'armes, logier es faulzbours et autour d'ycelle ville. Et leur ordonna et commanda qu'ilz gardassent bien que ledict conte ne se departesist de là. Et brief ensievant vint là en personne. Au devant duquel ycelui conte d'Armignach yssi pour aler au devant de luy. Le quel daulfin dessus dict le fist prisonnier de par le roy, dont il fut moult esmervillié; mais pour lors ne le peut amender. Et, avoec che, fut prinse sa femme et aulcuns de ses enfans, et fut ycelle ville de l'Isle Jourdain, en la plus grand partie, toute courue et pillié, et y furent trouvés biens innumerables et à tres grand habondance, et de tres riches et precieux joyaulx : et, avoecq che, furent mises en la main du roi pluisears aultres de ses villes et forteresses principaulz. Et fut la cause de sa prise pour che que ycelui conte avoit fait pluisears desobeyssances au roy, et qu'il avoit traictié de maryer une sienne fille qu'il avoit au roy Henri d'Engleterre. Et furent les lettres des traictiés dessus dicts trouvés en aulcuns de ses coffres. Et, avoecq che, avoit fait morir le mareschal de France, ch'est assavoir le segneur de Severach, à la grande desplaisance du roy son segneur. Et quand le roy, qui de long temps avoit esté adverti des besongnes dessus dictes, et que pour ycelles

fut tantost baillé autre charge, de laquele je me passe quant à present ; car je voeil, selon ma premiere intencion, terminer et baillier fin à mon present v^e vo-

avoit envoyé devers luy sollempnelle ambassade, pour luy remonstrer les besongnes dessus dictes, luy signifiant la dessus dicte desobeyssance qu'il avoit faite et faisoit chacun jour à son souverain segneur, il avoit respondu que, se le roy luy bailloit aucun empeschement en nulles de ses signouries ou faisoit baillier, il se alieroit à tel qui bien luy aideroit à garder contre toute sa puissance. »

Monstrelet indique à peine ce voyage du dauphin (VII, 231) : « Au commencement de cet an, le dauphin de Viennois, premier fils du roi, retourna devers son père, qui estoit à Tours en Touraine ; et avoit ledit dauphin esté moult grand espace de temps au pays de Languedoc, tant pour *le fait du comte d'Armagnac*, comme pour autres affaires. »

Qu'est-ce que *le fait du comte d'Armagnac*, sur lequel Monstrelet n'entre, ici, dans aucun détail ? Un fait, évidemment, dont il a parlé précédemment, celui dont nous venons d'emprunter le récit au Ms. 8346. Évidemment aussi, ce récit et le chapitre dans lequel il est enclavé appartiennent à Monstrelet.

En suivant pas à pas cet historien pour comparer ses chroniques à celles de Wavrin, nous avons eu de fréquentes occasions de lui restituer des passages importants omis par ses copistes. Pour compléter en quelque sorte son œuvre, nous mettrons ici le passage par lequel elle se termine dans notre excellent manuscrit. L'édition Buchon finit (VII, 241) par cette phrase, dont le sens, qui paraît fini, n'est pourtant que suspendu :

« En traitant toutes les besognes dessusdites, furent faites plusieurs ouvertures aussi pour traiter le mariage du dessusdit roy d'Angleterre avec la fille du roi René de Sicile, duc d'Anjou, de Bar et de Lorraine, lequel depuis fut parfait et confirmé. *Comme*, ajoute notre manuscrit, *chy apres sera declairié en mon tiers livre : et quant au regard des conservateurs pour l'entretenement des treves dessus dictes, y furent commis de par le roy de France* *. »

Vient ensuite ce dernier chapitre :

« S'ensievent aulcunes exortacions moralles qui sont et pueent estre moult prouffitables à veoir et oyr aux rois, prinches et grans seigneurs qui ont signouries à conduire et gouverner. »

---

* Cette phrase *en caractères italiques* se trouve dans l'imprimé de MDCIII. Monstrelet a-t-il commencé ce *tiers livre* ? Celui qui a été fait par ses continuateurs commence justement par les fiançailles de Marguerite d'Anjou avec le roi d'Angleterre.

lume : mais au vi⁰ sequent, Dieu devant, je parsievray ma matiere, autant que oportunité me durera, selon la fourme encommencié. Et y sera entee, quasy au com-

« Le premier point si est que les rois, prinches et grans seigneurs ne doibvent nulluy opprimer par leur puissanche, sy non en terme de justice. Ilz doibvent justement jugier entre l'omme et leur prouchain, sans avoir acception de personne. Ils doibvent estre deffendeurs, ch'est à dire que ilz doibvent deffendre les estrangiers, les orphenins et les femmes vefves. Ilz doibvent restraindre et deffendre tous larechins. Ilz doibvent pugnir tous adulteres. Ilz ne doibvent point eslever les niques et parvers. Ilz ne doibvent point nourir jangleurs ne batelleurs, ne gens qui sont de orde vie. Ilz doibvent perir et destruire les malvaix. Ils doibvent de leurs aumosnes nourir les povres. Ilz ne doibvent soustenir murdriers ne hommecides. Ilz doibvent soustenir et deffendre les eglises. Ilz doibvent moult regarder, es gouvernemens et signouries de leurs pays, de y constituer hommes justes et de bonne vie ayans bonne conscience. Ilz doibvent avoir consilliers anciens, saiges et attrempés, souffisans pour scavoir discerner le bien du mal, et bien congnoissans. Ilz ne doibvent point entendre ne eulz arrester aux dispersions ou dispertisions d'encanteurs, devins, sorchiers, ne telles samblables gens. Ilz doibvent differer et dissimuler leur yre et fureur contre cheulz qui sont soubz eulx. Ilz doibvent deffendre leur pays justement contre leurs adversaires. Ilz ne se doibvent point, pour prosperité qu'ilz ayent, eslever en leur corage. Ilz doibvent souffrir et soustenir paciamment toutes les adversités qui leur viennent Ils se doibvent du tout fier en Dieu et y avoir confidence. Ilz doibvent avoir ferme foy catholique en leur Createur. Ilz ne doibvent point souffrir mal faire à leurs enfans, ne à cheulz qui sont subjectz et soubz eulz, mais les doibvent ensegnier et endoctriner. Ilz doibvent certaines heures vacquier et eulx arrester à devocion. Ilz ne doibvent point, devant heure convenable, gouster viande ne prendre leur refection. Et ceux qui usent et voelent user des ensaignements dessus dictz font avoir grand prosperité ou pays qu'ilz ont en gouvernement, et eulx meysme, en la fin, acquierent la gloire celeste.

« Explicit le second volume de Enguerrant de Monstrelet. »

Qu'il nous soit permis, encore, de faire une dernière restitution à ces Chroniques; et, cette fois, elle profitera au manuscrit ainsi qu'à l'imprimé. M. Dacier, qui, comme on l'a déjà vu (page 320), indique une lacune dans le texte de Monstrelet, en signale une autre en même temps : « J'ai remarqué, dit-il (Préface, p. 23), une omission, mais qui ne sauroit être

mencement, une notable incidence qui en ce temps
advint en sarrazine terre ; laquele, à mon samblant,
debvra grandement plaire à tous, pour recreer les es-

attribuée qu'aux copistes; je les soupçonne de nous avoir fait perdre une partie considérable d'un chapitre du second livre. Ce chapitre est intitulé : « Comment le duc d'Orléans retourna de France devers le duc « de Bourgogne*. » Le commencement est employé à décrire l'entrevue des deux princes dans la ville d'Hesdin en 1442. *Ils y convinrent de s'assembler incessamment à Nevers, avec plusieurs grands princes et seigneurs du royaume de France*, et au bout de huit jours ils se séparent; l'un prend la route de Paris pour se rendre à Blois, l'autre part pour la Bourgogne. Ce récit contient une vingtaine de lignes, et tout de suite on lit : « En-
« suit la copie des instrumens envoyés au roi Charles de France par les
« seigneurs qui s'étoient assemblés à Nevers, et les reponses faites à icelles
« par ceux de son grand conseil. » Ce titre est suivi des remontrances qu'il annonce et de la réponse que le roi fit aux ambassadeurs chargés de les lui présenter. Or, conçoit-on que Monstrelet n'ait rien dit du sujet de l'assemblée; qu'il n'ait nommé aucun des seigneurs qui s'y trouvèrent; et qu'après avoir désigné Nevers comme lieu de rendez-vous, il ait passé sans préparation aux remontrances qui y furent arrêtées? » M. Dacier supposait avec juste raison une lacune en cet endroit; mais elle ne faisait pas perdre *une partie considérable du chapitre*. C'est même de son peu d'étendue que vint, sans doute, l'omission qu'en a faite aussi le copiste du manuscrit 8346. Voici ce passage, tel que le donne le héraut Berry dans sa chronique intitulée : *Le Recouvrement de Normandie et d'une partie de Guyenne* **. Cette chronique est une copie abrégée de Monstrelet, ce que ne cherche nullement à dissimuler le plagiaire. Comme on retrouve dans cette compilation tous les chapitres inédits restitués par nous à l'imprimé des chroniques de Monstrelet, nous admettons sans hésiter son addition comme appartenant à ce dernier. Après les derniers mots du chapitre CCLXII, on lit ce qui suit dans le texte de Berry : « Ung pou de tamps apres, se vanrent assembler en la ville de Nevers les ducz de Bourgongne, d'Orleens et de Bretaigne, et avec eulx aucuns aultres grans seigneurs, pour remonstrer au roy certains articles touchans le bien commun de son royalme. Lesquelz articles, mis par escript, furent bailliés à aucuns ambassadeurs que, pour celle cause, ils envoierent devers le roy, qui, pour lors, se tenoit à Amboise. Lesquelz ambassadeurs venus devers le roy, luy baillerent par escript les articles, adfin de les veoir en

---

* Voy. chap. CCLXII.
** Bibl. imp., ms. 9675² fol. 224, verso.

[1444] CINQUIÈME PARTIE, LIVRE VI, xx. 341

peritz, comme je ne la sache estre recitee en quelque autre volume ¹.

Et atant prent fin ce VI⁰ livre et, par consequent, le V⁰ volume de ces Cronicques d'Engleterre.

son conseil et de avoir sur tout response pour le referer à leurs maistres. Desquelz articles, et des responses sur ce faictes par le roy, la substance ensieult. Premierement, etc. » A suivre aux chapitres CCLXIII et CCLXIV de l'imprimé.

1. Cette curieuse expédition en Morée n'est, en effet, racontée par aucun autre chroniqueur. Elle est seulement indiquée par quelques-uns, dont nous citerons les passages en temps et lieu.

FIN DU TOME PREMIER.

TYPOGRAPHIE DE CH. LAHURE ET CIE
Imprimeurs du Sénat et de la Cour de Cassation
rue de Vaugirard, 9

Ouvrages publiés par la SOCIÉTÉ DE L'HISTOIRE DE FRANCE *depuis sa fondation en 1834.*

BULLETIN DE LA SOCIÉTÉ DE L'HISTOIRE DE FRANCE, 1834 et 1835, 2 vol. in-8.. 18 fr.
BULLETIN DE LA SOCIÉTÉ, de 1837 à 1840, et 1845 à 1857, chaque année. 9 fr.
L'YSTOIRE DE LI NORMANT, etc. 1 vol. in-8......................... 9 fr.
HISTOIRE ECCLÉSIASTIQUE DES FRANCS, par Grégoire de Tours, *texte et traduction.* 4 vol. in-8. *Épuisés.*
— Le même ouvrage, *texte latin*, 2 vol. in-8.................... 18 fr.
— Le même ouvrage, *traduction française*, 2 vol. in-8.......... 18 fr.
LETTRES DU CARDINAL MAZARIN A LA REINE, etc. 1 vol. in-8........ 9 fr.
MÉMOIRES DE PIERRE DE FENIN, 1 vol. in-8......................... 9 fr.
DE LA CONQUESTE DE CONSTANTINOBLE, par Villehardouin, 1 v. in-8. 9 fr.
ORDERICI VITALIS HISTORIA ECCLESIASTICA, 5 vol. in-8............ 45 fr.
CORRESPONDANCE DE L'EMPEREUR MAXIMILIEN ET DE MARGUERITE, SA FILLE, 2 vol. in-8... 18 fr.
HISTOIRE DES DUCS DE NORMANDIE, etc., 1 vol. in-8................ 9 fr.
ŒUVRES COMPLÈTES D'ÉGINHARD, 2 vol. in-8........................ 18 fr.
MÉMOIRES DE PHILIPPE DE COMMYNES, 3 vol. in-8................... 27 fr.
LETTRES DE MARGUERITE D'ANGOULÊME, sœur de François Ier, 2 v. in-8. 18 fr.
PROCÈS DE CONDAMNATION ET DE RÉHABILITATION DE JEANNE D'ARC, 5 vol. in-8... 45 fr.
COUTUMES DU BEAUVOISIS, 2 vol. in-8............................. 18 fr.
MÉMOIRES ET LETTRES DE MARGUERITE DE VALOIS, 1 vol. in-8........ 9 fr.
CHRONIQUE LATINE DE GUILLAUME DE NANGIS, 2 vol. in-8............ 18 fr.
MÉMOIRES DU COMTE DE COLIGNY-SALIGNY, etc., 1 vol. in-8......... 9 fr.
HISTOIRE DES FRANCS, par Richer, 2 vol. in-8.................... 18 fr.
REGISTRES DE L'HÔTEL DE VILLE DE PARIS pendant la Fronde, 3 vol. in-8... 27 fr.
VIE DE SAINT LOUIS, par Le Nain de Tillemont, 6 vol. in-8....... 54 fr.
JOURNAL DU RÈGNE DE LOUIS XV, par E. J. F. Barbier, 4 vol. in-8. *Les tomes I et II sont épuisés.* Tomes III et IV................ 18 fr.
BIBLIOGRAPHIE DES MAZARINADES, par M. Moreau, 3 vol. in-8....... 27 fr.
COMPTES DE L'ARGENTERIE DES ROIS DE FRANCE, AU XIVe SIÈCLE, 1 v. in-8. *Épuisé.*
MÉMOIRES DE DANIEL DE COSNAC, évêque de Valence, 2 vol. in-8.... 18 fr.
CHOIX DE MAZARINADES, par M. Moreau, 2 vol. in-8................ 18 fr.
JOURNAL D'UN BOURGEOIS DE PARIS SOUS FRANÇOIS Ier, 1 vol. in-8. 9 fr.
MÉMOIRES DE MATHIEU MOLÉ, 4 vol. in-8............................ 36 fr.
HISTOIRE DES RÈGNES DE CHARLES VII ET DE LOUIS XI, par Thomas Basin, évêque de Lisieux, tomes I, II et III.................... 27 fr.
CHRONIQUES DES COMTES D'ANJOU, tome Ier....................... 9 fr.
ŒUVRES DIVERSES DE GRÉGOIRE DE TOURS, tome Ier................ 9 fr.
ANNUAIRES DE LA SOCIÉTÉ DE L'HISTOIRE DE FRANCE, in-18, 1837 à 1844, et 1848 à 1858 (les années 1845 à 1847 manquent) chaque vol. 3 fr.
CHRONIQUES DE MONSTRELET, tomes I et II......................... 18 fr.
ANCHIENNES CRONICQUES D'ENGLETERRE, par Jehan de Wavrin, seigneur du Forestel, tome Ier... 9 fr.

SOUS PRESSE :

CHRONIQUES ET AUTRES DOCUMENTS HISTORIQUES CONCERNANT LES COMTES D'ANJOU, tome II.
MÉMOIRES DE BEAUVAIS-NANGIS.
ŒUVRES DIVERSES DE GRÉGOIRE DE TOURS, tome II.
ANCHIENNES CRONIQUES D'ENGLETERRE, par Jehan de Wavrin, seigneur du Forestel, tome II.
CHRONIQUES DE MONSTRELET, tome III.

Ch. Lahure et Cie, imprimeurs du Sénat et de la Cour de Cassation,
rue de Vaugirard, 9, près de l'Odéon.

www.ingramcontent.com/pod-product-compliance
Lightning Source LLC
Chambersburg PA
CBHW052041230426
43671CB00011B/1742